Peter Leßmann-Faust (Hrsg.)

Polizei und Politische Bildung

Peter Leßmann-Faust (Hrsg.)

Polizei und Politische Bildung

VS VERLAG FÜR SOZIALWISSENSCHAFTEN

Bibliografische Information der Deutschen Nationalbibliothek
Die Deutsche Nationalbibliothek verzeichnet diese Publikation in der
Deutschen Nationalbibliografie; detaillierte bibliografische Daten sind im Internet über
<http://dnb.d-nb.de> abrufbar.

1. Auflage 2008

Alle Rechte vorbehalten
© VS Verlag für Sozialwissenschaften | GWV Fachverlage GmbH, Wiesbaden 2008

Lektorat: Frank Schindler

VS Verlag für Sozialwissenschaften ist Teil der Fachverlagsgruppe
Springer Science+Business Media.
www.vs-verlag.de

Umschlaggestaltung: KünkelLopka Medienentwicklung, Heidelberg
Satz: Anne Hook, Mainz
Druck und buchbinderische Verarbeitung: Krips b.v., Meppel
Gedruckt auf säurefreiem und chlorfrei gebleichtem Papier
Printed in the Netherlands

ISBN 978-3-531-15890-7

Inhalt

Peter Nitschke
Polizei und staatliches Gewaltmonopol in der Internationalisierung   211

Autorenverzeichnis   223

Einleitung

Peter Leßmann-Faust

Vor 14-jährigen Schülerinnen und Schülern eines Leipziger Gymnasiums hielt der Chef der Polizeidirektion Westsachsen im Januar 2005 einen Vortrag über Rechtsextremismus. Er traf auf Interesse, aber kaum auf Wissen oder Geschichtskenntnisse. „Wir müssen viel mehr in die Schulen rein, in die Köpfe der Kinder, Lehrer motivieren (...) Wir müssen viel, viel mehr tun" so seine Schlussfolgerung.[1] Was hier über die Geschichtskenntnisse und das politische Interesse von Schülerinnen und Schülern der Mittelstufe ausgesagt wird, mag im Länder- oder Schulvergleich im Detail variieren, gibt aber im Wesentlichen die Realität wider. Ebenso ist die Schlussfolgerung, die der Direktionsleiter zieht, seit Jahren Gemeingut der verbalen Auseinandersetzung mit dem Rechtsextremismus.

Interessant erscheint gleichwohl ein anderer Aspekt: Ein Polizist klärt – offensichtlich im Rahmen seiner Dienstgeschäfte – Schülerinnen und Schüler über Rechtsextremismus auf, betreibt also politische Bildung. Eine weitere, neue Aufgabe der Polizei?

Die Ausweitung von Kompetenzen, Zuständigkeiten und Arbeitsbereichen ist eine Perspektive, unter der man die Geschichte der Polizei fassen kann.[2] Unabhängig von den Wissenschaften, die sich mit der Polizei beschäftigen – die Etablierung einer „Polizeiwissenschaft" ist derzeit in der Diskussion[3] – schwankt das Bild der Polizei in der öffentlichen Meinungsbildung. Der Hinweis in einem Zeitungsartikel, dass ein Polizeibeamter des höheren Dienstes in der Schule Aufklärungsarbeit über Rechtsextremismus leistet, geschieht heute beiläufig, ist unspektakulär. Vor 35 Jahren, in den stürmischen Zeiten der „Bonner Republik", wurde ein Polizeibeamter von Jugendlichen häufig als Teil des Problems Rechts-

---

[1] Kölner Stadtanzeiger, 25.01.05, Nr. 20, Artikel: „Das Schlechte öffnet die Augen. Der NPD-Skandal im sächsischen Landtag ist nur die Spitze eines expandierenden Rechtsextremismus", Zitat dort.

[2] Richard J. Evans, Polizei, Politik und Gesellschaft in Deutschland 1700 –1933, In: Geschichte und Gesellschaft 22 (1996), S. 609-628.

[3] Hans-Jürgen Lange, Polizeiforschung, Polizeiwissenschaft oder Forschung zur Inneren Sicherheit? – Über die Etablierung eines schwierigen Gegenstandes als Wissenschaftsdisziplin, in: Ders. (Hg.), Die Polizei der Gesellschaft. Zur Soziologie der Inneren Sicherheit, Opladen 2003, S. 427-453.

extremismus angesehen, hatten Polizisten den Zuruf „Deutsche Polizisten –
Mörder und Faschisten" zu gewärtigen.

Arbeiter für das Gemeinwesen, „Freund und Helfer" einerseits, Instrument
der Staatsgewalt Büttel und „Bulle" andererseits – zwischen diesen Polen variiert
das Image der Polizei.

Die beruhigende Nähe von Polizei und die furchtsame Distanz zu ihr, die
Doppeldeutigkeit und die widerstreitenden Momente im Polizeiverständnis wohl
nahezu jeden Bürgers kommen nicht von ungefähr.

Polizei ist im Alltag präsent, kann in den Alltag vieler Menschen eingreifen.
Erfahrungen polizeilicher Eingriffe und Ansinnen formen jedoch nicht allein ein
Bild der Polizei. Ebenso wichtig ist das Interesse von Bürgerinnen und Bürgern
an „Ruhe und Ordnung". Von der Polizei und vom Staat wird erwartet, dass sie
den Freiraum zur Entfaltung individueller Lebensentwürfe und des privaten
Wohllebens schützen. Dies kann bedeuten, dass andere Lebensentwürfe und
Lebensweisen, wie sie zum Beispiel die „Landfahrer" und andere Nicht-Sess-
hafte praktizieren, in den Augen der Mehrheit als gefährlich gelten und ihre Ausgrenzung durch die Polizei gefordert wird.

Hoffnungen und Ängste, die mit der Polizei verbunden sind, verlaufen daher nicht selten quer zu den Grenzen von Schichten und Milieus. Polizeikritiker,
die der Polizei womöglich in Brokdorf, an der Frankfurter Startbahn West oder
in Ahaus als Gegner gegenüber gestanden haben, können gleichzeitig zu den
Bürgerinnen und Bürgern gehören, die bei häuslicher Gewalt oder bei Ausschrei-
tungen gegen Ausländer vermehrte Aktivität von Schutz- und Kriminalpolizei
einfordern.

Hinzu kommt – besonders im Verhältnis der Deutschen zu ihrer Polizei –
ein Weiteres: Auseinandersetzungen um die Polizei beziehen sich nicht nur auf
Erlebnisse des Augenblicks. Sie gehen auch zurück auf überlieferte Erinnerungen und Berichte; diese werden tradiert, nicht selten pointiert in Bildern oder
Vergleichen. Wenn sich Kritik an polizeilichen Eingriffen in dem Verdikt „Poli-
zeistaats-Methoden" oder gar in der Gleichsetzung der Polizei mit der SS zu-
spitzt, dann geht es weniger darum, ob die Gleichsetzung des Staatsterrorismus
der Nazi-Diktatur durch die Polizeiapparate mit der polizeilichen Praxis im demokratischen Rechtsstaat ernst zu nehmen ist oder nicht. In einer solchen Aussage blitzt vielmehr etwas anderes auf, eine Erfahrung „langer Dauer", d.h. die
geschichtliche Erfahrung der Verknüpfung von Polizeitätigkeit mit staatlicher
Herrschaft. Polizei wird hier identifizierbar als das alltäglich präsente und höchst
greifbare Symbol von Staatsgewalt in der Moderne.[4]

---

[4]   Alf Lüdtke, Zurück zur „Policey"? Sicherheit und Ordnung in Polizeibegriff und Polizeipraxis –
      vom 18. bis ins 21. Jahrhundert, in: Stefan Goch (Hg.), Städtische Gesellschaft und Polizei. Bei-
      träge zur Sozialgeschichte der Polizei in Gelsenkirchen, Essen 2005, S. 26-35.

Die Abkehr vom weiten „Policey"-Begriff des frühneuzeitlichen Staates, der die legislative und administrative Regulierung des öffentlichen Lebens mit dem Ziel der allgemeinen „Wohlfahrt" beinhaltete, und die Wendung hin zu einem engeren Polizeibegriff, der „Wohlfahrt" von der Gewährleistung von Sicherheit als eigentlicher Aufgabe der Institution Polizei trennte, hat in Deutschland im 19. Jahrhundert begonnen. Zahlreiche Aufgabenfelder der Wohlfahrt, wie Gesundheit, Wohnen oder Bildung, wurden seit dem letzten Drittel des 19. Jahrhunderts aus den kommunalen Polizeiverwaltungen ausgegliedert und städtischen Spezialverwaltungen übergeben.

Im Gegenzug konzentrierten sich die seit dem ersten Drittel des 19. Jahrhunderts entstandene Gendarmerie, die Schutzmannschaft, die Kriminalpolizei und die politische Polizei mehr und mehr auf die Bekämpfung der Kriminalität, auf die Überwachung der Sicherheit im öffentlichen Raum und auf die Niederhaltung der politischen Opposition gegen die Monarchie.[5] Dennoch blieb die Polizei bis über das Ende des Kaiserreichs hinaus nicht nur mit Sicherheitsaufgaben betraut; auch „wohltätige" Amtsverfügungen wurden im Zweifelsfall mit polizeilicher Zwangsgewalt durchgesetzt. Polizeiliche Strafverfügungen sanktionierten Eltern, die ihre Kinder der Schulpflicht entzogen und sie bestraften Gastwirte, deren Bierzapfanlagen nicht vorschriftsmäßig arbeiteten.

Das Fortdauern der Einheit von Sicherheit und Wohlfahrt in der täglichen Polizeiarbeit zeigte sich nicht nur in Polizeiverordnungen und in den Aufgaben der Amtshilfe für die wachsenden Ordnungsverwaltungen. Vielmehr wurde es auch dokumentiert durch die dauernde Anwesenheit der Polizisten im Straßenbild seit der Mitte des 19. Jahrhunderts – als untersten, direkt ansprechbaren Gliedern der Staatsmacht und der öffentlichen Verwaltung. Polizei scheint auch heute noch schier allzuständig zu sein, weil sie als erstes Verwaltungsorgan im Zeitalter der expandierenden Leistungsverwaltung beinahe ständig „Bürgernähe" hatte.[6]

Eine weitere Erfahrung „langer Dauer" der Bürgerinnen und Bürger im Umgang mit der Polizei ist die der militärischen Prägung der Polizei. Militärdienst war im 19. Jahrhundert Voraussetzung für den Polizeiberuf. Eine Lockerung dieser Voraussetzung für den Berufszugang zum Ende des Kaiserreichs wirkte sich nicht langfristig aus, da in der Weimarer Republik, während der nationalsozialistischen Diktatur und in den frühen Jahren der Bundesrepublik aus nahe liegenden Gründen kaum jemand ohne Militärerfahrung zur Polizei kam. Führungsfunktionen in der uniformierten Polizei wurden ohnehin bis 1945 und

---

[5] Evans, S. 620 und Ralph Jessen, Polizei, Wohlfahrt und die Anfänge des modernen Sozialstaats in Preußen während des Kaiserreichs, in Geschichte und Gesellschaft 29 (1994), S. 157-180.

[6] Lutz Raphael, Recht und Ordnung. Herrschaft durch Verwaltung im 19. Jahrhundert, Frankfurt am Main 2000, S. 130-44.

einige Jahre darüber hinaus nahezu ausschließlich mit ehemaligen Armeeoffizieren besetzt.

Die Auswirkungen dieser Personalpolitik für den Habitus, für das Verhaltensrepertoire und für das Selbstverständnis mehrerer Generationen deutscher Polizeiangehöriger liegen auf der Hand: Gewalt und Schroffheit, ja auch Willkür von Polizisten blieben über Umbruchsituationen der deutschen Geschichte hinaus die Stereotype, was den Umgang mit dem „Publikum" betrifft.[7]

Kontrollgewalt, Herrschaft über Alltagssituationen: Gerade die ambivalenten und oftmals prekären Aspekte der Polizeimacht

- als „Arm" der staatlichen Exekutive und Mittel zur Durchsetzung staatlicher Autorität einerseits
- und als Institution zum Schutz von Bürgerinnen und Bürgern vor Gewalt, zur Wahrung von Bürgerrechten und von durch die Verfassung verbürgten Freiheiten andererseits

wurden nach dem gescheiterten Experiment der Weimarer Demokratie in den innenpolitischen Auseinandersetzungen des zweiten demokratisch verfassten Gemeinwesens in Deutschland, der Bundesrepublik, mehr und mehr offensichtlich. „Rückblickend auf die Geschichte der Bundesrepublik war es immer die Polizei, die sich jenen sozialen Bewegungen buchstäblich in den Weg stellte, die auf mehr Demokratie, auf gesellschaftliche Reformen und das Aufbrechen verkrusteter Strukturen drängte." Bewegungen des politischen und sozialen Protests in der Bundesrepublik sammelten vornehmlich Erfahrungen mit einer Polizei, die sich als „Gegenüber, als Repräsentant des Bestehenden, als Vollzugsorgan der antireformerischen Kräfte" zeigte.[8]

Die Konfrontationen der 1960er und 1970er Jahre führten tradierte Modelle polizeilichen Handelns in die Krise. Die militärische Prägung der Polizei wurde zur Diskussion gestellt und bis in die 1990er Jahre weitgehend abgebaut. Parallel wurde die Ausbildung verwissenschaftlicht, es wurden neue Führungsstile propagiert und neue Leitbilder der Polizeiarbeit entwickelt.[9] War das Feindbild der Polizei in den 1950er Jahren noch das des kommunistischen Bürgerkriegers, so wurde dies von dem des „gewalttätigen Störers" bei Demonstrationen besonders der Antikernkraftbewegung in den 1970er Jahren abgelöst, dieses wiederum trat

[7] Lüdtke, S. 29f.; Evans, S. 620f.

[8] Hans-Gerd Jaschke, Öffentliche Sicherheit im Kulturkonflikt. Zur Entwicklung der städtischen Schutzpolizei in der multikulturellen Gesellschaft, Frankfurt am Main, New York 1997, S. 26; Martin Winter, Politikum Polizei. Macht und Funktion der Polizei in der Bundesrepublik Deutschland, Münster 1998

[9] siehe hierzu ausführlich den Beitrag von Klaus Weinhauer.

seit den 1990er Jahren in den Hintergrund gegenüber anderen Themen und Akteuren: Drogen-, Umwelt- und Computerkriminalität, Organisierte und Wirtschaftskriminalität, Verstöße gegen Asylverfahrensgesetze und rassistisch motivierte Gewaltkriminalität nach der deutschen Vereinigung. Die Ethnisierung bestimmter Deliktbereiche wie zum Beispiel des Organisierten Taschendiebstahls, des Drogenschmuggels, des Menschenhandels und der Falschgeldproduktion haben Aufgabenbereiche und Orientierungen von Polizeiangehörigen gravierend verändert.

Die vermehrte Beschäftigung der sozialwissenschaftlichen Forschung mit der Polizei regte konzeptionelle Neuerungen in der Polizeiarbeit an.[10] Die sozialarbeiterischen Momente der Polizeitätigkeit und der Dienstleistungscharakter polizeilichen Eingreifens bei Nachbarschaftskonflikten und Verkehrsunfällen, bei der Erstbetreuung von geistig Verwirrten und Betrunkenen, beim Überbringen von Todesnachrichten erhielten mehr Augenmerk. In der Folge wurde in der Ausbildung der Vermittlung von Sozialkompetenz, Kommunikationsfähigkeit und Stressresistenz größerer Raum eingeräumt.[11]

Seit Mitte der 1990er Jahre hat sich die Kriminalprävention zur neuen großen Aufgabe der Polizei entwickelt. Die Innenminister des Bundes und der Länder forderten 1994 in Fortschreibung des „Programms Innere Sicherheit" von 1974 Kriminalprävention als „gesamtgesellschaftliche Aufgabe, in die alle gesellschaftlich relevanten Gruppen einzubeziehen" seien und empfahlen „bürgernahe Präventionsarbeit insbesondere auf kommunaler Ebene".[12] Mit dem erklärten Ziel, Straftaten bereits vor ihrer Entstehung zu verhindern und, wie es in einer schillernden Formulierung heißt, „Tatgelegenheitsstrukturen zum Nachteil des potentiellen Täters" zu verändern[13], suchte die Polizei auf lokaler Ebene den Kontakt zu Einrichtungen der Jugend- und Sozialarbeit, zu Schulen, zum Einzelhandel, zu Unternehmen des öffentlichen Nahverkehrs etc.

Der zu Beginn erwähnte Chef der Polizeidirektion Westsachsen besuchte im Jahr 2005 Schulen im Raum Leipzig im Rahmen eines Präventionsprogramms, das er selbst gemeinsam mit Wirtschaftsunternehmen sowie der lokale Presse initiiert hat, um den Anwerbeversuchen rechtsextremer Aktivisten an den Schulen entgegenzutreten.[14]

---

[10] Jaschke, S. 27-41.
[11] Winter, S. 161.
[12] Stefan Hornbostel, Die Konstruktion von Unsicherheitslagen durch kommunale Präventionsräte, in: Ronald Hitzler und Helge Peters (Hg.), Inszenierung: Innere Sicherheit. Daten und Diskurse, Opladen 1998, S. 93-111.
[13] Edwin Kube, Kriminalprävention, in: Michael Kniesel, Edwin Kube und Manfred Murck (Hg.), Handbuch für Führungskräfte der Polizei. Wissenschaft und Praxis, Lübeck 1996, S. 603-635, hier: S. 604.
[14] Polizeidirektion Westsachsen (Hg.), „ Mit Grips gegen Gewalt", Krummsdorf 2005.

Mit ihrer Arbeit präsentiert die sächsische Polizeibehörde gleichsam eine besonders exponierte Ausweitung der Polizeitätigkeit über die bloße Gefahrenabwehr hinaus. Es dürfte schwer fallen, der Tätigkeit des Direktionschefs ebenso wie den Aktivitäten mancher „Jugendsachbearbeiter" oder auch „Islambeauftragter" in den Polizeidienststellen der Republik einen rein instrumentellen oder in festen Dienstanweisungen zu fassenden Charakter zuzuweisen. Im Zusammenhang mit dem Thema Prävention stellen sich manche Fragen: Zum Beispiel die, ob die Polizei mit dieser bis heute aktuellen Agenda die lang ersehnte „Bürgernähe" und Öffnung zur Gesellschaft erreicht hat, oder ob nicht eher, wie Kritiker meinen, die Gesellschaft „verpolizeilicht" wird und sich partikulare Interessen des Präventionsgedankens bedienen können.[15] Fragen muss man aber auch, woher das Rüstzeug stammt, mit dem die polizeilichen „Jugendsachbearbeiter", „Islambeauftragten", „Bezirksbeamten" etc. ihre Aufgaben versehen und mit dem die „Trainer" (d.h. Polizeifachlehrer) in den Fortbildungsstellen der großen Polizeipräsidien Angebote zu Themen wie „Gewalt gegen Frauen und Kinder, Fremdenfeindlichkeit, Antisemitismus, Interkulturelle Kompetenz, Gesellschaftspolitische Entwicklung der Stadt Köln, Polizei, Lesben und Schwule" entwickeln?[16]

Es liegt auf der Hand, dass polizeifachliche und funktionale Qualifikationen allein für diese Aufklärungs- und Multiplikatorentätigkeiten nicht ausreichen. Es ist die Aufgabe von Einrichtungen der politischen Bildung und der seit den 1970er Jahren gewachsenen sozialwissenschaftlichen Anteile der Aus- und Fortbildung der Polizei, den Polizeibeamtinnen und -beamten sowohl Wertorientierungen als auch Wissen und analytische Fähigkeiten zu vermitteln, die ihnen ermöglichen, ein reflektiertes Rollenverständnis und Selbstbild als Polizistin oder Polizist in der demokratischen Verfassungsordnung entwickeln zu können.[17]

Die Beiträge des hier vorgelegten Sammelbandes versuchen, historische Grundlagen und Wegmarken, einige Schwerpunkte und Themenfelder, Akteure und Institutionen der politischen Bildung in der Polizei und für die Polizei vorzustellen. Es wird nicht eine vollständige, abgerundete oder gar erschöpfende Darstellung angestrebt. Ebenso wenig geht es um eine sorgfältig ausbalancierte Präsentation von Meinungen, Richtungen und Autoritäten. Vielmehr wurde auf solche Autorinnen und Autoren Wert gelegt, die aus der Praxis kommen oder die die Praxis kennen – sei es die berufliche Praxis der Polizei und/oder die Praxis

---

[15] Werner Lehne, Kommunale Kriminalprävention. Die Reorganisation des Politikfeldes „Innere Sicherheit", in: Hitzler (Anm. 12), S. 113-130.
[16] Fortbildungsangebot des Polizeipräsidiums Köln 2005.
[17] Wolfgang Schulte, Politische Bildung in der Polizei. Funktionsbestimmung von 1945 bis zum Jahr 2000, Frankfurt am Main 2003, S. 10.

der politischen Bildungsarbeit mit Polizistinnen und Polizisten. Ihre Beiträge sollen schlaglichtartig, am konkreten und jeweils für die politische Bildung bedeutsamen Problemfeld „Einflugschneisen" für eine weitere Beschäftigung mit dem Thema Polizei anbieten.

Als im Sommer 1945 die alliierten Besatzungsmächte und später Bundes- und Landesregierungen in Deutschland daran gingen, die Polizeigewalt zu reorganisieren, konnte ein Polizist, der das Entnazifizierungsverfahren ohne Probleme durchlaufen hatte und im Polizeiberuf blieb, drei politische Systeme und ihre Polizeikonzeptionen kennen gelernt haben und in einem vierten politischen System seine Berufslaufbahn beenden. Als um das Jahr 1890 geborener Mann – der meistens, bevor er den Beruf des Polizisten zu seinem Lebensberuf wählte, eine Unteroffizierskarriere im Heer absolviert hatte – konnte er nach seinem Eintritt in die Schutzmannschaft oder Gendarmerie des Kaiserreichs seine Arbeit als Schutzpolizist in einer der Landespolizeien der Weimarer Republik und darauf in der Ordnungspolizei der nationalsozialistischen Diktatur fortsetzen und danach seinen Berufsweg in einer der Polizeien der jungen Bundesrepublik beschließen.

Aus diesen nicht nur theoretisch möglichen, anscheinend über allen Wandel der Zeit hinweg ungebrochenen Beamtenlaufbahnen[18] resultiert unter anderem das Bild von der spezifisch deutschen „Verwaltungstradition", der in nahezu allen Umbruchsituationen der neueren deutschen Geschichte zu beobachtenden Beharrungskraft der staatlichen Bürokratie und der Beamtenschaft.[19]

Die in die Innenministerien der britischen Zone berufenen Ministerialbeamten der Weimarer Republik favorisierten naheliegenderweise das „Weimarer Modell", somit die nur vergleichsweise kurze Zeit realisierte Variante einer Polizeiorganisation unter demokratischen Vorzeichen als Grundlage des Aufbaus der Polizei nach 1945 in den neu gebildeten Bundesländern Nordwestdeutschlands.

Klaus Weinhauer führt in seinem Beitrag über die Schutzpolizei der Bundesrepublik der 1950er und 1960er Jahre aus, dass jedoch „Weimar" auch Bezugspunkt der uniformierten Führungskräfte der Schutzpolizei der Länder nach 1945 war. Das mag überraschen, da doch die „Oberbeamten" der Schutzpolizei wie die der Kriminalpolizei der frühen Bundesrepublik einen wesentlichen Teil ihrer beruflichen Prägung während des Nazi-Regimes erfahren hatten und erste Führungsaufgaben in dieser Zeit übernommen hatten.

---

[18] Heike Wüller, „Verwendung vor 1945" – Polizeidienst im NS-Staat im Spiegel Kölner Personalakten der Nachkriegszeit, in: Harald Buhlan und Werner Jung (Hg.), Wessen Freund und wessen Helfer? Die Kölner Polizei im Nationalsozialismus, Köln 2000, S. 633-668.

[19] Hans Mommsen, Die Kontinuität der Institution des Berufsbeamtentums und die Rekonstruktion der Demokratie in Westdeutschland, in: Friedrich G. Schwegmann (Hg.), Die Wiederherstellung des Berufsbeamtentums nach 1945. Geburtsfehler oder Stützpfeiler der Demokratiegründung in Westdeutschland?, Düsseldorf 1986, S. 65-79.

Zwar herrschte auch unter den Schupo-Führern beredtes Schweigen über die Handlungen und Erfahrungen der Jahre zwischen 1933 und 1945, doch konnten sie im Gegensatz zu den Kripo-Eliten unproblematischer Anknüpfungspunkte zur Weimarer Tradition finden, da das Berufsbild des Schutzpolizisten in der Weimarer Republik wesentlich umfangreicher und mit mehr öffentlichem Ansehen verbunden war als dies bei der im „Dritten Reich" nachrangigen und unter der dumpfen „Ruhe und Ordnung" einer Diktatur weitgehend funktionslosen Schutzpolizei der Fall gewesen war. Patriarchalischer Führungsstil und kasernierte Polizeiausbildung waren wesentliche Elemente der Weimarer Tradition. Weinhauer zeichnet die unter diesen Vorzeichen autoritärer und hierarchischer Polizeiführung vorhandenen Möglichkeit und Unmöglichkeiten politischer Bildung – in der damaligen Sprache – „staatsbürgerlicher" Bildung des Polizeipersonals nach.

Der nord-amerikanische Historiker Konrad Jarausch berichtet im Vorwort zu seinem Buch „Die Umkehr" ein Erlebnis auf dem Flughafen Frankfurt am Main vom Beginn der 1970er Jahre: „Nach dem üblichen Gedränge beim Aussteigen traute ich an der Passkontrolle kaum meinen Augen: Der junge Grenzbeamte trug einen Vollbart, sein Kragen war offen und der Schlips verrutscht, er lächelte sogar und wünschte mir einen schönen Aufenthalt!".[20] Als sich bei späteren Einreisen nach Deutschland über den Frankfurter Flughafen die Beamten des Bundesgrenzschutzes „ähnlich unautoritär verhielten", gelangte Jarausch zu der Überlegung, „dass ihr Verhalten ein Anzeichen eines breiteren Wandlungsprozesses sein könne. Wenn sogar uniformierte Hoheitsträger sich durchaus leger benahmen, war dies nicht ein Indiz für eine allgemeinere Transformation deutscher Gesellschaft und Kultur?"[21]

Jarausch kommt in seinem Buch zu durchaus differenzierten Antworten auf diese und andere Fragen. Dass er die Vor-Urteile erschütternde Begegnung mit einem Polizeibeamten zum Anlass seiner Überlegungen zu „deutschen Wandlungen" zwischen 1945 und 1995 nimmt, unterstreicht die Bedeutung, die Polizei – nicht nur in Deutschland – für die Bestimmung eines „Nationalcharakters" hat. Es bedarf keiner besonderen Hervorhebung, dass Jarauschs Polizeibegegnung vom Beginn der 1970er Jahre eine individuelle Erfahrung darstellt und durchaus als ephemer angesehen werden kann. Polizei-Arbeit ist rechtsstaatlich verfasst und kann nicht oder nur äußerst selten „leger" erledigt werden. Im Übrigen bot sich Aktivisten der Friedens- und Anti-Kernkraftbewegung im Deutschland der 1970er und 1980er Jahre Gelegenheit zu anderen Begegnungen mit der Polizei;

---

[20] Konrad Jarausch, Die Umkehr. Deutsche Wandlungen 1945-1995, München 2004, S. 7.
[21] Ebenda

der dann wieder geschlossene Kragen des Polizeibeamten war des Öfteren vom Plexiglasvisier des polizeilichen Schutzhelms verdeckt. Jarauschs Beobachtung pointiert jedoch, von diesen Einschränkungen abgesehen, schlaglichtartig die seit dem Beginn der 1970er Jahre sich zunehmend erweiternde Variationsbreite der Begegnungen und Kontakte von Bürger und Polizei, die wachsende Vielfalt und Brüchigkeit der einander zugewiesenen Bilder und Typisierungen.

Udo Behrendes und *Manfred Stenner* resümieren verschiedene polizeiliche Bilder des Bürgers und umreißen die Ursachen und Entstehungsbedingungen eines polizeilichen selektiven Blicks. Ansätze und Modelle der bürgerschaftlichen Kontrolle der Polizei, der institutionalisierten Diskussion und des Gesprächs zwischen Bürgern und Polizei zeichnen die Autoren von den Polizeiausschüssen der Britischen Besatzungszone bis zur Hamburger Polizeikommission nach.

Vor mehr als zehn Jahren veröffentlichte *Gerda Maibach* das Buch „Polizisten und Gewalt. Innenansichten aus dem Polizeialltag", in dem sieben Schutzpolizisten und eine Schutzpolizistin, angeregt durch Fragen Maibachs, Erfahrungsberichte aus dem Polizeiberuf gaben.[22] Angeregt durch Fragen des Herausgebers, blickt Gerda Maibach auf ihre damalige Arbeit zurück, resümiert Erfahrungen aus der Bildungsarbeit mit Polizistinnen und Polizisten und äußert sich zu Veränderungen in den letzten zehn Jahren.

Klaus Weinhauer arbeitet in seinem Beitrag zwei Modelle des Führungsstils in der Polizei der 1950er und 1960er Jahre heraus, die „Patriarchen" und die „Modernisierer". Seine historisch orientierte Ableitung beschreibt ausschließlich männliche Führungs- und Arbeitsstile in der Polizei, was angesichts der Personalstruktur der Polizeien der frühen Bundesrepublik nahe liegt. Die Einstellung von Frauen in den Polizeidienst begann Ende der 1970er Jahre.[23]

Rafael Behr nähert sich in seinem Beitrag aus sozialwissenschaftlicher Sicht dem Stellenwert und der Prägekraft des Geschlechts des Personals in der heutigen Polizei. Er postuliert als hegemoniales Geschlechtsmodell in der Polizei die Männlichkeit und sieht die Maskulinität in der Polizei durch den „Krieger" und seinen Antagonisten, den „Schutzmann" dargestellt. Er sieht die aktuelle „Gender"-Diskussion in der Polizei (immer) noch davon bestimmt, dass Angleichung an das Maskulinitätsmodell, nicht die Betonung und Vertretung der Geschlechter-Differenz die Situation der Frauen in der Polizei charakterisiert.

---

[22] Reinbek 1996.

[23] Manfred Murck und Bärbel Werdes, Veränderungen in der Personalstruktur der Polizei. Altersaufbau – Frauenanteil – Ethnische Minderheiten, in: Kniesel, Kube und Murck (Hg.), S. 1255-1302, hier: S. 1268.

Allerdings sei zu beobachten, dass „Gerechtigkeitsempfinden" und „Distanz" zum Einsatzgeschehen, besonders zu den Opfern einer Straftat, als zentrale Elemente des Männlichkeitsideals in neuester Zeit mit fürsorgerischen, parteiergreifenden Elementen des „policing" in Reibung geraten. Behr sieht dies durch das „Gewaltschutzgesetzes" vom 11.12.2001 gegeben, das unter anderem auf Druck von Interessenorganisationen der Frauen erarbeitet wurde und das die Polizei zur aktiven Intervention zum Schutz vor körperlichen Übergriffen und zum Schutz der weitergehenden Interessen der nahezu ausschließlich weiblichen Opfer von Beziehungsgewalt anhält.

In der Polizeiarbeit eröffnet sich die Perspektive einer Parteilichkeit für die Interessen der offensichtlich Benachteiligten – eine eminente Variation des hergebrachten Selbstverständnisses von Polizistinnen und Polizisten, das immer noch von der von Klaus Weinhauer beschriebenen „Staatsschutz-Männlichkeit" zehrt.

Polizeigeschichte hat im zurückliegenden Jahrzehnt nicht nur das Interesse von Historikerinnen und Historikern gefunden, die im Bereich der forschungsgesättigten Neueren Geschichte und Zeitgeschichte nach Themenstellungen für akademische Qualifizierungsarbeiten suchten und sie im bis dahin vergleichsweise brachliegenden Forschungsfeld Polizeihistorie fanden.[24] Das Interesse an Polizeigeschichte ergab sich mitunter auch aus lokal- und „alltags"-historischen Initiativen, Arbeitskreisen, Projekten und Diskussionszirkeln, die sich ursprünglich mit der Geschichte des politischen Protests und des Demonstrationsgeschehens, der Verfolgung politisch Andersdenkender und von Minderheiten in der Nazi-Diktatur in einer Stadt beschäftigten.[25]

Stefan Goch berichtet in seinem Beitrag von dem Projekt „Sozialgeschichte der Polizei in Gelsenkirchen". Stadtverwaltung, kommunale Presse, das örtliche Polizeipräsidium und wissenschaftliche Einrichtungen in der Stadt und Region Gelsenkirchen erarbeiteten zusammen eine Geschichte der Polizei im lokalen Handlungsraum des westlichen Ruhrgebiets.

Dem staatlichen Gewaltmonopol werden im historischen und stadtforscherischen Zugriff kommunale Konturen zu geben versucht. Goch schildert Stationen und Probleme des Vorhabens, auch die verschiedenen Schwierigkeiten bei der

---

[24] Das Spektrum der bearbeiteten Themen ist mittlerweile weit; beispielhaft seien hier genannt: Ursula Nienhaus, Nicht für eine Führungsposition geeignet. Josefine Erkens und die Anfänge weiblicher Polizei in Deutschland 1923-1933, Münster 1999; Carsten Dams, Staatsschutz in der Weimarer Republik. Die Überwachung und Bekämpfung der NSDAP durch die preußische politische Polizei von 1928 bis 1932, Marburg 2002; Jens Jäger, Verfolgung durch Verwaltung. Internationales Verbrechen und internationale Polizeikooperation 1880-1933, Konstanz 2006.

[25] Bernd-A. Rusinek, Gesellschaft in der Katastrophe. Terror, Illegalität, Widerstand. Köln 1944/45, Essen 1989; Norbert Schloßmacher (Hg.), „Kurzerhand die Farbe gewechselt". Die Bonner Polizei im Nationalsozialismus, Bonn 2006

Vermittlung des Projekts in der kommunalen Öffentlichkeit und zwischen den beteiligten Akteuren.

Politische Bildung außerhalb von Schul- oder Seminarräumen, das „Lernen an anderen Orten", trifft seit einigen Jahren auf ein wachsendes Interesse bei Teilnehmerinnen und Teilnehmern von Veranstaltungen der politischen Bildung. Andere Orte können sein Städte, Stadtteile, Unternehmen, landwirtschaftliche Betriebe, EU-Behörden, Infrastruktureinrichtungen und nicht zuletzt historische Orte, besonders Gedenkstätten.[26] Angehörige des Polizeiberufs, und nicht nur sie, können in einigen Gedenkstätten, die an Orten des nationalsozialistischen Terrors eingerichtet wurden, Angebote zur politischen Bildung über Polizei in der Nazi-Diktatur wahrnehmen.[27]

Christoph Spieker, Daniel Schmidt und *Michael Sturm* berichten über ihre Bildungsarbeit mit Polizistinnen und Polizisten im Geschichtsort Villa ten Hompel in Münster, einer ehemaligen Fabrikantenvilla, die von 1940 bis 1944 dem regionalen Befehlshaber der Ordnungspolizei als Sitz diente, zu den Themen Polizeigeschichte und Rechtsextremismus.

Nach dem erfolgreichen Passieren des Bewerbungsverfahrens nehmen die jungen Frauen und Männer mit allgemeiner Hochschulreife und Fachhochschulzugangsberechtigung, die sich für den Polizeiberuf entschieden haben, ihr Studium an einer der Fachhochschulen für öffentliche Verwaltung auf, die in vielen Bundesländern seit Mitte der 1970er Jahre zur Ausbildung des Beamtennachwuchses für den gehobenen Dienst nicht nur der Polizei eingerichtet worden sind. Die Altersspanne der Studienanfänger liegt zwischen 18 und 30 Jahren.

Zwar kommt ein großer Teil der „Kommissaranwärterinnen" und „Kommissaranwärter" direkt nach dem Abitur zur Fachhochschule, doch es befinden sich auch Polizeiberufsanfänger mit abgeschlossener Berufsausbildung oder abgebrochenem Studium darunter, ebenso ehemalige Bundeswehrsoldaten und, nach den ersten beiden Studienabschnitten, Frauen und Männer, die bereits seit mehreren Jahren im Polizeidienst sind und sich durch das Fachhochschulstudium für den gehobenen Dienst qualifizieren können.

Die ehemaligen Bundeswehrsoldaten treffen nun in den Seminarräumen der Fachhochschulen für öffentliche Verwaltung auf ehemalige Zivildienstleistende oder Frauen, „die ein Freiwilliges Soziales Jahr absolviert haben, also intensivere Erfahrungen im Umgang mit sozial-karitativen Tätigkeiten mitbringen. Neu ist

[26]   Außerschulische Bildung, Heft 4, 2005 (Schwerpunkt: „Lernen an anderen Orten: Erkundungen, Exkursionen, Studienreisen")
[27]   Arbeitskreis NS-Gedenkstätten NW e.V., Forschen – Lernen – Gedenken. Bildungsangebote für Jugendliche und Erwachsene in den Gedenkstätten für die Opfer des Nationalsozialismus in Nordrhein-Westfalen, Düsseldorf 2002.

auch, dass viele Studierende (oft nur kurzzeitige) Erfahrungen in Aushilfsjobs gemacht haben (z.b. als Kassiererin im Supermarkt, als Lagerarbeiter)".[28]

An den Fachhochschulen findet die erste Vergemeinschaftung des Polizeinachwuchses statt, sie scheinen für viele jugendliche Berufsanfänger der erste „Ort der Initiation in die Erwachsenenwelt der Polizei zu sein".[29]

In der Unterschiedlichkeit der Bildungs-Biographien, beruflichen Erfahrungshorizonte und habituellen (Vor-)Prägungen der Studierenden liegt Potential für die politische Bildung, die in den sozialwissenschaftlichen Fächern des Lehrangebots der Fachhochschulen geleistet werden kann. *Ulrike Neuhoff* beschreibt Formen und Möglichkeiten der politischen Bildung für und mit ihren Studentinnen und Studenten aus der Polizei.

In einem kleineren Beitrag beschreibt *Klaus-Peter Hufer* seine Erfahrungen mit Polizistinnen und Polizisten als Teilnehmern seiner „Argumentationstrainings gegen Stammtischparolen".

Nach dem Ersten und dem Zweiten Weltkrieg lag die Gestaltungsmacht für den Neuaufbau der Polizei jeweils für einige Jahre nicht oder nicht allein in deutscher Hand. Im Rahmen des Versailler Vertrages nahmen die Alliierten nach 1919 auf die Gestaltung, Stärke und Ausrüstung der deutschen Landespolizeien bis 1925 penibel und rigide Einfluss. Nach dem 8. Mai 1945 orientierten sich die alliierten Mächte in ihren Besatzungszonen an den auf den Konferenzen von Jalta und Potsdam beschlossenen Zielen der Entmilitarisierung, Entnazifizierung, Demokratisierung und Dezentralisierung Deutschlands, was zum Beispiel zu einer Kommunalisierung der Polizeiorganisation führte, die neben anderen Eingriffen der Besatzungsmächte nach der Gründung der beiden deutschen Staaten 1949 und der Verschärfung des Kalten Krieges seit Beginn der 1950er Jahre schrittweise wieder zurückgenommen wurde.[30]

Festzuhalten bleibt für beide Nachkriegszeiträume: Die Polizei war nicht nur für lange Jahre ein Faktor der deutschen Außenpolitik geworden, sondern – wichtiger noch – in Deutschland war die Polizei als Ordnungsmacht des Staates nach Innen der Hoheit anderer Staaten unterworfen.

Diese der Konfrontation mit seinen europäischen Nachbarn geschuldete Problemlage des staatlichen Gewaltmonopols in Deutschland ist historisch und obsolet. Heute ist das staatliche Gewaltmonopol in Deutschland, deren Apparat die Polizei ist, durch die europäische Integration in einen Prozess des Wandels versetzt worden.

---

[28] Rafael Behr, Polizeikultur. Routinen – Rituale – Reflexionen. Bausteine zu einer Theorie der Polizei, Wiesbaden 2006, S. 103.

[29] Ebenda

[30] Peter Leßmann-Faust, Geschichte der Polizei, in: Kniesel, Kube und Murck (Hg.), S. 9-40, hier: S. 18, S. 31-34.

Peter Nitschke schreitet in seinem Beitrag das Spektrum der Kräfte und Faktoren ab, die einerseits in Europa und der Welt der Polizei das Monopol legitimen physischen Zwanges im Innern eines Staates streitig machen und andererseits zu einer „Supranationalisierung" der Inneren Sicherheit und der Polizeiorgane führen.

Staatsbürgerkunde, mithin politische Bildung für deutsche Polizeibeamtinnen und Polizeibeamte, die bei EUROPOL in Den Haag, bei von der EU getragenen Einsatzen in Mazedonien und im Sudan tätig sind, steht hier vor neuen Aufgaben, die nationale Horizonte überschreiten.

Die Idee zu diesem Buch hatte Ulrike Sommer. Ich danke ihr für vielfältigen Rat und Unterstützung.

Zwischen Tradition und Umbruch. Schutzpolizei in den 1950er bis 1970er Jahren (Personal, Ausbildung, Revierdienst, Großeinsätze)

Klaus Weinhauer

Für die Schutzpolizei bildet die Phase zwischen dem letzten Drittel der 1950er und dem Beginn der 1970er Jahre eine spannungsreiche Zeit, geprägt sowohl durch das schwieriger werdende Festhalten an alten Traditionen als auch durch vielfältige Umbrüche.[1] Das im vorliegenden genauer zu umreißende Gegeneinander zeigt sich in allen Kernbereichen schutzpolizeilicher Tätigkeit: in der Ausbildung, im alltäglichen Revierdienst sowie im Einsatz bei Demonstrationen. Dieses komplexe Spannungsverhältnis, das die Kultur der Schutzpolizei im Untersuchungszeitraum prägte, lässt sich aber auch am Beispiel von zwei Altersgruppen recht gut verdeutlichen: an den „Patriarchen" und an den Modernisierern.[2]

1   Traditionen: Patriarchen, kameradschaftliche Dienstgemeinschaften und patriarchalische Offensive

1.1   Patriarchen

Bis in die 1960er Jahre hinein orientierten sich das Selbstverständnis und die Leitbilder der bundesdeutschen Schutzpolizei sehr stark an der Polizei der Weimarer Republik. Diese Kontinuität war personifiziert in den „Patriarchen". Sie waren etwa 1912 und früher geboren und hatten zumeist bereits während der

---

[1]   Die nachfolgenden Argumente stützen sich, wenn nicht anders vermerkt, auf Weinhauer, Schutzpolizei (2003); vgl. zusätzlich zum polizeigeschichtlichen Forschungsstand für die Zeit nach 1945 Fürmetz/Reinke/Weinhauer, Nachkriegspolizei (2001).

[2]   Bei dieser Zweiteilung (Patriarchen und Modernisierer) handelt es sich um eine idealtypische Zuspitzung. Damit sollen weder die unterschiedlichen politischen Einstellungen und Meinungen innerhalb dieser Altersgruppen überdeckt noch unterschlagen werden, dass es Polizeibeamte gab, deren Einstellungen sich nicht eindeutig zuordnen lassen. Dies zeigt sich mit Blick auf die lokal bekannten GdP-Funktionäre Kurt Hopp (Jg. 1920) und Werner Kuhlmann (Jg. 1921). Beide gehörten zwar formal zur Altersgruppe der Modernisierer, vertraten jedoch politisch höchst unterschiedliche Positionen; vgl. Weinhauer, Schutzpolizei (2003), S. 337.

Weimarer Republik im (preußischen) Polizeidienst gestanden. Für die Patriarchen war die Tätigkeit als Schutzpolizeibeamter kein Beruf wie andere Berufe auch. Vielmehr sahen sie sich, eingerahmt von einem Netzwerk symbolischer Politik, 'berufen', den mythologisierten Staat zu schützen, mit dem sie sich über eine Todesbereitschaft eng verbunden wähnten. Wie am Beispiel der preußischen Schutzpolizei gezeigt wurde,[3] war den Patriarchen während ihrer Ausbildung an zentraler Stelle die hohe Bedeutung von tatkräftiger, auf den Schutz des Staates ausgerichteter Männlichkeit nahe gebracht worden. Deshalb war es für sie besonders wichtig, nach diesem Männlichkeitsideal zu handeln. Vor diesem Hintergrund sahen sie den Schutz des Staates durch die Polizei nur zu gewährleisten, wenn die Vorgesetzten ein umfassendes (auch außerdienstliches) Vorbild für die ihnen unterstellten Männer waren, ausgestattet mit allumfassenden Wissen. Der diesem Verständnis entsprechende charakterfeste Vorgesetzte sollte niemals den Überblick verlieren und stets für das Wohlergehen 'seiner' Männer sorgen.

1.2 Kameradschaftliche Dienstgemeinschaft

Ein wichtiges Fundament des Berufsverständnisses der Patriarchen bildeten die kameradschaftlichen Dienstgemeinschaften in der Polizei. In diesen durch „Erzählungen" über die Schutzpolizei der Weimarer Jahre mythologisch überhöhten Gemeinschaften hatten sich die Untergebenen der patriarchalischen Führerpersönlichkeit sowie deren Kontrollparadigma bedingungslos unterzuordnen und ihr gegenüber absolutes Vertrauen zu zeigen.[4] Für diese polizeiliche „Berufsgemeinschaft" galt der Leitsatz, je „näher ein Beruf am Tode 'dran ist', desto besser, schneller und reibungsloser" müssen Befehlsgebung und -ausführung funktionieren. Polizeibeamte sollten sich ohnehin darüber im Klaren sein, wenn „wir als Polizei ein brauchbares Instrument sein wollen", so sei dies nur dann möglich, wenn eine „saubere und zweifelsfreie Ordnung" in ihr herrsche.[5] Den so umrissenen kameradschaftlichen Dienstgemeinschaften, in denen Anpassung an das Bestehende an erster Stelle stand – was die Ausgrenzung von Nicht-Anpassungswilligen mit einschloss – wurden mehrere Funktionen zugeschrieben. Sie sollten Gegensätze, auch politische, überwinden und die Polizeibeamten für das außer-

[3] Vgl. bes. Weinhauer, Schutzpolizei (2003), S. 97-101; Einzelheiten bei Leßmann, Schutzpolizei (1989); ders. Manneszucht (1993).

[4] Bei den kameradschaftlichen Dienstgemeinschaften handelte es sich um ein polizeispezifisches Element von Männlichkeit, das der von Thomas Kühne untersuchten militärischen Kameradschaft ähnelte, vgl. Kühne, Kameradschaft (2006).

[5] Polizeiführungsakademie Hiltrup, Probleme der Inneren Führung (1963), S. 4 (Dr. Stümper, Polizeipräsident von Mannheim).

dienstliche Leben in der Gesellschaft schulen, aber auch Geborgenheit vermitteln und einen Gegenpol zu Disziplin und Selbstkontrolle bilden. Diese Gemeinschaften markierten zudem den (einzigen) Ort, aus dem heraus Polizeibeamte Kritik annehmen sollten. Deshalb hat die Wertschätzung von Kameradschaft lange dazu beigetragen, den Gewerkschaften als moderne Interessenvertretung der Polizeibeamten das Leben zu erschweren. Gab es unterschiedliche Meinungen zwischen Vorgesetzten und Untergebenen, wurde zumindest bis Ende der 1950er/Anfang der 1960er Jahre erwartet, mit dem Vorgesetzten zu einer „kameradschaftlichen Aussprache" zusammenzukommen und hier das Problem gemeinsam zu lösen.[6]

Die kameradschaftlichen Dienstgemeinschaften wurden nicht nur eifrig propagiert, sondern tatsächlich praktiziert, auch außerhalb der Dienstzeit. So berichtete der Inspekteur der Polizei des Landes Nordrhein-Westfalen, Walter Baak, Anfang 1968 wohlwollend über „auffallend leistungsfähige Dienstgemeinschaften". In diesen Fällen hatten Vorgesetzte regelmäßig die Beamten einer Dienststelle sowie deren Ehefrauen u.a. zu einem „unterhaltsamen Abend" eingeladen.[7] Was für den Alltagsdienst auf den Revieren anerkannt wurde, fand jedoch seit Mitte der 1960er Jahre mit Blick auf die gesamte Polizei auch Kritik. Denn die kameradschaftlichen Dienstgemeinschaften als das zentrale Strukturelement des Polizeidiensts hatten Probleme forciert, die der Hamburger Polizeiarzt Dr. Eckbert Zylmann Anfang 1964 umriss. Nachdem er zahlreiche Unterredungen mit Polizisten geführt hatte, resümierte er: Die Polizei bewege sich „in einer abgekapselten, ... sterilen und schlecht korrigierbaren Welt". Zugespitzt formuliert befinde sie sich in einer „geistigen Isolierung", da es ihr im Vergleich zur Bundeswehr an Impulsen von außen fehle.[8]

1.3 Patriarchalische Offensive

In den frühen 1960er Jahren wurde im Zuge einer patriarchalischen Offensive die kameradschaftliche Gemeinschaft besonders häufig beschworen, um Stabilität und Orientierung in dieser Übergangsphase zu vermitteln. Unter Rückgriff auf militärische Polizeitraditionen der Weimarer Republik, bisweilen gab es aber auch Bezüge auf den Polizeidienst im Zweiten Weltkrieg, sollte die Schutzpoli-

---

[6] Vgl. dazu Polizeigruppe Ost an Otto Grot vom 17.9.1956, Staatsarchiv der Freien und Hansestadt Hamburg (StAHH) PA 549; sowie die Kritik vom Kommandeur der Berliner Schutzpolizei Hans Ulrich Werner an dieser Distanz gegenüber der Gewerkschaft: Polizeiführungsakademie Hiltrup, Probleme der Inneren Führung (1963), S. 12.

[7] Baak, Polizei und Innere Führung (1968), S. 8.

[8] Zylmann, Psychologische Situation (1964), S. 7.

zei noch stärker zu einer nach außen abgeschlossenen Institution werden, die sich durch einen Korpsgeist auszeichnete. Grundsätzlich waren dem weiteren Ausbau patriarchalischer Normen und Werte, besonders der Reaktivierung militärischer Traditionen, jedoch seit den frühen 1960er Jahren enge Grenzen gesetzt. Dies hatte verschiedene Gründe: Wandlungen im Altersaufbau, im besonderen der Aufstieg der Modernisierer, die neue Konkretheit im Umgang mit NS-Vergangenheit sowie tief greifende Veränderungen im Revierdienst.

2 Umbrüche: Modernisierer, Vergangenheitspolitik und technisch-organisatorische Modernisierung des Revierdiensts

2.1 Modernisierer

In den späten 1950er Jahren begann der Aufstieg der in den 1920er Jahre Geborenen, die zumeist erst nach dem Zweiten Weltkrieg zur Polizei gekommen waren. Diese Modernisierer rückten zwar erst im letzten Drittel der 1960er Jahre in den höheren Polizeidienst auf, standen zu Anfang der Dekade jedoch oft in Führungspositionen des gehobenen Diensts, leiteten Polizeireviere oder waren in der Ausbildung tätig u.a. als Gruppen-, Zug- oder Hundertschaftsführer der Bereitschaftspolizei. Im Vergleich zu den Patriarchen handelte es sich bei den Modernisierern um Polizisten, die nicht in kasernierten Polizeieinheiten ausgebildet worden waren, deren Berufsverständnis sich weniger an Traditionen oder an den autoritären Mechanismen von Befehl und Gehorsam orientierte. Auch wurde der Staat von ihnen nicht mehr mythologisch überhöht, sondern sachlich umschrieben.

Mit Blick auf die Altersstruktur der Schutzpolizei der 1960er Jahre sind neben dem Aufstieg der Modernisierer zwei weitere Wandlungen zu erwähnen. Nimmt man die Beamten des höheren Diensts der nordrhein-westfälischen Schutzpolizei als Beispiel, so sank, erstens, der Anteil der Patriarchen am Personalbestand zwischen 1961 und 1967 dramatisch ab, im höheren Dienst von über 80 Prozent auf gut 30 Prozent. Diese Beamten hatten also durchaus einen Grund, die Erosion Weimarer Polizeitraditionen zu beklagen. Zweitens wurden in dieser Zeit immer mehr junge Beamten eingestellt, die ab 1938 geboren waren. Im mittleren Dienst der nordrhein-westfälischen Schutzpolizei waren sie 1961 mit gut 13 Prozent und 1967 mit fast 35 Prozent vertreten.[9] Diese jungen Polizisten, kaum von den Sozialisationsinstanzen des NS-Regimes geprägt, orientierten sich im Vergleich zu Jugendlichen der frühen 50er Jahre weniger an

---

[9]   Weinhauer, Schutzpolizei (2003), S. 78ff.

Vorbildern und gingen häufiger eigene Wege. Zudem standen sie den in der Ausbildung (und in der gesamten Polizei) wirkenden hohen Disziplinanforderungen distanziert gegenüber, erstrebten keine Bindung an einen mythologisierten Staat und betrachteten den Polizeidienst als einen Beruf wie andere Berufe auch.

2.2 Vergangenheitspolitische Diskussionen

Nachdem die NS-Vergangenheit der Polizei bis Mitte der 1950er Jahre kaum offen thematisiert worden war, begann zumindest in Nordrhein-Westfalen im Sommer 1956 eine heftige Debatte über die NS-Vergangenheit von leitenden Kriminalpolizeibeamten, die bis Ende der Dekade anhielt.[10] Diese Debatte war noch bestimmt von der Suche nach der Mitgliedschaft von Polizeiangehörigen in verbrecherischen NS-Organisationen (vor allem in der SS und im SD, aber auch in der Gestapo) und spiegelt damit den Problemhorizont der Zeit, bevor die Ermittlungen der Ende 1958 gegründeten Ludwigsburger Zentralstelle einsetzten. Die Erörterungen trugen aber auch Züge eines Konflikts zwischen den beiden größten Polizeigewerkschaften (der GdP und der ÖTV). Beide versuchten, den Vertretungsanspruch der jeweils anderen Gewerkschaft zu diskreditieren. Bei allen Kontrahenten in den Debatten der Jahre 1956 bis 1959 erschöpfte sich die Kritik z.B. an ehemaligen NS-Kriminalpolizisten darin, auf deren Mitgliedschaft in der SS, im SD oder in der Gestapo zu verweisen, ohne auf konkrete Tätigkeiten einzugehen. Es blieb bei einer nicht näher ausgeführten Stigmatisierung dieser Organisationen. Politiker und Gewerkschaften sorgten sich vorrangig um einen Ansehensverlust der bundesdeutschen Demokratie im Ausland. Sie bemühten sich auch, den Eindruck zu vermeiden, als stünde eine neue Entnazifizierung bevor und wollten deshalb endlich einen „Schlussstrich" unter das Thema NS-Vergangenheit (der Polizei) ziehen.

Im ersten Drittel der 1960er Jahre gewannen die Debatten um die NS-Belastungen der Polizei jedoch an Intensität, aber auch an Konkretheit. Durch die Tätigkeit der Ludwigsburger Zentralstelle war inzwischen der Aufklärungsbedarf gestiegen. Zudem wurde die NS-Vergangenheit der westdeutschen Schutzpolizei inzwischen auch von der DDR aus ins Visier genommen. Somit sah sich die bundesdeutsche Polizei zu Beginn der 1960er Jahre massiv mit der vergangenheitspolitischen Kernfrage konfrontiert: Wie stand sie zu ihrer NS-Vergangenheit? Die Diskussionen um die NS-Vergangenheit der nordrheinwestfälischen Polizei erreichten im Jahr 1963 ihren Höhe-, gleichzeitig aber auch

---

[10]   Vgl. zum folgenden Weinhauer, Schutzpolizei (2003), S. 125-141.

den vorläufigen Schlusspunkt. Erneut waren es vor allem die ÖTV und der DGB, aber auch die GdP, die entweder Diskussionen um vergangenheitspolitische Probleme der Polizei initiierten oder sich selbst dazu äußerten. Im Gegensatz zu früheren Jahren wurde nun ganz im Zeichen einer neuen Konkretheit auch genauer über die Rolle der Polizei im NS-Herrschaftssystem gesprochen.[11] Die Schutzpolizei rückte ins Blickfeld.

Im Sommer 1963 sprach der Berliner Politikwissenschaftler Prof. Franz Kotowski auf einer von der GdP anberaumten Veranstaltung, zu der auch Pressevertreter eingeladen waren, über die „Ursachen der von Polizeibeamten während des Krieges begangenen Verbrechen".[12] Kotowski machte zwar vor allem die apolitische Grundhaltung der „meisten deutschen Beamten einschließlich der Polizeibeamten" für die Beteiligung an den NS-Verbrechen verantwortlich, betonte jedoch, gleichzeitig habe diese Beamtentradition auch Gewaltmaßnahmen der Machthaber abgeschwächt.[13] Um Kotowskis durchaus zutreffende Feststellung, kein Polizeibeamter sei bei der Nichtbefolgung von Befehlen mit dem Tode bedroht worden,[14] entwickelte sich eine lebhafte Debatte. Die anwesenden Polizeibeamten hielten daran fest, Befehlsverweigerer seien in Bewährungsbataillone geschickt oder erschossen worden. Allen Hinweisen auf Reste rechtsstaatlichen Verhaltens im nationalsozialistischen Staat oder auf eine dort vorhandene „Rechtsverwirrung" hielt Kotowski entgegen: Auch ein „neunzehnjähriger Nichtjurist könne unmöglich glauben, daß man Säuglinge rechtmäßig töten" dürfe.

Vor dem Hintergrund der unter Politikern und Intellektuellen gesteigerten Sensibilität gegenüber der nationalsozialistischen Vergangenheit war mit dem Einzug jüngerer Politiker in den nordrhein-westfälischen Landtag ein kritischerer und offener Umgang mit der NS-Vergangenheit der Polizei zu verzeichnen. Zu diesen Politikern gehörte nicht nur Innenminister Weyer (Jg. 1917), sondern auch der SPD-Abgeordnete Werner Kuhlmann (Jg. 1921), zugleich 1. Vorsitzender der gesamten GdP und ihres nordrhein-westfälischen Landesverbands.

Die Debatten waren nunmehr von einer Mischung aus altbekannter Schlussstrichmentalität und neuer Konkretheit geprägt. Zwar orientierten sich die Diskussionen immer noch vorrangig an der Mitgliedschaft in der NSDAP, in der SS oder an der Tätigkeit in der Gestapo. Auch gab es nach wie vor Stimmen, die

---

[11] Vgl. ausführlicher Weinhauer, Sozialpartnerschaft (2004); ders., Modernization (2006).
[12] Vgl. StAHH Nachlass Otto Grot 13; Deutsche Polizei 1963, S. 192-194 (Kotowski).
[13] Vgl. zum folgenden DP 1963, S. 192-194.
[14] Vgl. zu einzelnen Beispielen Browning, Ganz normale Männer (1999), S. 87 u. 110; sowie Rückerl, NS-Verbrecher-Prozesse (1972), S. 200.

einen „Schlussstrich unter die längst vergangene Epoche gezogen"[15] sehen wollten. Allerdings waren zwei Veränderungen erkennbar. So konnte 1963 genau benannt werden, wie viele Polizeibeamte des Landes NRW wegen nationalsozialistischer Gewaltverbrechen belangt wurden. Vor allem aber wurden jetzt die Taten der Polizeibeamten konkret angesprochen. Gleichzeitig wurde auch über das Spektrum möglicher Bestrafungen (vom Beförderungsstopp bis zum Widerruf des Dienstverhältnisses) diskutiert. Im Sommer 1963 waren in NRW insgesamt 90 Polizeibeamte wegen NS-Gewaltverbrechen in Straf- bzw. Disziplinarverfahren verwickelt, 58 Prozent gehörten zur Schutz-, die übrigen zur Kriminalpolizei. Von diesen Polizeibeamten waren 27 vorläufig des Dienstes enthoben, weitere 14 befanden sich in Haft, darunter fünf Kriminalpolizisten des höheren und gehobenen sowie sechs aus dem mittleren Dienst und drei Schutzpolizisten des mittleren Diensts. Während bei der Kriminalpolizei (einschl. der weiblichen Kriminalpolizei) etwa ein Prozent der Beamten als belastet galten, lag dieser Anteil bei der Schutzpolizei mit etwa 0,2 Prozent des Personalbestands deutlich niedriger.[16]

Waren also zumindest in NRW bis zu Beginn der 1960er Jahre prozentual mehr Kriminalpolizisten als Schutzpolizeibeamte wegen nationalsozialistischer Gewaltverbrechen belangt worden, führten die verstärkten Ermittlungen der Ludwigsburger Zentralstelle jedoch zwischen 1965 und 1969 vermehrt zu Verfahren gegen Schutzpolizeibeamte vor allem aus Polizeibataillonen der Ordnungspolizei des NS-Regimes.[17] So kam es in Hamburg von 1967 bis 1968 zum Verfahren gegen Angehörige des Reserve-Polizeibataillons 101, und in Wuppertal wurde von Oktober 1967 bis März 1968 gegen Angehörige des Polizeibataillons 309 verhandelt. Auch in den Debatten des Jahrs 1963 gab es noch so etwas wie unverrückbare Gewissheiten. So lagen für Waldemar Reuter aus dem DGB-Bundesvorstand zwei Dinge auf der Hand. Zum einen sei die „Masse" der Polizeibeamten während der NS-Herrschaft „anständig geblieben".[18] Zum anderen war es auch für ihn undenkbar, dass Polizeibeamte ohne äußeren Zwang an Massenverbrechen mitgewirkt hätten.

Dem Schweigen über die Polizei der NS-Herrschaft stand ein fast allgegenwärtiger Bezug auf die (preußische) Polizei der Weimarer Republik gegenüber, die bereits mehrfach angesprochen wurde. Diese heroisierende und mythologi-

---

[15] So der SPD-Abgeordnete Smektala, Landtag Nordrhein-Westfalen (LtNW), Sitzung des Arbeitskreises für Polizeifragen (AKPol) vom 5.7.1963, Archiv des Landtags Nordrhein-Westfalen (ALtNW).
[16] Vgl. zur Personalstärke der Polizei in NRW am 1.8.1963 LtNW Sitzung AKPol vom 15.10.1963, Anlage, ALtNW.
[17] Vgl. die Übersicht bei Curilla, Ordnungspolizei (2006).
[18] Vgl. zum folgenden PIH, Probleme der Inneren Führung (1963), S. 5 (Waldemar Reuter, DGB-Bundesvorstand).

sierende Verklärung der Weimarer Polizei dürfte nur zum geringsten Teil auf Unkenntnis beruht haben. Wichtiger scheint mir folgendes Deutungsmuster gewesen sein: je mehr die Polizei der Weimarer Republik gelobt wurde, desto mächtiger musste der Nationalsozialismus gewesen sein, dass er dieses Bollwerk der Demokratie in die Knie zwingen konnte. Diese naturwüchsige 'Übermacht' ließ wiederum die Chancen der einzelnen Polizisten, sich dieser scheinbar unaufhaltsamen Entwicklung entgegenzustemmen, als minimal erscheinen. Durch diese Argumentation wurden einzelne Polizeibeamte und/oder die Polizei als Ganzes in zweifacher Hinsicht von '(Mit-)Schuld' entlastet: Es lag weder in ihrer Macht, die Zerschlagung der Weimarer Demokratie und damit den Aufstieg der NS-Herrschaft zu verhindern, noch sich der Beteiligung an nationalsozialistischen Verbrechen zu entziehen. Da zu Beginn der 1960er Jahre totalitarismustheoretische Interpretationen hoch im Kurs standen, kann es kaum verwundern, dass damit auch das Unausweichliche im Agieren der Polizei während der NS-Herrschaft untermauert wurde.

Mit Blick auf die Beteiligung der Polizeiverbände an den nationalsozialistischen Massenmorden kann die patriarchalische Offensive, vor allem der in den frühen 60er Jahren erkennbare intensive Bezug auf den kameradschaftlichen Zusammenhalt, noch eine andere Bedeutung gehabt haben. Wie neuere geschichtswissenschaftliche Forschungen ergaben, hat es dieser Zusammenhalt, die kameradschaftliche Dienstgemeinschaft, den Polizeibeamten erleichtert, die Mordaktionen relativ reibungslos auszuführen und die psychischen Belastungen im kameradschaftlichen Kreise (oft unter Zuhilfenahme von Alkohol) zunächst zu überwinden. Vielleicht konnte die Erinnerung an die (Bewältigungs)'Leistungen' der damaligen Kameradschaft unter den Polizeibeamten die Zuversicht stärken, durch erneuten kameradschaftlichen Schulterschluss auch eine wichtige Herausforderung, der sich die Polizei der frühen 1960er Jahre gegenüber sah, zu bewältigen: die Ermittlungen und Verfahren wegen nationalsozialistischer Gewaltverbrechen von Polizeibeamten.[19]

Polizeibeamte selber gelangten bis Ende der 1960er Jahre zu keiner genauen und öffentlich ausgetragenen Auseinandersetzung über die Polizei während der NS-Herrschaft. Zum einen hielten es manche Beamte ohnehin für unangebracht, die Diskussionen über die NS-Vergangenheit der Polizei nach außen zu tragen, so dass sich Außenstehende einmischen konnten. In ihren Augen war die Polizei ein abgeschlossener Körper. Dieser Organismus hatte sich von selbst, von innen heraus zu reinigen. Zum anderen sprachen Polizeibeamte in oft feierlichen und pathetischen, bisweilen aber auch nur schwülstigen Formulierungen über die Polizei während der nationalsozialistischen Herrschaft, ohne von ihrer Tätigkeit

---

[19] Vgl. Curilla, Ordnungspolizei (2006); Klemp, Nicht ermittelt (2005).

zu sprechen. Gleichzeitig wurde eine Heroisierung und Mythologisierung der Weimarer Polizei und ihrer demokratischen Qualitäten betrieben. Dies sollte nicht nur die Aufmerksamkeit von der NS-Vergangenheit ablenken, sondern auch die naturgegebene Übermacht des Nationalsozialismus herausstreichen, dem es gelungen war, dieses Bollwerk der Demokratie in die Knie zu zwingen. Aus vergangenheitspolitischem Blickwinkel lässt sich vor dem Hintergrund der Staatsfixiertheit der bundesdeutschen Polizei konstatieren: wollte sie ihre NS-Vergangenheit aufarbeiten, musste wohl oder übel auch die Polizei der Weimarer Republik entmythologisiert und entheroisiert werden.

2.3 Technisch-organisatorische Modernisierung des Revierdiensts

Ende der 1950er/Anfang der 1960er Jahre vollzogen sich im Revierdienst der Schutzpolizei weit reichende Veränderungen. Im Rahmen der um 1955 beginnenden technisch-organisatorischen Modernisierung der großstädtischen Schutzpolizei wurden zunächst vermehrt Funkstreifen eingesetzt, im letzten Drittel der 1950er Jahre zudem personalstarke Großwachen geschaffen und die (klein-) revierzentrierte Organisationsstruktur zugunsten größerer Organisationseinheiten aufgelöst.[20] In NRW wurde die technisch-organisatorische Modernisierung der Schutzpolizei von politischer Seite aus durchgesetzt. Es ging um zwei Ziele: um die Einsparung von Personalkosten sowie um das Streben nach Modernität. Um diese Kernelemente wurden im Laufe der Debatten dann weitere Argumentationshilfen gruppiert, die sich zumeist auf Elemente des gesellschaftlichen Wandels jener Jahre bezogen. Die Zunahme der Bevölkerung, des Straßenverkehrs und der Kriminalität sowie die Veränderungen in der Stadtstruktur (u.a. der Massenwohnungsbau in den Städten sowie in deren Randzonen) gehörten ebenso dazu wie die Wandlungen des Freizeitverhaltens (u.a. die allmähliche Entstehung des Wochenendreiseverkehrs durch den arbeitsfreien Samstag).

Die technisch-organisatorische Modernisierung trug auf zwei miteinander verbundenen Ebenen dazu bei, Weimarer Polizeitraditionen zu entwerten, die teilweise bis ins Kaiserreich zurückreichten.

Erstens entzog die Abkehr von der kleinräumigen revierzentrierten und fußstreifengestützten Organisationsform denjenigen Vorgesetzten wichtige Bezugspunkte ihres Selbstverständnisses, die den Polizeidienst als „Guerillakrieg" betrachteten. Es kam zu einer Erosion ihrer bisher praktizierten Führungsideale und der Vorbildfunktionen der Revierleiter einschließlich des darin verankerten Leitbildes von Männlichkeit. Als Wach- und Einsatzführer verloren viele ehemalige

---

[20] Vgl. zum folgenden Weinhauer, Schutzpolizei (2003), bes. S. 223-244.

Revierleiter die alleinige Entscheidungsbefugnis über den Einsatz der Beamten ihrer Dienstschicht. Denn in den neuen Hauptwachen hatten sie mit dem „Sachbearbeiter für Einsatz und Verwendung" eine neue Kontrollinstanz über sich. Manchen Revierleitern galt der „tägliche Kampf um die Erhaltung der öffentlichen Sicherheit und Ordnung" als ein „Guerillakrieg". Für sie wurde dieser Kampf am „erfolgreichsten ausgefochten" mit „kleineren Einheiten – etwa den Kräften eines Reviers – unter der Leitung ortskundiger Führer..., die jeden Schlupfwinkel genau kennen".[21]

Es soll hier nicht unerwähnt bleiben, dass das Bild von der Polizeiarbeit als 'Guerillakrieg' auch auf eine Erinnerungsspur aus dem Zweiten Weltkrieg hindeuten konnte. Transportiert dieses Bild doch ähnliche Gedankengänge, wie sie z.B. 1956 in einer Seminararbeit über den „Bandenkampf" im Polizei-Institut Hiltrup formuliert wurden. Auch die „Bandenbekämpfung" wurde getragen von kleinen Gruppen, an deren Spitze erfahrene Führer standen. In der Seminararbeit war die Rede vom Polizeieinsatz in „Jagdkommandos". Die Aufgabe dieser „Elite des Polizeiverbandes" bestand darin, „Banden aufspüren, zu stellen und unschädlich zu machen". Auch im „Bandenkampf" spielte die „eingespielte und verschworene Gemeinschaft", zusammengesetzt aus „entschlossenen, harten 'Waldläufern'" und geführt von einer „entschlussstarke(n) Persönlichkeit", eine wichtige Rolle. Anders als in den 1960er Jahren sollte diese Gemeinschaft allerdings nicht nur „spähen (und) streifen", sondern auch „unerbittlich jagen" – also auch töten – können.[22] Insgesamt hätten die Oberbeamten, so Bublies, ihre „geistige Wirksamkeit" sowie die „innere Führung" ihrer Untergebenen verloren. Der Bochumer Polizeirat Otto konstatierte gar, mit dieser Neuorganisation seien die „mittleren Führungskräfte der Polizei, die inmitten der Praxis standen ... zerschlagen".[23]

Zweitens hat die Mitte der 1950er Jahre begonnene technisch-organisatorische Modernisierung der (groß)städtischen Polizei maßgeblich dazu beigetragen, dass das patriarchalische Männlichkeitsleitbild sowie das damit verbundene Berufsethos mit seinem paternalistischen Führungsstil allmählich an Integrationskraft einbüßten. Wie bereits deutlich wurde, bestand die Polizei der 1950/60er Jahre aus zahlreichen kameradschaftlichen Gemeinschaften, die um patriarchalische Vorgesetzte zentriert und von deren starken Kontrollansprüchen bestimmt waren. Im Zuge der technisch-organisatorischen Modernisierung mussten Vorgesetzte jedoch häufiger als zuvor in der Lage sein, Aufgaben zu delegieren; ein umfassendes Wissen wurde durch die Aufgabenvielfalt und die arbeitsteilige Spezialisierung zumindest der Großwachen mehr und mehr zur Fiktion. Zudem

[21] Bublies, Gedanken zur Neuorganisation (1960), S. 38.
[22] Vgl. Schell, Bandenkampf (1956), S. 18-21 (Zitate: S. 20 f.).
[23] Otto, Geistige Struktur (1960), S. 65.

war seit Mitte der 1950er Jahre eine 'perfekte' Kontrolle der im Funkstreifendienst eingesetzten Beamten ohnehin nicht zu erreichen. Ein umfassendes Wissen wurde durch die Aufgabenvielfalt und die arbeitsteilige Spezialisierung zumindest der Großwachen ebenso zur Fiktion wie die strenge Kontrolle der Funkstreifenbeamten. Die Funkstreifen bereiteten der Polizeiführung immer wieder Kopfzerbrechen. Zum ersten wurde darüber diskutiert, ob sich durch den Funkstreifendienst der Kontakt zur Bevölkerung verschlechtert habe. Zum zweiten ging es darum, wie die Tätigkeit der Funkstreifenbeamten kontrolliert und sichergestellt werden konnte, dass diese Beamten nicht nur umherfuhren, sondern auch Fußstreifen gingen. Von Mitte der 1950er Jahre bis zu Beginn der 1960er Jahre war die Begeisterung für die Funkstreifen noch ungebrochen. Diese hatte sich im Laufe der 1960er Jahre jedoch deutlich gelegt. Ernüchtert wurde versucht, die Beamten aus den Fahrzeugen herauszuholen, und sie zu mehr Fußstreifen zu veranlassen. Der erwünschte verbesserte „Kontakt zur Bevölkerung" stellte sich jedoch kaum ein.

Durch die technisch-organisatorische Modernisierung wurde im (groß)städtischen Revierdienst der Schutzpolizei das Ende der Nachkriegszeit eingeläutet. Darüber hinaus gingen vom Funkstreifendienst Impulse aus, die das Erscheinungsbild der Polizei ziviler gestalteten. In eine ähnliche Richtung wirkte die seit Anfang der 1960er Jahre ausgeweitete Beschäftigung von zivilen Angestellten. Somit vollzog sich im Revierdienst der (groß)städtischen Schutzpolizei die Modernisierung weit früher als bei Großeinsätzen, wo sich erst im letzten Drittel der 1960er Jahre Veränderungen anbahnten und das aus der Weimarer Republik übernommene „Bürgerkriegsmodell" allmählich verabschiedet wurde.

3 Polizeiausbildung

3.1 Grundprobleme

Die Ausbildung von bundesdeutschen Polizeibeamten ist ein bis heute kontrovers diskutiertes Thema.[24] Mit Blick auf die Gesamtdienstzeit der Polizeibeamten der 1960er Jahre drängt sich die Frage auf, ob die Ausbildung, die zuerst in der Polizeischule und anschließend in der Bereitschaftspolizei stattfand, mehr war als eine auf etwa drei Jahre ausgedehnte Eingangsstufe einer Berufsausbildung? Wurden deren Lerneffekte nicht durch das spätere lebenslange 'learning by doing' im Revierdienst überlagert? Zugespitzt gefragt: Welches Gewicht besaßen dieses etwa dreijährige gemeinsame Leben und Lernen sowie die Einsätze

---

[24] Vgl. zum folgenden Weinhauer, Schutzpolizei (2003), Kap III 1. u.2.

im Rahmen geschlossener Verbände gegenüber der anschließenden etwa dreißigjährigen Berufspraxis? Welche Fähigkeiten vermittelte diese Eingangsphase der beruflichen Sozialisation, welche Verhaltensprägungen entstanden hier?

Schon ein Blick in die Forschung legt den Eindruck nahe, dass die kasernierte Polizeibeamtenausbildung etwas sehr nachhaltig Wirkendes vermittelt haben muss. Die militärisch geprägte Ausbildung der bundesdeutschen Polizeibeamten hing untrennbar mit der Orientierung an der Polizei der Weimarer Republik zusammen. Genau genommen waren es die Kampfeinsätze der preußischen sowie der hamburgischen Schutzpolizei, vor allem gegen die kommunistischen Aufstandsversuche der Jahre 1921 und 1923, von denen viele Ziele, Inhalte und Formen der Polizeiausbildung bestimmt wurden. Darüber hinaus war die Ausbildung als Lehrphase des Polizeibeamtenberufs stets eng mit der Erziehung der jungen Polizisten verbunden, durch die letztere mit den Normen und Werten sowie mit den „Erzählungen", Mythen und Ritualen der Polizei, kurz: mit der Kultur der Polizei, vertraut gemacht wurden. Wird nachfolgend von Ausbildung gesprochen, so ist damit stets auch die Erziehung der Polizeibeamten gemeint. Dieser Hinweis ist auch deshalb wichtig, weil die Polizeiausbildung durch zwei Besonderheiten gekennzeichnet war. Zum ersten waren die angehenden jungen Polizeibeamten kaserniert untergebracht. Zum zweiten gab es neben den formalen Organisationsstrukturen, dies waren die Lehrabteilungen der Polizeischule oder die Hundertschaften, Züge und Gruppen der Bereitschaftspolizei, ein dichtes Netz von Kleingruppen. Dies reichte von Arbeitsgruppen bis hin zu Stuben- und Tischgemeinschaften. Die jungen Polizisten hatten also kaum Gelegenheit, sich individuell zu betätigen, fast immer bewegten sie sich in Gruppen und mussten sich mit Gruppendynamik und den dort wirkenden Einschluss- und Ausschlussmechanismen auseinandersetzen. Zumindest bis Ende der 1960er Jahre besaßen das gemeinsame Leben und Lernen in der Polizeischule, vor allem aber in der Bereitschaftspolizei, bei der der gemeinsame Einsatz als drittes Verbindungsglied hinzukam, zentrale Funktionen für die Erziehung und Ausbildung der jungen Beamten.

In Nordrhein-Westfalen fand das erste Ausbildungsjahr der Polizeianwärter der 1960er Jahre, die „Grundausbildung", in der Landespolizeischule „Carl Severing" in Münster statt. Die Landespolizeischule bestand aus mehreren Lehrabteilungen mit je etwa 100 Polizisten; die Abteilungen waren wiederum in vier bis fünf Klassen unterteilt. In der Landespolizeischule „Erich Klausener" und ihren Außenstellen wurden dann die Lehrgänge zur Festanstellung der Polizeibeamten abgehalten; hier wurde also die Erste Fachprüfung abgelegt. Die Bereitschaftspolizei, zu der die Polizeianwärter versetzt wurden, wenn sie das erste Ausbildungsjahr in den Polizeischulen erfolgreich bestanden hatten, galt vielen Kritikern als das Symbol für die militärische Polizeikonzeption und -ausbildung. In

Nordrhein-Westfalen sollte der Dienst in der Bereitschaftspolizei gemäß der Laufbahnverordnung von 1957 eigentlich erst nach drei Jahren beendet sein. Durch die vielen unbesetzten Stellen befand sich die nordrhein-westfälische Schutzpolizei jedoch, so die Lagebeurteilung des Innenministers Willi Weyer, in einer „prekären Notsituation". Wegen dieses Personalmangels wurde die Ausbildung in der Bereitschaftspolizei auf etwa zwei Jahre und drei Monate verkürzt. Während dieser Ausbildung versahen die Polizeiwachtmeister im allgemeinen einmal monatlich Dienst in einer Kreispolizeibehörde.

Wohl keine Phase der Ausbildung und kein Zweig der bundesdeutschen Polizei waren so umstritten wie der Dienst in der Bereitschaftspolizei. In der Bereitschaftspolizei sollten die jungen Polizisten auf eine doppelte Aufgabe vorbereitet werden: auf die eigenverantwortliche Tätigkeit im sogenannten „Einzeldienst" sowie auf den Einsatz in geschlossenen Einheiten. Bis Ende der 1960er Jahre lag der Schwerpunkt der Ausbildung in der Bereitschaftspolizei jedoch in allen Bundesländern auf dem Einsatz geschlossener Formationen u.a. für die Niederschlagung innerer Unruhen (stets von Kommunisten angezettelt) und im Kampf gegen bewaffnete „Banden" (zumeist aus dem Osten „eingeschleust").

Die Bedeutung der kleingruppenzentrierten Organisationsstruktur der Polizeibeamtenausbildung, die im Rahmen einer mehrjährigen Kasernierung stattfand, ist kaum zu überschätzen. Diese Kleingruppen mit ihrer Gemeinschaftskultur waren das, was die kasernierte Polizeiausbildung der 1950/60er Jahre so nachhaltig prägte. Die stark erzieherisch bestimmte und auf Kleingruppen basierende Ausbildung war nicht nur der 'Ort', an dem die jungen Polizeibeamten in die Kultur der Polizei eingeführt wurden; hier entstand auch die enge Verbindung zwischen Polizeidienst, Männlichkeit und Staat. Sie war personifiziert im disziplinierten, mutigen und harten Polizeibeamten, dem Mann der Tat. Auf diesem Weg kam der Bereitschaftspolizei, dem „Vaterhaus" aller Polizeibeamten, eine besondere Rolle zu. Denn sie war mehr als eine Ausbildungseinheit, sie war das Symbol, ein „Traditionsträger" für die militärischen Polizeieinheiten, die die Weimarer Republik gegen kommunistische Aufstände verteidigt hatten. Das Zusammenwirken dieser drei Faktoren, der Verankerung des Berufsneulings in der kleingruppenzentrierten männerbündischen Gemeinschaftskultur, seine Initiation zum staatsverbundenen männlichen Polizeibeamten, die in der symbolträchtigen Bereitschaftspolizei abgeschlossen wurde, gab der kasernierten Polizeibeamtenausbildung eine Prägekraft, die weit über die in der Polizeischule und Bereitschaftspolizei verbrachte Zeit hinauswirkte und den Habitus von Polizeibeamten nachhaltig prägte.

In dieser so eingerahmten Ausbildung galt die Körperertüchtigung bis etwa Mitte der 60er Jahre als die Fortsetzung der Formalausbildung mit anderen Mitteln, dienten Sauberkeits- und Ordnungsnormen als Universalmittel zur Einschüchterung und Disziplinierung der jungen Anwärter. Zudem konnten solche Ordnungs- und Sauberkeitsvorstellungen über die Reinlichkeit des eigenen Körpers, der Uniform oder der Gemeinschaftsunterkünfte hinauswirken und ein Denken in binären Optionen wie sauber/schmutzig, ordentlich/unordentlich, gut oder schlecht fördern. Dieses Denken in einfachen Polaritäten war ganz im Sinne der damaligen Ausbildungsziele, konnte es doch schnelles, tatkräftiges Handeln fördern, da nur zwei Alternativen zu bedenken waren.

Die typische Gemeinschaftskultur der kasernierten Polizeiausbildung sollte jedoch nicht vorschnell mit der der Weimarer Jahre gleichgesetzt werden. Zumindest seit den frühen 1960er Jahren war sie von innen und außen drei Veränderungen unterworfen. Erstens bemühten sich vor allem Politiker seit Beginn der 1960er Jahre allmählich um eine Entmilitarisierung der Polizeiausbildung, was jedoch erst im letzten Drittel der Dekade zur Reform der Ausbildungsinhalte und -organisation führte. Zweitens kamen in den späten 1950er/frühen 1960er Jahren die um 1940 Geborenen zur Polizei. Diese Jugendlichen standen hohen Disziplinanforderungen distanziert gegenüber, erstrebten keine Bindung an einen mythologisierten Staat und betrachteten den Polizeidienst als einen Beruf wie andere auch.

Drittens waren in der Polizeibeamtenausbildung seit den frühen 1960er Jahren die in den 1920er Jahren geborenen Polizeibeamten tätig. Von diesen Modernisierern wurde der Staat nicht mehr mythologisch überhöht, wie dies während der Weimarer Jahre und bei den „Patriarchen" geschehen war, sondern sachlich umschrieben, wobei der Bezug auf das Recht an erster Stelle stand.

Grundsätzlich verhinderte die militärisch ausgerichtete und von hochkohäsiven Kollektiven bestimmte Struktur der Polizeiausbildung mit den darin wirkenden Mechanismen von Anpassung und Ausgrenzung, aber auch die 'Normenfallen', in denen Sauberkeits- und Ordnungsnormen eine wichtige Rolle spielten, jedoch eine tiefgreifende Modernisierung der Ausbildung. Hier entstand erst in den frühen 70er Jahren „von unten" ein Veränderungsschub. Vor dem Hintergrund einer deutlich verkürzten Ausbildungszeit begannen einige junge Polizisten, die kleingruppenzentrierte Gemeinschaftskultur der kasernierten Polizeibeamtenausbildung in Frage zu stellen.

3.2 Staatsbürgerkunde

Die Modernisierer sprachen in der Polizeibeamtenausbildung der Vermittlung von juristischem Fachwissen sowie der Staatsbürgerkunde wichtige Aufgaben zu.[25] Juristische Kategorien sollten das von Sauberkeits- und Ordnungsnormen geprägte 'polizeiliche Sehen', die Wahrnehmung der Umwelt, ergänzen und zusammen mit der Staatsbürgerkunde die Polizeibeamten auf das Denken vom Staat her vorbereiten. Die juristische Ausbildung sowie die Staatsbürgerkunde sollten dazu beitragen, die Lücke zu schließen, die durch die Entmythologisierung des Staates entstanden war. Somit besaß die Staatsbürgerkunde eine sehr wichtige Bedeutung in der Ausbildung von Polizeibeamten. Die Unterrichtswirklichkeit der Staatsbürgerkunde sah gemessen an den hohen Zielen bis Ende der 1960er Jahre jedoch eher ernüchternd aus. Bereits Ende 1952 hatte sich eine Umfrage in der Linnicher Bereitschaftspolizeiabteilung für einen lebendigeren Unterricht ausgesprochen und gemahnt, „man hüte sich .... davor, Geschichte in Zahlen vorzutragen". Der Verfasser dieser Studie, Polizeihauptkommissar Krafft, resümierte, „was ein schlechter Lehrer in diesem Fach in einer Stunde, ja oft schon mit einem einzigen Satz zerstören kann, läßt sich nur sehr schwer, oft überhaupt nicht mehr gut machen".[26]

Eine 1957 am Polizei-Institut in Hiltrup angefertigte wissenschaftliche Hausarbeit vermittelt weitere sehr plastische Eindrücke über die ernüchternde Praxis des staatsbürgerkundlichen Unterrichts. Der Verfasser, Polizeihauptkommissar Fritz Rabbow, war „stark beeindruckt" durch die „immer wiederkehrende, stürmische Forderung der Beamten nach radikaler Konzentration auf die neuere und neueste Geschichte".[27] Wie schon Krafft im Jahre 1952 fand auch Rabbow einen „Widerwillen der Beamten gegen das Lernen von „Zahlen, Schlachten, Kaisern und Königen" und gestand ein, hier seien seitens der Lehrenden „bestimmt Fehler gemacht worden".[28] Viele der befragten Beamten argwöhnten denn auch, die Lehrerschaft „drücke sich vor der Behandlung der jüngsten Geschichte, weil in ihr auch über die Hitlerzeit gesprochen werden muß". Rabbow sah oft sogar „eine spöttische Bitterkeit, die einen ganz eindeutigen Prestigeverlust" für die Lehrer bedeute und für die Polizei „alles andere als schmeichelhaft" sei.

Stattdessen wichen Lehrer auf unverfänglichere Themen aus. Hoch im Kurs stand z.B. die 'Entstehung eines Gesetzes'. Auf Nachfrage betonten Bereitschaftspolizisten jedoch immer wieder, „wie langweilig, unausstehlich und schwer verständlich" dieses Thema gewesen sei.[29] Auch eine abstrakte „Artikelreiterei" war nicht selten zu finden. Rabbow mahnte, es sei besser, nur einen

---

25 Vgl. zum folgenden Weinhauer, Schutzpolizei (2003), bes. S. 196-201; sowie allgemein Sturm/ Kleinknecht, Polizeireform (2004); Schulte, Politische Bildung (2003); Weinhauer, Staatsbürger (2000); Kleinknecht, Polizei (1998).
26 Krafft, Nachwuchs (1952), S. 37 f.
27 Rabbow, Widerhall (1957), S. 44.
28 Ebd., S. 47 (auch das folgende Zitat).
29 Rabbow, Widerhall (1957), S. 48; vgl. auch ebd., S. 27 f.

kurzen Überblick zu geben, um das Grundgesetz für die Beamten nicht zum „Alpdruck" werden zu lassen.[30] Auch wirkte das häufige Monologisieren „auf Dauer einschläfernd".[31] Insgesamt war es für Rabbow, „bitter nötig"[32], den Staatsbürgerkundeunterricht interessanter zu gestalten und stärker dem Leitsatz zu folgen: „'nicht so trocken, nicht so diktatorisch'".[33]

Veränderungen im Staatsbürgerkundeunterricht der Polizei kamen bis zum Ende der 1960er Jahre kaum voran. Hatten Bereitschaftspolizisten 1960 die Vermittlung des Lehrstoffes als zu „schematisch empfunden"[34], so kritisierte Fritz Stiebitz vom Hiltruper Polizei-Institut 1969 in der Zeitschrift „Deutsche Polizei", dem Organ der Gewerkschaft der Polizei, im Staatsbürgerkundeunterricht sei immer noch ein „Vorherrschen der Institutionenkunde festzustellen".[35] Ähnliche Erfahrungen musste der Hamburger Polizeipsychologe Steffen Hornthal sammeln. Er konstatierte 1971 mit Blick auf den politischen Unterricht, die hier dominierende Institutionen- und Verfassungskunde baue gerade bei jungen Leuten „hohe Gerechtigkeitserwartungen auf, die dann bei der Prüfung der Verfassungsrealitäten enttäuscht werden und mit hoher Wahrscheinlichkeit Hilflosigkeit, Resignation und Apathie gegenüber dem politischen Geschehen auslösen".[36] Als Ausweg aus dieser Misere empfahl Hornthal, im Unterricht aktuelle politische Probleme zu behandeln. Das Interesse an diesem Thema sollte nicht, wie viele seiner Kollegen meinten, als „Ablenkungsmanöver der Schüler" abgetan werden.[37]

Die Hoffnungen, die viele Sozialwissenschaftlerinnen und -wissenschaftler der 1960/70er Jahre auf einen 'richtig' durchgeführten Staats- oder Sozialkundeunterricht legten, dürften angesichts der alltagspragmatischen Haltung, die Polizisten gegenüber Gesetzen zeigten, sowie durch die Abschottungs- und vielfältigen Beharrungstendenzen im Polizeiberuf allzu optimistisch gewesen sein. Zudem erhielten Polizisten staatsbürgerkundlichen Unterricht vorwiegend während ihrer Ausbildung, also in den Polizeischulen, in der Bereitschaftspolizei sowie während der Vorbereitung auf Lehrgänge und Prüfungen. Dieser Unterricht lag oft in den Händen von älteren Polizeibeamten und wurde nur gelegentlich von Lehrern staatlicher Schulen erteilt. Vor allem aber bleibt zu fragen, welche Wirkungen ein Unterricht in Staatsbürgerkunde überhaupt erzielen konnte, wenn er eingezwängt war in die männerbündische Gemeinschaftskultur der Polizeiaus-

---

[30] Ebd., S. 48.
[31] Ebd., S. 49.
[32] Ebd., S. 54.
[33] Ebd., S. 52.
[34] Schmitz, Notwendigkeit (1960), S. 36.
[35] Stiebitz, Reform (1969), S. 156.
[36] Hornthal, Unterricht (1971), S. 373.
[37] Ebd., S. 374.

bildung. Weckte schon der Unterrichtsstoff der Staatsbürgerkunde harmonieorientierte Vorstellungen von Staat und Gesellschaft, so wurde im Unterricht selber durch das Zusammenwirken von Antikommunismus und harmonisierenden bürgerlichen Bildungsidealen sowohl einer Entpolitisierung der jungen Polizeibeamten Vorschub geleistet als auch deren Glauben an Autoritäten unterstützt. Damit mochte zwar den Anforderungen des Lebens in den kasernierten Ausbildungsgemeinschaften bestens Genüge getan sein, für die Orientierung im komplexen und konflikthaften gesellschaftlichen Leben war so jedoch kaum etwas gewonnen. Ohnehin wäre selbst ein pädagogisch geschickter und inhaltlich spannender (Staatsbürgerkunde)Unterricht dort an seine Grenzen gestoßen, wo er mit den Normen und Werten der männerbündischen Gruppenkultur der Polizeiausbildung konfrontiert war.

4   Polizeieinsätze gegen Studentenproteste: Hamburg

In Rückblicken erscheinen die Polizeieinsätze gegen studentische Proteste bisweilen als das zentrale Kennzeichen polizeilicher Tätigkeit jener Jahre. Jedoch umfassten diese Einsätze (selbst in Großstädten) nur einen Bruchteil polizeilicher Alltagsarbeit. Allerdings offenbarten sich in ihnen Kernprobleme des polizeilichen Berufsverständnisses ebenso wie das eingangs angesprochene Spannungsverhältnis von Traditionswahrung und Wandel. Im letzten Drittel der 1960er Jahre offenbarten die Einsätze gegen protestierende Studenten massive Binnenprobleme der Schutzpolizei, die oftmals Ausdruck autoritärer Einstellungen waren.[38] So hegten die Beamten des mittleren Diensts gegenüber der Polizeiführung und zu ihren Vorgesetzten kein überwiegend vertrauensvolles Verhältnis. Sie beklagten ihre unzureichende Information sowie autoritäre Verhaltensmuster der Einsatzleiter. Die in einigen Bundesländern neu formulierten weniger konfrontativen Einsatztaktiken, in Hamburg „flexible Reaktion" genannt, wurde in der Schutzpolizei oft als „weiche Welle" abqualifiziert, und dort bis 1970 noch nicht umfassend akzeptiert. Darüber hinaus stellte besonders die Dynamik und Spontaneität studentischer Proteste die Polizei häufig vor große Probleme. Viele Polizisten waren bei nicht im Detail planbaren Einsätzen überfordert. Gleichzeitig verdeutlichten die Polizeieinsätze gegen studentische Protestaktionen auch die Grenzen des unpolitischen Amtsverständnisses, das sich in der Anwendung vorgegebener Einsatzrichtlinien erschöpfte, ohne die politischen Folgen dieses Vorgehens zu berücksichtigen.

---

[38]   Vgl. zum folgenden Weinhauer, Schutzpolizei (2003), S. 296-332.

Grundsätzlich gab es unter den Hamburger Schutzpolizisten ähnlich wie in weiten Teilen der Bevölkerung eine ablehnende Haltung gegenüber einem zurückhaltenden Vorgehen bei studentischen Demonstrationen. Polizisten, die sehr häufig gegen solche Protestaktionen eingesetzt wurden, verhielten sich nicht unbedingt gelassener, sondern schritten eher härter ein. Ohnehin standen Polizeibeamte Akademikern eher distanziert gegenüber. Zudem zeigte sich in der polizeilichen Berichterstattung während der Osterdemonstrationen 1968 eine extreme Gewaltfixierung, die ebenfalls nicht zu einem gelassenen Einsatzverhalten beigetragen haben wird. Darüber hinaus muss berücksichtigt werden, dass im Habitus von Schutzpolizeibeamten der 1960er Jahre ein Männlichkeitsideal tief verankert war, bei dem Tatkraft, Mut und Härte höher angesehen waren als Passivität und Zurückhaltung. Orientiert an diesem aktivistischen Männlichkeitsbild mit seiner autoritären Grundhaltung glaubten viele Polizeibeamte, Konflikte anscheinend am besten durch forsches Einschreiten lösen zu können. Vor diesem Hintergrund war es durchaus möglich, dass die von Politikern geforderte flexiblere Einsatztaktik Verhaltensunsicherheit in den Reihen der eingesetzten Beamten verstärkte, was wiederum zu einer Flucht nach vorn, also zu einem härteren Eingreifen, beigetragen haben wird.

Wie beim genauern Hinsehen deutlich wird, wurden die bei Einsätzen gegen studentische Proteste aufgetretenen Übergriffe durch zwei Faktoren unterstützt: durch die hohe Bedeutung von kameradschaftlichen Gemeinschaften sowie durch die Wahrnehmung der protestierenden Menschenmengen als akute Massen. Dieses von Gustav LeBons Massenpsychologie bestimmte Denkmodell, das bereits die Ausbildung und die Großeinsätze der preußischen Polizei bestimmt hatte, war in den polizeilichen Analysen von Massenereignissen wie den Halbstarkenkrawallen ebenso zu finden wie bei den „Beat-Krawallen" von 1965/66 und in den Berichten über studentische Protestaktionen seit 1966. Insgesamt stellte die Polizei für das Verhalten solcher Gruppen den Leitsatz auf: Je homogener und größer die Menschenmenge war und je leidenschaftserregender das Motiv ist, das die Menge zusammenführt, desto rascher vollziehe sich die Entstehung einer akuten Masse.[39]

Es erwies sich während der Studentenproteste die Entstehung von ansonsten hoch geschätzten kameradschaftlichen Gemeinschaften vor allem unter Revierbeamten als ein massives Problem. Da sie den psychischen Belastungen bei Demonstrationseinsätzen weniger gewachsen waren als ihre jüngeren Kollegen in der Bereitschaftspolizei, neigten ältere Beamte ohnehin eher zur Anwendung physischer Gewalt. Diese Tendenz wurde dadurch verstärkt, dass es in ihren Reihen zu defensiv-resignativen Gruppenbildungen kam. Diese Zusammen-

---

[39] Ebd. S. 275f.

schlüsse entstanden, weil unter den Revierbeamten bei Demonstrationseinsätzen rasch Unmut darüber entstand, dass die geschlossenen Einheiten nicht hart genug gegen die Demonstranten durchgriffen. Wurden die Revierbeamten zu Großeinsätzen zusammengezogen, wollten sie auch zupacken, also hart eingreifen und nicht nur passiv bleiben. Dies war jedoch nicht immer möglich. Aus Resignation zogen sie sich in Kleingruppen zurück und schotteten sich oftmals auch von den Vorgesetzten ab. Der enge Zusammenhalt der Gruppenmitglieder und ihre strikte Abgrenzung nach außen ließen ihr Einsatzverhalten fast unkontrollierbar werden. Diese Beamten setzten körperliche Gewalt nicht dosiert und gezielt ein, sondern ließen sich zu Übergriffen hinreißen, die auf ihre Frustrationen zurückzuführen waren und bisweilen als nachholende Erziehung gerechtfertigt wurden.

Eine zweite Form der Gruppenbildung, die einen offensiv-kämpferischen Charakter trug, fand sich unter den bei studentischen Demonstrationen eingesetzten Bereitschaftspolizisten. Diese Polizisten waren etwa im gleichen Alter wie viele der protestierenden Studenten und können deshalb als „68er"-Polizeibeamte gelten. Unter diesen Bereitschaftspolizeibeamten erhielt das ohnehin in der Polizeiausbildung tief verankerte Bild vom tatkräftigen, harten und mutigen Polizisten nicht nur eine Bestätigung, sondern eine zusätzliche kämpferisch-elitäre Note. Dies wurde in der Polizei durchaus begrüßt. Es ist davon auszugehen, dass diese Beamten zwar auch körperliche Gewalt einsetzten, unkontrollierte Übergriffe hier jedoch seltener vorkamen als bei Revierbeamten.

Darüber hinaus blieb die polizeiliche Wahrnehmung von Menschenmengen durch Vorstellungen über „akute Massen", hinter denen vor allem bei politischen Anlässen stets der Kommunismus lauerte, sehr stark verzerrt. Wie mit Blick auf politische Demonstrationen deutlich wurde, war die „akute Masse" ein politischer Mythos, der im Zentrum des polizeilichen Habitus stand, und deshalb bis in die 1970er Jahre nicht hinterfragt wurde. Wenn nämlich die „akute Masse" so unberechenbar bösartig und politisch gefährlich war, wie sie immer wieder geschildert wurde, dann war es unumstößlich, dass sie nur von disziplinierten Polizeibeamten, die entschlossen und hart dagegen vorgingen, zu bändigen war. Der Weg in die Konfrontation war so vorgezeichnet. Diese Einschätzung war bei den „Patriarchen", also den bis etwa 1912 geborenen Polizeibeamten, am deutlichsten zu finden. Weil sie den mythologisch überhöhten Staat bedroht wähnten, erschien bei Demonstrationen, die als politisch eingestuft wurden, hartes Eingreifen gegen diese „akuten Massen" unumgänglich. Während der Einsätze gegen protestierende Studenten traten die auf den Schutz des Staates ausgerichteten kämpferischen Komponenten des patriarchalischen Männlichkeitsideals gegenüber den selbstdisziplinorientierten, fürsorglichen und integrierenden Bestandteilen in den Vordergrund. Solche „Patriarchen" waren bei Demonstrationseinsätzen in den Führungspositionen der Schutzpolizei, aber auch unter den Revierbeamten zu finden.

Blickt man von den Polizeieinsätzen gegen studentische Proteste auf die Entwicklung der Polizei in den frühen 70er Jahren, zeigt sich ein ambivalenter Eindruck. Einerseits regten die Erfahrungen aus diesen Einsätzen partielle Reformen an. Die Ausbildung wurde entmilitarisiert, auch sollte den Polizeibeamten eine erweiterte Allgemeinbildung vermittelt werden. Zudem wurden die geschlossenen Einheiten dezentraler organisiert (u.a. durch Halbgruppen), umfassender motorisiert und auch die Ausstattung mit Schutzhelmen und -schilden sowie mit Sprechfunkgeräten verbessert. Es handelte sich überwiegend um technische und organisatorische Modernisierungen in bislang vernachlässigten Bereichen. Auch war der starre Ordnungsbegriff in der Polizei als Konsequenz aus den Polizeieinsätzen gegen die Studentenproteste diskreditiert worden. Andererseits hatten die „Patriarchen" zwar während der Studentenproteste schon wegen ihrer bevorstehenden Pensionierung gleichsam ihr letztes Gefecht geschlagen, jedoch hatte sich die Kultur der Schutzpolizei der frühen 70er Jahre nur sehr begrenzt verändert. Deshalb bleibt es nach wie vor offen, wann und wie die auf dem Papier formulierte Hinwendung zu weniger konfrontativen Einsatztaktiken bei Demonstrationseinsätzen, zum „protest policing", auch praktisch umgesetzt wurde. Hier sind weitere Forschungen zwingend notwendig.[40] Zudem sollte nicht vergessen werden, dass die in den 1970er Jahre in den Vordergrund getretene präventive Ausrichtung polizeilicher Tätigkeit auch Risiken barg, wenn, wie der Extremfall des BKA-Präsidenten Horst Herold zeigt, die polizeiliche Informationssammlung in möglichst viele Gesellschaftsbereiche ausgedehnt werden sollte.[41]

Insgesamt gesehen war die Modernisierung der westdeutschen Schutzpolizei von Ungleichzeitigkeiten geprägt. In diesem Spannungsfeld von Tradition und Umbruch kamen die Impulse zur Modernisierung der Polizei von außen, von Politikern, oder sie wurden durch den Altersumbruch in der ersten Hälfte der 1970er Jahre induziert, als die „Patriarchen" in den Ruhestand traten. Mit Blick auf die Schutzpolizei lässt sich abschließend festhalten, die gesellschaftliche Modernisierung der Bundesrepublik eilte der Modernisierung dieser staatlichen Institution weit voraus. Während sich in der bundesdeutschen Gesellschaft zu Beginn der 1960er Jahre ein komplexer Wertewandel abzuzeichnen begann und der Weg in die „Erlebnisgesellschaft" beschritten wurde, orientierten sich viele Polizeibeamte noch an Denkmustern, die aus der Weimarer Republik stammten und deren Wurzeln teilweise sogar im Kaiserreich lagen.

---

[40]   Vgl. grundsätzlich Winter, Politikum (1998); Busch u.a., Polizei (1988).
[41]   Vgl. Weinhauer, Partisanenkampf (2006); ders. Staat zeigen (2006).

Literatur

Baak, Walter: Polizei und Innere Führung, in: Die Streife 4/1968, S. 2-5 u. 5/1968, S. 7-9.

Browning, Christopher: Ganz normale Männer. Das Reserve-Polizeibataillon 101 und die „Endlösung" in Polen. Mit einem Nachwort (1998), Reinbek b. Hamburg 1999.

Bublies: Gedanken zur Neuorganisation der Schutzpolizei, in: DP/NW 1960, S. 37-39.

Busch, Heiner u.a.: Die Polizei in der Bundesrepublik, Studienausgabe, Frankfurt a.M./New York 1988.

Curilla, Wolfgang: Die deutsche Ordnungspolizei und der Holocaust im Baltikum und in Weißrußland, 1941-1944, Paderborn u.a. 2006.

Fürmetz, Gerhard/Herbert Reinke/Klaus Weinhauer (Hg.), Nachkriegspolizei. Sicherheit und Ordnung in Ost- und Westdeutschland 1945-1969, Hamburg 2001.

Hornthal, Steffen: Der politische Unterricht. Gedanken aus sozialwissenschaftlicher Sicht, in: DP 1971, S. 373-375.

Kleinknecht, Thomas: Die Polizei im gesellschaftlichen Diskurs. '68er'-Demonstranten als Motor polizeilicher Bildungsarbeit. Das westfälische Beispiel, in: Westfälische Forschungen 48 (1998), S. 311-332.

Klemp, Stefan: „Nicht ermittelt". Polizeibataillone und Nachkriegsjustiz – Ein Handbuch, Essen 2005.

Klitzke, Jürgen: Fortbildung, noch immer ein Stiefkind, in: DP 1969, S. 387.

Krafft, Josef: Der junge Nachwuchs der Polizei, sozial und seelisch gesehen. Eine Untersuchung der Bereitschaftspolizeiabteilung IV, Linnich, Nordrhein-Westfalen, Semesterarbeit, 6. Polizeirats-Anwärterlehrgang am Polizei-Institut Hiltrup 1952 (MS), (Bibliothek der PFA Hiltrup).

Kühne, Thomas: Kameradschaft. Die Soldaten des nationalsozialistischen Krieges und das 20. Jahrhundert, Göttingen 2006.

Leßmann, Peter: Mit „Manneszucht" gegen „irregeleitete Volksgenossen". Bildung und Ausbildung der preußischen Schutzpolizei in der Weimarer Republik, in: Herbert Reinke (Hg.), „... nur für die Sicherheit da ..."? Zur Geschichte der Polizei im 19. und 20. Jahrhundert, Frankfurt a.M./New York 1993, S. 71-93.

Leßmann, Peter: Die preußische Schutzpolizei in der Weimarer Republik. Streifendienst und Straßenkampf, Düsseldorf 1989.

Otto, Fr.: Über die geistige Struktur der polizeilichen Neuorganisation, in: DP/NW 1960, S. 41-43 u. 65-66.

Polizei-Institut Hiltrup: Probleme der Inneren Führung. 12. Arbeitstagung des Polizei-Instituts Hiltrup für Leiter von Polizeibehörden und leitende Polizei-Exekutivbeamte vom 24. bis 26.September 1963 in Hamburg, Hiltrup (1963) (MS), (Bibliothek der PFA Hiltrup).

Rabbow, Fritz: Der Widerhall des staatsbürgerkundlichen Unterrichts bei den Beamten der Bereitschaftspolizei und die Lehren, die sich daraus für künftige Unterrichtsgestaltung ergeben, wissenschaftliche Hausarbeit Hiltrup 1957 (MS), (Bibliothek der PFA Hiltrup).

Rückerl, Adalbert: Zur Diskussion um die NS-Verbrecher-Prozesse, in: Die Polizei P 63 (1972), S. 199-202.

Schell, Wilhelm: Der Bandenkampf als polizeiliche Aufgabe, Seminararbeit Hiltrup 1956 (MS-Auszüge), (Bibliothek der PFA Hiltrup).

Schmitz, Peter: Von der Notwendigkeit und den Möglichkeiten des staatspolitischen Unterrichts in der Polizei für die Erziehung zu den sittlichen Werten der Demokratie, Seminararbeit Hiltrup 1960 (MS), (Bibliothek der PFA Hiltrup).

Schulte, Wolfgang: Politische Bildung in der Polizei. Funktionsbestimmung von 1945 bis zum Jahr 2000, Frankfurt/M. 2003.

Stiebitz, Fritz: Immerwährende Reform. Zur Situation im Ausbildungs- und Bildungswesen der Polizei, in: Deutsche Polizei 1969, S. 155-156.

Sturm, Michael/Wolfgang Kleinknecht: „Demonstrationen sind punktuelle Plebiszite". Polizeireform und gesellschaftliche Demokratisierung von den 1960er- zu den Achtzigerjahren, in: Archiv für Sozialgeschichte 44 (2004), S. 181-218.

Weinhauer, Klaus: „Staatsbürger mit Sehnsucht nach Harmonie": Gesellschaftsbild und Staatsverständnis in der westdeutschen Polizei (der 1960er Jahre), in: Axel Schildt/ Detlef Siegfried/Karl Christian Lammers (Hg.), Dynamische Zeiten. Die 60er Jahre in den beiden deutschen Gesellschaften, Hamburg 2000, S. 444-470.

Weinhauer, Klaus: Innere Unruhe. Studentenproteste und die Krise der westdeutschen Schutzpolizei in den 1960er Jahren, in: Gerhard Fürmetz/Herbert Reinke/Klaus Weinhauer (Hg.), Nachkriegspolizei. Sicherheit und Ordnung in Ost- und Westdeutschland 1945-1969, Hamburg 2001, S. 303-325.

Weinhauer, Klaus: „Freund und Helfer" an der „Front": Patriarchen, Modernisierer und Gruppenkohäsion in der westdeutschen Polizei, in: Matthias Frese u.a. (Hg.), Demokratisierung und gesellschaftlicher Aufbruch. Die 1960er Jahre als Wendezeit der Bundesrepublik, Paderborn u.a. 2003, S. 549-573.

Weinhauer, Klaus: Schutzpolizei in der Bundesrepublik. Zwischen Bürgerkrieg und Innerer Sicherheit: Die turbulenten 1960er Jahre, Paderborn u.a. 2003.

Weinhauer, Klaus: Sozialpartnerschaft, autoritärer Staat und Innere Sicherheit. Gewerkschaftliche Interessenvertretung in der nordrhein-westfälischen Polizei von den 1950er bis in Anfang der 1970er Jahre, in: Karl Christian Führer (Hg.), Tarifbeziehungen und Tarifpolitik in Deutschland im historischen Wandel, Bonn 2004, S. 224-246.

Weinhauer, Klaus: „Staat zeigen". Polizeifahndungen gegen Terroristen in der Bundesrepublik bis in die frühen 1980er Jahre, in: Wolfgang Kraushaar (Hg.), Die RAF und der linke Terrorismus, Hamburg 2006 (2 Bde), Bd. 2: S. 932-947.

Weinhauer, Klaus: Modernization of West German Police between the Nazi Past and Weimar Traditions, in: Philipp Gassert/Alan Steinweis (Hg.), Coping With the Nazi Past: West German Debates on Nazism and Generational Conflict, 1955-1975, New York/Oxford 2006, S. 96-112.

Weinhauer, Klaus: Zwischen „Partisanenkampf" und „Kommissar Computer": Polizei und Linksterrorismus in der Bundesrepublik bis Anfang der 1980er Jahre, in: Klaus Weinhauer/Jörg Requate/Heinz-Gerhard Haupt (Hg.), Terrorismus in der Bundesrepublik. Medien, Staat und Subkulturen in den 1970er Jahren, Frankfurt a.M. /New York 2006, S. 244-270.

Winter, Martin: Politikum Polizei. Macht und Funktion der Polizei in der Bundesrepublik
Deutschland, Münster 1998.

Zylmann, (Eckbert): Die psychologische Situation der Polizei. Ein Bericht über eine
Studienreise, Hamburg 1964 (MS), (Bibliothek der PFA Hiltrup).

Bürger kontrollieren die Polizei?

Udo Behrendes und Manfred Stenner

Vorbemerkungen

Die Polizei ist Teil der staatlichen Eingriffsverwaltung, sie greift im Rahmen ihres gesetzlichen Auftrages in die Grundrechte von Bürgerinnen und Bürgern ein. Polizeiliche Grundrechtseingriffe dienen entweder dem Schutz einzelner Menschen (z. B. die Wohnungsverweisung eines gewalttätigen Ehemannes zum Schutz der Ehefrau und der Kinder) oder der Allgemeinheit (z. B. Beschlagnahme des Führerscheins eines alkoholisierten Autofahrers). Die Betroffenen solcher Grundrechtseingriffe können die Rechtmäßigkeit der polizeilichen Maßnahmen sowohl durch die Polizeibehörde selbst als auch durch die Gerichte überprüfen lassen. Darüber hinaus haben sie auch die Möglichkeit einer Dienstaufsichtsbeschwerde, wenn sie zwar nicht die Rechtmäßigkeit der polizeilichen Maßnahme in Zweifel ziehen, aber mit der Art und Weise des polizeilichen Einschreitens bzw. dem persönlichen Verhalten einer Polizeibeamtin oder eines Polizeibeamten nicht einverstanden sind.

Aus genereller Sicht wacht das Parlament über die Polizeiarbeit. Es übt das Kontrollrecht über die Landesregierung und damit auch über den für die Polizei verantwortlichen Innenminister aus. Durch Anfragen im Parlament und Beratungen im Innenausschuss nehmen die Abgeordneten ihre Kontrollpflichten und -rechte wahr und können ggf. gesetzgeberische Konsequenzen aus erkannten Problembereichen initiieren.

In verschiedenen Bundesländern gibt es darüber hinaus kommunalpolitische Einflussmöglichkeiten auf die jeweilige örtliche Polizeibehörde. In Nordrhein-Westfalen sind z. B. Polizeibeiräte eingerichtet, in denen Abgeordnete oder von Fraktionen des Kommunalparlaments benannte „sachkundige Bürger" ein Frage- und Beratungsrecht gegenüber dem polizeilichen Behördenleiter haben.

Neben diesen formellen Kontrollmöglichkeiten trägt letztlich auch die Presse dazu bei, dass fehlerhaftes Polizeihandeln öffentlich gemacht und diskutiert wird. Außerdem melden sich oft Menschen- und Bürgerrechtsorganisationen mit Kritik zu Wort.

Reichen diese Kontrollmechanismen aus oder bedarf es weiterer bürgerschaftlicher Kontrollorgane?

Bevor dieser Frage konkret nachgegangen wird, sollen zunächst die wesentlichen Problem- und Konfliktfelder im Verhältnis Bürger und Polizei näher beleuchtet werden.

Am Beginn steht ein kurzer Blick auf das während des 20. Jahrhunderts von vielen Wandlungen betroffene Berufsbild und Berufsverständnis von Polizistinnen und Polizisten, insbesondere im Hinblick auf die Bürgerorientierung (Kapitel 1: *Vom Staatsdiener zum Bürgerpolizisten?*).

Als besonderer Problembereich im Polizei-Bürger-Verhältnis wird dann die strukturelle Gefahr einer selektiven polizeilichen Sicht auf bestimmte Bevölkerungsgruppen und die Abschottungstendenz polizeilicher Organisationen thematisiert (Kapitel 2: *Die Sicht auf die Bevölkerung durch die „polizeiliche Brille"*).

Nach dem Blick auf das Alltagshandeln der Polizei wird eine besondere Nahtstelle im Schnittfeld zwischen Staats- und Bürgerorientierung analysiert (Kapitel 3: *Polizei und politischer Protest*).

Die nächste Betrachtungsebene widmet sich der „Innenwelt Polizei" (Kapitel 4: *Polizeikultur und Polizistenkulturen*).

Als letzter Zwischenschritt vor der konkreten Auseinandersetzung mit Möglichkeiten bürgerschaftlicher Kontrolle wird der polizeiinterne Umgang mit Fehlverhalten von Polizistinnen und Polizisten beleuchtet (Kapitel 5: *Zwischen Gewaltgebrauch und Gewaltmissbrauch*).

Auf dem Hintergrund dieser Analysen von Berufsbild, Berufsverständnis, besonderer Problembereiche und des internen Umgangs mit Fehlverhalten werden zunächst kurz die in der Vergangenheit und in der Gegenwart bereits praktizierten Formen bürgerschaftlicher Kontrolle der Polizei skizziert (Kapitel 6: *Bürgerschaftliche Kontrolle der Polizei im 20.Jahrhundert: Von den Polizeiausschüssen der britischen Besatzungszone zur Hamburger Polizeikommission*).

Abschließend stellen die Autoren (ein Polizeibeamter und ein Vertreter der Bürgerrechtsbewegung) Thesen zur Verbesserung der bürgerschaftlichen Kontrolle der Polizei im Sinne einer noch stärkeren Verankerung der Polizei in der Gesellschaft vor (Kapitel 7: *Plädoyer für Polizeibeauftragte*).

1 Vom Staatsdiener zum Bürgerpolizisten?

Schaut man auf die deutsche Polizei des 20. Jahrhunderts zurück, so erblickt man Polizeien in fünf verschiedenen staatlichen Systemen: die Polizeien der Kaiserzeit, der Weimarer Republik, des NS-Regimes, der DDR und der Bundesrepublik Deutschland. Die meisten deutschen Polizisten des 20. Jahrhunderts haben in mehr als einem dieser Staatssysteme gearbeitet[1]. In den „neuen Bundesländern" haben wir noch in jüngster Zeit die mit einem staatlichen Systemwechsel verbundenen und zum Teil immer noch nicht abgeschlossenen Anpassungsprozesse erlebt[2]. Nur die Polizeien der „alten" Bundesländer blicken auf eine mittlerweile rund sechzigjährige kontinuierliche Entwicklung in einem rechtsstaatlich-demokratischen System zurück.

1.1 Polizei im Kaiserreich und der Weimarer Republik

Die Polizisten der wilhelminischen Zeit sahen sich als „Vertreter des Kaisers auf der Straße", sie verkörperten mit militärischem Habitus die Obrigkeit gegenüber den „Untertanen"[3]. Berufsverständnis und Handlungsrepertoire konnten auf die Kurzformel gebracht werden: „Befehlen, Stärke zeigen, die (eigene) Autorität wahren und Gehorsam erzwingen."[4]

Nach dem I. Weltkrieg und den revolutionären Umbrüchen 1918/1919 wurden viele von denjenigen, die wenige Jahre zuvor noch die Sozialdemokratie als den „inneren Feind" bekämpft hatten, nun Polizisten der neuen demokratischen Republik, in Preußen unter der politischen Führung von sozialdemokratischen Innenministern. Carl Severing, der während der 14 Jahre der Weimarer Republik (mit Unterbrechungen) die längste Zeit preußischer Innenminister bzw. Reichsinnenminister war, stand für ein neues Berufsbild der Polizei, dessen populärstes Symbol später der Slogan „Freund und Helfer" wurde, der wiederum anschließend vom NS-Regime missbraucht worden ist. Der demokratische Gegenentwurf zum obrigkeitlichen Berufsverständnis der Kaiserzeit setzte auf die Abkehr vom Militärischen einerseits und die Hinwendung zur Bevölkerung andererseits.[5] Beide Leitgedanken konnten jedoch in den wenigen Jahren der demokratischen Weimarer Republik nicht nachhaltig umgesetzt werden. Die angestrebte Auffrischung des Personals durch Angehörige ziviler Berufe kam zunächst nur unzu-

---

[1]   Dies gilt allerdings gleichermaßen für das Personal der sonstigen staatlichen und kommunalen Verwaltungen, namentlich für die Führungskräfte – vgl. Edwin Czerwick, Die „Demokratisierung" des Verwaltungspersonals in der Bundesrepublik Deutschland, Verwaltungsrundschau 2001, S. 45 ff. (S. 45)

[2]   Diese Problemstellung soll an dieser Stelle nicht vertieft werden, da sie den Themenschwerpunkt dieses Beitrages verlassen würde; als Überblick zur Volkspolizei in der DDR vgl. Thomas Lindenberger, Öffentliche Polizei im Staatssozialismus: Die Deutsche Volkspolizei, in: Lange (Hrsg.), Staat, Demokratie und Innere Sicherheit in Deutschland, Opladen 2000, S. 89-100

[3]   Hans-Joachim Heuer-Schräpel, Versuche zur Etablierung einer „Bürgerpolizei" in Deutschland, Archiv für Polizeigeschichte 1993, S. 53-60, hier S. 53.

[4]   Albrecht Funk, Polizei und Rechtsstaat. Die Entwicklung des staatlichen Gewaltmonopols in Preußen 1848-1914, Frankfurt 1986, S. 289

[5]   Vgl. Hans-Joachim Heuer-Schräpel (Anm. 3), S. 55 ff.

reichend zustande. Polizist zu sein war weder materiell attraktiv noch gesellschaftlich angesehen, das Image der Polizei („Arbeiterfeind") war aufgrund der Erfahrungen in der Kaiserzeit und während der revolutionären Phase äußerst schlecht.[6] Demgegenüber strömten viele ehemalige Militärangehörige in die Polizei. In Ermangelung genügender Positionen in der durch die Vorgaben der Siegermächte des I. Weltkrieges auf das „Hunderttausend-Mann-Heer" reduzierten Reichswehr sahen sie den Polizeidienst überwiegend als zweitrangigen Ersatz an und gingen häufig nur von einer persönlichen Übergangsphase bis zur Fortsetzung ihrer Militärkarriere aus. Die meisten von ihnen waren weder Demokraten noch Republikaner – das Bild einer bürgernahen Polizei war ihnen fremd.[7] Es war nun eben „Demokratie und Republik befohlen". Man erfüllte seine Pflicht, die immer nur formal, als Durchführung hierarchischer Anordnungen verstanden wurde. Ein wertebezogener, auf den in der Weimarer Reichsverfassung kodifizierten Grundrechten beruhender Pflichtenkanon inhaltlicher Art gehörte nicht zum beruflichen Selbstverständnis.[8]

Neben den personellen Problemen ließen aber auch die besonderen Herausforderungen der Polizei in den blutigen Straßenkämpfen mit nationalsozialistischen und kommunistischen Gruppierungen eine Abkehr vom Militärischen und eine Hinwendung zu einem zivilen Polizeibild kaum zu. Im Gegenteil sah sich die preußische Landesregierung gezwungen, paramilitärische Polizeieinheiten aufzustellen, um ein Eingreifen der Reichswehr zur Befriedung der inneren Unruhen zu verhindern. Die Polizei zog daher gerade aus der Bewältigung bürgerkriegsähnlicher Szenarien ihre eigene besondere Legitimation – sowohl in der Innen- als auch in der Außensicht. Sie profilierte sich damit zwar einerseits erfolgreich im dauerhaften Konkurrenzkampf mit der Reichswehr[9], verspielte aber mit ihrer eigenen paramilitärischen Orientierung in Personalauswahl, Ausbildung und Einsatz letztlich, von einigen hoffnungsvollen Ansätzen abgesehen[10], die Chance, die politischen Grundvorstellungen einer „Bürgerpolizei" umzusetzen[11].

---

[6]   Peter Leßmann, Die preußische Schutzpolizei in der Weimarer Republik, Düsseldorf 1989, S. 86 ff.

[7]   Vgl. Peter Leßmann, Die preußische Schutzpolizei in der Weimarer Republik. Streifendienst und Straßenkampf, Düsseldorf 1989, S. 175 ff.

[8]   Vgl. Tonis Hunold, Polizei in der Reform, Düsseldorf 1968, S. 29 f.

[9]   Vgl. Peter Leßmann-Faust, Reichswehr und preußische Schutzpolizei im ersten Jahrfünft der Weimarer Republik, in: Nitschke, Die Deutsche Polizei und ihre Geschichte, Hilden 1996, S. 119-138

[10] Vgl. dazu Peter Leßmann-Faust, Weimarer Republik: Polizei im demokratischen Rechtsstaat am Beispiel Preußens, in: Lange (Hrsg.), Staat, Demokratie und Innere Sicherheit in Deutschland, Opladen 2000, S. 29-50, hier S. 38 ff.

[11] Vgl. Hans-Joachim Heuer-Schräpel (Anm. 3), S. 55 ff.

1.2 Polizei im NS-Staat

Für die meisten Polizisten vollzog sich nach der Metamorphose vom Büttel des Obrigkeitsstaates zum „Freund und Helfer" dann auch 1933 der Übergang in die Polizei des NS-Staates und die Übernahme des Berufsbildes „Polizeisoldat des Führers" ohne besondere Brüche. Schon vor der „Machtergreifung" teilten viele von ihnen die wesentlichen inhaltlichen Schwerpunktsetzungen der NS-Führung. Weitergehende Befugnisse gegen „Berufsverbrecher" (vorbeugende Freiheitsbeschränkungen und -entziehungen) waren schon in Zeiten der „Weimarer Republik" häufig artikulierte Forderungen aus den Führungsetagen der Kriminalpolizei. Repressionen gegen Juden sowie selektive Interventionen gegen „Asoziale" und gesellschaftliche Randgruppen waren schon vor 1933 gesellschaftsfähig. Die Mehrzahl der Polizisten empfand daher das entsprechende neue Befugnisrepertoire nicht als übergestülpt, sondern als grundsätzlich willkommen. Man durfte in einigen Teilbereichen nun endlich so agieren, wie man es sich schon seit längerem gewünscht hatte.[12]

Wir wissen heute, dass neben der SS und anderen NS-Organisationen, neben Soldaten der Wehrmacht und Mitgliedern anderer Berufsgruppen (etwa Ärzten und Juristen) auch Polizeiangehörige aller Dienstbereiche an Verbrechen des NS-Regimes beteiligt waren. Polizisten verübten Gräueltaten an der Bevölkerung in den von der Wehrmacht besetzten Gebieten Europas; an der „Heimatfront" waren sie mit verantwortlich für Verfolgung, Folter und Mord an ethnischen und sozialen Randgruppen im gesamten damaligen Reichsgebiet und letztlich für den Holocaust.[13]

1.3 Polizei in der frühen Nachkriegszeit

In der Besatzungszeit nach dem II. Weltkrieg kam es zwar zunächst zu zahlreichen Entlassungen von Polizisten des NS-Staates – im Wege der Entnazifizierungsverfahren erreichten jedoch viele Beamte ihre Wiedereinstellung, zum Teil

---

[12] Vgl. Thomas Roth, „Verbrechensbekämpfung" und Verfolgung. Zur Praxis der Bonner Kriminalpolizei 1933-45, in: Schloßmacher (Hrsg.), Kurzerhand die Farbe gewechselt – Die Bonner Polizei im Nationalsozialismus, Bonn 2006, S. 221-289

[13] Vgl. als Gesamtüberblick Friedrich Wilhelm, Die Polizei im NS-Staat, Paderborn 1997; zur Verstrickung aller Polizeizweige in die NS-Strategien den Überblick bei Herbert Reinke, Die deutsche Polizei und das „Dritte Reich". Anmerkungen zur Geschichte und Geschichtsschreibung, in: Buhlan/Jung (Hrsg.), Wessen Freund und wessen Helfer? Die Kölner Polizei im Nationalsozialismus, Köln 2000, S. 51-63

mit wechselseitig ausgestellten „Persilscheinen".[14] Bereits Anfang der fünfziger Jahre war in den westlichen Besatzungszonen die Mehrzahl aller Funktionen wieder mit Polizisten der NS-Zeit besetzt.[15]

Betrachtet man die spätere Entwicklung ehemaliger Polizisten des NS-Staates in der Bundesrepublik, kann man allerdings konstatieren, dass kaum Vorfälle bekannt geworden sind, die an die zuvor erworbenen Handlungsweisen erinnerten. Auch dazu wird entscheidend die generelle Grundausrichtung an Befehl und Gehorsam beigetragen haben – es war nun wieder Demokratie und Rechtsstaat befohlen.[16]

1.4 Dem Staate dienen – egal welchem?

Die für die meisten Polizisten persönlich „weichen" Übergänge von der Monarchie zur Republik, von der Demokratie zur Diktatur und vom NS-Staat zum Staat des Grundgesetzes stellen Fragen nach dem Berufsverständnis, das diesen Metamorphosen zugrunde lag und danach, was eventuell tendenziell noch heute davon vorhanden ist.

War (und ist) man als Polizist vorrangig „Staatsdiener", unabhängig von der jeweiligen Staatsverfassung und Verfassungswirklichkeit? Hat(te) man als Staatsdiener nur seine Pflicht zu tun, Pflicht im Sinne ausschließlich hierarchischer Loyalität ohne Frage nach Recht, Gerechtigkeit und persönlicher Überzeugung und Verantwortung? Es spricht viel dafür, dass ein solches formell-funktionales Berufsverständnis (Funktionieren im Apparat[17]) der rote Faden aller polizeilicher Farbenwechsel im 20. Jahrhundert war.

Heute gehen wir von der Vorstellung bzw. Hoffnung aus, dass das Berufsverständnis der Polizistinnen und Polizisten der Bundesrepublik Deutschland nicht mehr in erster Linie formell-funktional, sondern vorrangig materiell-werteorientiert gegründet ist:

---

[14] Am Beispiel der Kölner Polizei vgl. Heike Wüller, „Verwendung vor 1945" – Polizeidienst im NS-Staat im Spiegel der Kölner Personalakten der Nachkriegszeit, in: Buhlan/Jung (Hrsg.), Wessen Freund und wessen Helfer? Die Kölner Polizei im Nationalsozialismus, Köln 2000, S. 633-668

[15] Vgl. Stefan Noethen, Die Bonner Polizei 1945-1953, in: Schloßmacher, Kurzerhand die Farbe gewechselt – Die Bonner Polizei im Nationalsozialismus, Bonn 2006, S. 371-410

[16] Vgl. Reinhard Haselow/Stefan Noethen/Klaus Weinhauer, Die Entwicklung der Länderpolizeien, in: Lange (Hrsg.), Staat, Demokratie und Innere Sicherheit in Deutschland, Opladen 2000, S. 131-150, hier S. 136.

[17] Vgl. Hans-Joachim Heuer, Aspekte zur Organisationsentwicklung, Praxis und zum Berufsverständnis der Polizei im „Dritten Reich", in: Schriftenreihe der Polizei-Führungsakademie, Lübeck 1998, Heft 4/97-1/98, S. 31-52, hier S. 52

Aktives Eintreten für die freiheitliche demokratische Grundordnung, Remonstrationsrecht bzw. -pflicht gegen als rechtswidrig oder unzweckmäßig erkannte hierarchische Anordnungen, das persönliche Gewissen als letzte Gegeninstanz zu Befehl und Gehorsam – dies sind die heutigen rechtlichen Rahmenbedingungen für das Berufsbeamtentum. Der Gesetzgeber hat also aus der Vergangenheit gelernt und eine neue Basis für ein rechtsstaatlich-demokratisches Berufsverständnis gelegt. Diese rechtlichen Rahmenbedingungen sagen aber noch nichts darüber aus, wie sie von den jeweiligen Polizistinnen und Polizisten auch tatsächlich umgesetzt werden. Noch weniger sagen sie darüber aus, wie die Bevölkerung die Ausrichtung der Polizei an diesen Maßstäben beobachten, kontrollieren und bewerten kann.

2 Die Sicht auf die Bevölkerung durch die „polizeiliche Brille"

Politische Vorgaben, das eigene Berufsverständnis und die Berufserfahrung führen zu einer spezifisch polizeilichen Sicht auf die Bevölkerung und ihre unterschiedlichen Gruppen. Diese berufsspezifische Sicht beeinflusst die Schwerpunktsetzungen der Polizei und den Umgang mit als „problematisch" eingestuften Bevölkerungsgruppen. Auch hierzu lohnt ein kurzer historischer Rückblick, bevor die Problematik anhand des polizeilichen Alltagshandelns und des spezifischen Themenfeldes „Polizei und politischer Protest" vertieft wird.

2.1 Polizeilicher Fokus der Kaiserzeit: „Gefährliche Klassen"

Für die Polizisten der preußischen Monarchie standen die „gefährlichen Klassen" im Fokus ihrer Alltagsarbeit, Bevölkerungsgruppen und Milieus, die nicht den Moral- und Ordnungsvorstellungen des saturierten Bürgertums entsprachen. Neben sozialen Randgruppen wie Landstreichern, Bettlern und Prostituierten sowie „Fremden" waren insbesondere Sozialdemokraten bzw. Angehörige der Arbeiterbewegung Adressaten repressiver polizeilicher Interventionen, letztere galten als „Staatsfeinde".[18] Die Arbeiterschaft in den Großstädten und Industriezentren wurde einerseits aufgrund ihrer politischen Ausrichtung bespitzelt und überwacht und andererseits in einer Art Nadelstichpolitik einem ständigen Sanktionsdruck ausgesetzt. Rechtlicher Aufhänger der umfassenden polizeilichen Sozialkontrolle war der Tatbestand des „groben Unfugs". Mit dieser Generalklausel wurden zum Beispiel Polizeistrafen für Fußballspielen, lautes Reden in

---

[18] Vgl. Albrecht Funk (Anm. 4), S. 278 ff.

der Öffentlichkeit und Alkoholkonsum verhängt. Auch Freiheitsentziehungen waren zur Verfolgung dieser Bagatelldelikte an der Tagesordnung.[19]

2.2 Polizeilicher Fokus der Weimarer Republik: „Kommunisten"

In den 14 Jahren der Weimarer Republik prägten die Großeinsätze der Polizei in bürgerkriegsähnlichen Situationen die entsprechenden Feindbilder.

Als Schlüsseleinsatz für den Stellenwert, die zukünftige Organisation, Ausrüstung und Ausbildung der Polizei ist der „Mitteldeutsche Aufstand" in der Region Halle/Merseburg im Frühjahr 1921 anzusehen. Die preußische Regierung ging bei diesem regionalen Bürgerkrieg (180 Tote), bei dem die Aufständischen mit militärischen Waffen gegen die Polizeieinheiten kämpften, von einer kommunistischen Steuerung der Unruhen aus.[20] In den späteren Jahren der Weimarer Republik stellten die Straßenkämpfe mit rechts- und linksgerichteten Organisationen die größten Anforderungen an die Polizei. Obwohl sich die militanten Aktionen rechts- und linksextremer Gruppierungen ähnelten, verkörperten zunehmend die Kommunisten das vorrangige Feindbild der Polizei.[21]

2.3 Polizeilicher Fokus der NS-Zeit: „Volksfeinde"

Während der NS-Herrschaft wurde die Feindbildorientierung der Polizei zielgerichtet und in extensiver Weise ausgeweitet. Die „vorbeugende Verbrechensbekämpfung" mit der polizeilichen Befugnis zu KZ-Einweisungen war das formalrechtliche Vehikel für die Überwachungs- und Verfolgungsmaßnahmen gegen verschiedene Bevölkerungsgruppen. Die Gestapo agierte dazu völlig losgelöst von rechtlichen Schranken gegen politische Gegner und die jüdische Bevölkerung.

Mit der ständigen Ausweitung des Spektrums der „Volksfeinde", die angeblich mit herkömmlichen polizeilichen Mitteln nicht länger kontrolliert werden

---

[19] Vgl. Ralph Jessen, Preußische Polizei und Arbeiterschaft im Kaiserreich, in: Peter Nitschke (Hrsg.), Die deutsche Polizei und ihre Geschichte. Beiträge zu einem distanzierten Verhältnis, Hilden 1996, S. 46-71, hier S. 58 ff.

[20] Vgl. Udo Behrendes, 40 Jahre Bereitschaftspolizei (1951-1991). Als Militärersatz fing es an (Sonderheft, hrsg. von der Gewerkschaft der Polizei), Hilden 1991, S. 9 f.

[21] Vgl. Peter Leßmann (Anm. 7), S. 276 ff.

konnten, wuchs auch die Bereitschaft zu immer brutaleren Verfolgungs- und Unterdrückungsmethoden.[22]

2.4 Polizeilicher Fokus der DDR: „Klassenfeinde"

Staats- und Feindbildorientierung waren auch die ideologische Basis für den „sozialistischen Polizeibegriff" der DDR, der axiomatisch von der Interessenidentität von Staat und „Arbeiter- und Bauern-Macht" ausging. Die Möglichkeit staatlicher Willkür im Interesse einer Minderheit gab es per Definitionem nicht. Die Polizei hatte lediglich den angeblich extern gesteuerten „Klassenfeind" zu bekämpfen, den es allerdings überall aufzuspüren galt.[23]

2.5 Polizeilicher Fokus der Bundesrepublik: Von „Halbstarken" und „Gammlern" über „Terroristen" zu „Autonomen"

Auch die Polizei in der Bundesrepublik hatte in den jeweiligen Zeitabschnitten verordnete oder selbstdefinierte Fremd- und Feindbilder: Kommunisten und unangepasste Jugendliche („Halbstarke", „Gammler") in den fünfziger Jahren und Anfang der sechziger Jahre; „APO" und „Studentenbewegung" Ende der sechziger Jahre; „RAF", weitere terroristische Organisationen und ihre „Sympathisanten" in den siebziger Jahren; „Autonome" seit den achtziger Jahren.

Die Feindbilder „RAF" und „Autonome" haben dabei die Polizei insgesamt in ihrer Grundhaltung zur Bevölkerung am nachhaltigsten beeinflusst. Als Reaktion auf die terroristischen Mordanschläge gegen Repräsentanten des Staates und Polizeibeamte wurden in den siebziger Jahren Strafgesetze verschärft und polizeiliche Eingriffsbefugnisse erweitert.

Die Polizei selbst entwickelte ein von starker „Eigensicherung" geprägtes Verhalten. Polizeidienststellen wurden mit schusshemmender Verglasung und Sicherheitsschleusen versehen, das Einschreiten der Polizisten in Alltagssituationen (zum Beispiel bei Verkehrskontrollen) war bestimmt von zum Teil martialischen Sicherheitsvorkehrungen (Sicherungsposten mit Maschinenpistolen). Jeder der nach äußerem Erscheinungsbild einem linken politischen Spektrum zuzuordnen war, erschien potentiell verdächtig und wurde entsprechenden Kontrollen unterzogen. Die Polizei rückte in dieser Zeit insbesondere gegenüber der jünge-

---

[22]   Vgl. Herbert Reinke, Die deutsche Polizei und das „Dritte Reich". Anmerkungen zur Geschichte und Geschichtsschreibung, in: Buhlan/Jung (Hrsg.), Wessen Freund und wessen Helfer? Die Kölner Polizei im Nationalsozialismus, Köln 2000, S. 51-63, hier S. 59

[23]   Vgl. Thomas Lindenberger (Anm. 2)

ren Generation, den studentischen und „alternativen" Milieus auf Distanz. Gerade für diese Bevölkerungsgruppen entstand das Bild einer überwachten Gesellschaft und eines autoritären Staates.[24]

Eine ähnlich nachhaltige Wirkung entwickelte sich in Folge des militanten Verhaltens „autonomer" Gruppen („Schwarze Blocks")[25] bei Demonstrationen gegen den Bau von Kernkraftwerken und anderen, die Umwelt stark beeinflussenden Großprojekten. Höhepunkt der Eskalationen Ende der achtziger Jahre war die Ermordung von zwei Polizeibeamten im Rahmen einer gewalttätigen Auseinandersetzung um den Ausbau des Frankfurter Flughafens (Startbahn West). Die Polizei reagierte auf gewaltbereite Gruppen bei Demonstrationen ihrerseits mit massivem Kräfteeinsatz und zum Teil überzogenen und undifferenzierten Maßnahmen („Hamburger Kessel"[26]). Darüber hinaus waren auch die Erfahrungen bei Demonstrationseinsätzen mit gewalttätigen Verläufen Ausgangspunkt für die Verbesserung der „Eigensicherung". Schutzanzüge, Körperprotektoren, Helme, Schutzschilde und lange „Einsatzmehrzweckstöcke" gehören seitdem zur „Mannausstattung" der Bereitschaftspolizisten. Während diese Schutzausstattung gegenüber militanten Gruppen aus Sicht der Polizei unbedingt erforderlich ist, wirkt sie gegenüber friedlichen Demonstranten völlig überzogen.[27]

Einheiten der Bereitschaftspolizei orientieren sich traditionell eher an Worst-Case-Szenarien und tendieren daher dazu, das gesamte Schutzarsenal als generelle „Demonstrationsausstattung" mitzuführen. Die Sensibilität dafür, dass man mit einer solchen Ausstattung völlig falsche Signale an die Teilnehmerinnen und Teilnehmer von insgesamt mehr als 98% friedlichen Demonstrationen aussendet, ist häufig wenig ausgeprägt. Es entsteht durch dieses von Eigensicherungsaspekten geprägte Erscheinungsbild zumindest der optische Eindruck, dass die Polizei Demonstrationen generell als potentiell gefährlich einstuft. Grundsätzlich berechtigte Ansprüche an die Eigensicherung können daher zu einem von Misstrauen, Distanz und Einschüchterung beeinflussten Klima gegenüber

---

[24] Vgl. Hans-Joachim Heuer-Schräpel (Anm. 3), S. 59

[25] Zum Umgang mit „autonomen Gruppen" bei Demonstrationen vgl. Michael Kniesel/Udo Behrendes, Demonstrationen und Versammlungen, in: Kniesel/Kube/Murck (Hrsg.), Handbuch für Führungskräfte der Polizei, Lübeck 1996, S. 273-354 (S. 306 ff.)

[26] zu polizeilichen „Einschließungen" bei Demonstrationen vgl. Michael Kniesel/Udo Behrendes, Rechtsextremistische Demonstrationen und gewalttätige Gegenaktionen, Polizei-heute 2001, S. 97-103 (S. 100 ff.)

[27] Vgl. auch Heiner Busch/Albrecht Funk/Udo Kauß/Wolf-Dieter Narr/Falco Werkentin, Die Polizei in der Bundesrepublik Deutschland, Frankfurt a. M. 1985, S. 328; Wolfgang Kühnel, Keine etablierte Forschungstradition zu Gewalt und Polizei, in: Wilhelm Heitmeyer/Monika Schröttle (Hrsg.), Gewalt. Beschreibungen, Analysen, Prävention, Bundeszentrale für politische Bildung, Schriftenreihe Band 563, Bonn 2006, S. 557-565, hier 558

der Bevölkerung oder bestimmten Bevölkerungsgruppen führen – und damit im Umkehrschluss Feindbilder gegen die Polizei aufbauen.[28]

Aktuell ist die Polizei gefordert, sich im Umgang mit der realen Bedrohungslage durch den islamistischen Terrorismus eine differenzierte Sicht auf die Bevölkerungsgruppen muslimischen Glaubens und Migrantinnen und Migranten aus muslimischen Ländern zu bewahren, damit notwendige Maßnahmen zur frühzeitigen Gefahrenerkennung nicht analog des Klimas Ende der siebziger Jahre in stigmatisierende Überwachungs- und Kontrollmaßnahmen umschlagen.

2.6 „Unerwünschte Personen"

Neben den aus konkreten Bedrohungsszenarien entstandenen Feindbildern (in den letzten Jahrzehnten, wie soeben dargelegt, zum Beispiel „RAF" und „Autonome") waren in der deutschen Polizeigeschichte Wiederholungstäter, politische, religiöse und gesellschaftliche Minderheiten sowie „Fremde" immer die geeigneten Projektionsflächen für alltägliche polizeiliche Feindbilder.

Auch die heutige Polizei, die sich bundesweit der Bürgernähe verschrieben hat, neigt dazu, ihre Bürgerorientierung immer nur auf die jeweilige Bevölkerungsmehrheit, die „Normalbürger" zu fokussieren. Daraus entsteht die Gefahr, dass sie sich in Frontstellung gegen diejenigen Bevölkerungsgruppen bringt, die von der Mehrheitsbevölkerung als „störend" und „unerwünscht" angesehen werden. Im kommunalen Bereich wird die Polizei häufig durch Politik, Medien und andere gesellschaftliche Einflüsse in eine solche Position gebracht, indem man von ihr erwartet, dass sie gegen optisch erkennbare Randgruppen im öffentlichen Raum (Obdachlose, Alkoholiker- und Drogenszenen, Punks etc.) vorgeht. Natürlich ist es polizeilicher Auftrag, sich um die Abwehr von Gefahren für die öffentliche Sicherheit, insbesondere um die Verhinderung von Straftaten zu kümmern und begangenen Straftaten und Ordnungswidrigkeiten (letztere nach pflichtgemäßem Ermessen) zu verfolgen. Ausgangspunkt muss aber immer ein entsprechendes Verhalten der jeweiligen Personen sein, nicht aber der „störende" oder „unerwünschte" Aufenthalt dieser Personen als solcher!

Polizei als unabhängiger Moderator der widerstreitenden Interessen im öffentlichen Raum – dies muss die Orientierungslinie einer am Menschenbild des Grundgesetzes ausgerichteten Polizeiphilosophie sein.

---

[28] Vgl. Polizeireform in Niedersachsen. Empfehlungen der Reformkommission, hrsg. von der Reformkommission der niedersächsischen Polizei, o.O. (Hannover) 1993, Kapitel: Polizei im Spannungsfeld von Staat und Gesellschaft; Aufgaben und Berufsbild einer „Bürgerpolizei", S. 13-25, hier S. 22 f.; Wolfgang Kühnel (Anm. 27), S. 558 ff.

2.7 Der Nährboden für selektives polizeiliches Wahrnehmen und Handeln

Selektive Wahrnehmung sowie einseitiges und überzogenes Agieren sind die generellen Gefahren, die aus Feindbildern entstehen. Wir müssen auch heute darauf achten, dass gerade aus der alltäglichen Konfrontation mit sicherheitsrelevanten und sozialen Dauerproblemen, aus der Ohnmacht gegenüber gesellschaftlichen Desintegrationssymptomen nicht Frustration und Aggression und die Sehnsucht nach „polizeilichen Lösungen" entstehen.

Zwar kommen Polizisten mit allen Gruppen und Schichten der Gesellschaft in Berührung, die beruflichen Konflikte spielen sich aber schwerpunktmäßig in bestimmten Milieus und mit bestimmten Personengruppen ab. Polizisten bekommen dabei Einblicke in Lebenswelten, die den meisten anderen Menschen verschlossen sind. Dadurch entsteht eine Mischung aus tiefgreifender Problemkenntnis und Expertenwissen einerseits und fehlenden Bezugsgrößen bzw. Hintergrundwissen anderseits.

Polizisten erleben die Desintegrationssymptome unserer Gesellschaft im Wortsinne hautnäher als „Normalbürger", Politiker oder Verwaltungsmitarbeiter. Während sich Sozialarbeiter mit den Problemen beschäftigen, die arbeitslose junge Türken oder drogenabhängige Migranten aus Osteuropa haben, müssen sich Polizisten um die Probleme kümmern, die diese Menschen „auf der Straße" machen. In ihrem neben dem Straßenverkehr vorrangigen Handlungsfeld der „Straßenkriminalität" sind insbesondere die Streifenpolizistinnen und -polizisten überproportional mit jungen Ausländern und Migranten konfrontiert. Sie wissen, dass organisierte Trickdiebstähle zu Lasten älterer Menschen häufig auf das Konto einzelner krimineller Roma-Familien gehen und nehmen wahr, dass Einbrüche und Vandalismus im Umfeld von Asylbewerber- und Übergangsheimen zunehmen. Der „Ameisenhandel" mit Heroin und Kokain ist vielerorts fest in der Hand afrikanischer Dealer. Umfangreiche Einbruchserien und Kfz-Delikte werden nicht selten von Tätergruppen aus Ost- bzw. Südost-Europa begangen.

Solche polizeilichen Erfahrungen bilden das Material für Stereotypisierungen, Fremd- und Feindbilder, die dann besonders günstige Entwicklungsbedingungen finden, wenn man erlebt, dass man „auf der Straße" mit all diesen Problemen allein ist und weder Sozialarbeit noch Justiz flankierende präventive oder repressive Hilfen zu leisten scheinen.[29]

Polizisten wissen, dass man die konkreten Problemfelder mit bestimmten Gruppen von Ausländern und Migranten kaum öffentlich kommunizieren kann,

---

[29] Vgl. Gerda Maibach, Polizisten und Gewalt, Reinbek bei Hamburg 1996, S. 193, 196; Willems, Helmut/Eckert, Roland/Jungbauer, Johannes, Polizei und Fremde, Neue Kriminalpolitik 1996, S. 28 ff. (S. 30); Hans-Joachim Heuer, Fremdenfeindlich motivierte Übergriffe der Polizei: Strukturelles Problem oder individuelle Überforderung?, in: Die Polizei 1999, S. 72-79, hier S. 76 f.

ohne sofort in den Verdacht fremdenfeindlicher oder rassistischer Einstellungen zu kommen. Umgekehrt werden aber tatsächliche oder vermeintliche Übergriffe von Polizisten gegen Ausländer oder Migranten häufig skandalisiert und auf generelle, strukturelle Defizite in der Polizei bzw. Ausbildungs-, Führungs- und Kontrollmängel hochgerechnet.

Die Verharmlosung und Tabuisierung von Desintegrationsproblemen einerseits und die Skandalisierung und pauschale Kritik polizeilichen Fehlverhaltens andererseits befördert sowohl Stereotypen und Feindbilder als auch Abschottungstendenzen.[30]

2.8 Strategien gegen die Gefahren selektiver Wahrnehmung

Polizeiforscherinnen und -forscher fordern angesichts der Gefahren selektiver Wahrnehmung und Stereotypenbildung eine „gesellschaftliche Durchlüftung" der „geschlossenen Gesellschaft Polizei".[31] Wichtig ist dabei, neben gezielten Angeboten der polizeilichen Aus- und Fortbildung, der Dialog mit anderen Behörden und Institutionen, Bürger- und Interessensverbänden („gemeinwesenorientierte Fortbildung"[32]). Vorrangig sollten dabei Kontakte zu solchen Gruppen gesucht werden, die der Institution Polizei aufgrund von Erfahrungen und Einstellungen (die zum Teil in anderen Ländern entstanden sind) distanziert und kritisch gegenüberstehen. Interkulturellen Trainings kommt eine besondere Bedeutung zu.[33]

Bürgerhospitationen im polizeilichen Streifendienst könnten in diesem Zusammenhang ein besonders effektives Mittel für neue Dialogwege zwischen Bürgern und Polizisten und den Abbau wechselseitiger Fremd- und Feindbilder sein. In der Bonner Polizeiinspektion Mitte wurde zum Beispiel Mitte der neunziger Jahre mehreren innerhalb der Beamtenschaft bekannten „Polizeikritikern" (aus der Friedens- und Bürgerrechtsbewegung) die Möglichkeit eröffnet, eine Schicht des Streifendienstes zu begleiten. Die wechselseitigen Erfahrungen wa-

---

[30] Vgl. Thomas Ohlemacher, Die Polizei in schwierigem Gelände: Ein Plädoyer für eine veränderte Perspektive und neue empirische Projekte, MschrKrim 2000, S. 1 ff. (S. 6)

[31] Otto Backes/Rainer Dollase/Wilhelm Heitmeyer, Risikokonstellationen im Polizeialltag, Bielefeld 1997, S. 202 ff.

[32] Vgl. Otto Backes/Rainer Dollase/Wilhelm Heitmeyer (Anm. 31), S. 196 f.

[33] Vgl. Reformkommission der niedersächsischen Polizei (Anm. 28), S. 16, 19 f.; Manfred Murck, Ergebnisse und erste Konsequenzen einer empirischen Studie zur Verfassung der Polizei, Polizei-heute 1996, S. 34 ff. (S. 34)

ren äußerst positiv, stellten sich doch bei allen Beteiligten „Blickerweiterungen" ein.[34]

Die Einstellung von Polizeibewerberinnen und -bewerbern unterschiedlicher Nationalitäten, Ethnien und Kulturen stellt eine wesentliche Grundlage der weiteren „gesellschaftlichen Durchlüftung" der Polizei dar. Damit wird das überkommene Bild eines „deutschen Männerberufs", das allerdings bereits durch die zunehmende Anzahl von Frauen stark modifiziert worden ist, endgültig der Vergangenheit angehören.

Wenn sich die personelle Struktur der Polizei sukzessive immer mehr der realen, multikulturellen Gesellschaft Deutschlands im 21. Jahrhunderts anpasst, werden sich manche Binnenprobleme, aber auch manche Vorurteile und Außenansichten zum Teil von selbst erledigen bzw. spürbar minimiert werden.[35]

3 Polizei und politischer Protest

Neben der Gefahr von „Blickverengungen" im polizeilichen Alltag stellt sich die Problematik von Fremd- und Feindbildern insbesondere beim polizeilichen Umgang mit politischem Protest. Die Polizei ist traditionell immer zwischen den Polen „Staat" und „Bevölkerung" verortet. Der Umgang mit politischem Protest ist daher immer der Lackmustest für ihren genauen Standort.[36]

In allen Epochen des 20. Jahrhunderts prägte der polizeiliche Umgang mit politischem Protest das jeweilige gesellschaftliche Klima entscheidend mit – und die Polizei selbst erfuhr mit ihren dabei gewonnenen Erfahrungen und Erkenntnissen jeweils selbst die stärkste Prägung.

---

[34] Vgl. Udo Behrendes/Manfred Stenner, Bonner Forum BürgerInnen und Polizei e.V. Dialogexperiment zwischen PolizistInnen und Menschen aus politischen Initiativen, in: Forschungsjournal Neue Soziale Bewegungen, Jg. 11, Heft 4/1998, S. 90-98 (S. 91)

[35] Vgl. Bettina Franzke, Bilder einer neuen, bunten Polizei. Vielfalt leben und bewältigen durch vielfältig sein, in: Herrnkind/Scheerer (Hrsg.) Die Polizei als Organisation mit Gewaltlizenz. Möglichkeiten und Grenzen der Kontrolle, Münster 2003, S. 293-301; Rafael Behr, Polizeikultur. Routinen – Rituale – Reflexionen. Bausteine zu einer Theorie der Praxis der Polizei, Wiesbaden 2006, hier S.121 ff.; 175 ff.

[36] Vgl. dazu insgesamt Martin Winter, Polizeiphilosophie und Protest policing in der Bundesrepublik Deutschland – von 1960 bis zur staatlichen Einheit 1990, in: Lange (Hrsg.), Staat, Demokratie und Innere Sicherheit in Deutschland, Opladen 2000, S. 29-50 (S. 203-220)

3.1 Polizei und politischer Protest in der ersten Hälfte des 20. Jahrhunderts

In der preußischen Monarchie wurde zunächst jede Form des Protestes, auch wenn er sich in Form von Streiks lediglich gegen Arbeitgeber richtete, als Angriff auf den Staat und „Umsturzversuch" betrachtet, dem man mit dem Ziel der kompromisslosen Unterwerfung mit militärischen Mitteln entgegen trat. Gerade diese Unangemessenheit und letztlich Unzulänglichkeit der militärischen Mittel gegen Demonstrationen und Streiks führten jedoch zu kritischen Stimmen in der Bürgerschaft, der Presse und der Politik und schließlich zu Modifizierungen des staatlichen Umgangs mit politischem bzw. sozialem Protest.[37] Letztlich förderte jedoch gerade das Motiv einer effektiveren Repression der Arbeiterbewegung, so paradox es auf den ersten Blick klingen mag, die Tendenz zur Demilitarisierung der Polizei. Brutale polizeiliche Übergriffe gegen friedliche Demonstranten mobilisierten die Öffentlichkeit, vergrößerten das Legitimationsdefizit der Staatsgewalt und wurden zum Anlass innerer Reformen, zum Beispiel der Polizeiausbildung.[38]

Die eskalierenden politischen und sozialen Proteste in der Weimarer Republik, insbesondere das neue Phänomen gewalttätiger Auseinandersetzungen rivalisierender rechts- und linksextremistischer Gruppen, führten jedoch auch zu einer wieder stärkeren Orientierung der Polizei an para-militärischen Strukturen und einem damit einher gehenden Berufsverständnis.

Im „Dritten Reich" fand kein politischer Protest mehr auf der Straße statt. Nach der „Machtergreifung" wurden politische Gegner der NS-Ideologie massenweise in „Schutzhaft" genommen. Bereits im Sommer 1933 waren davon mehr als 26.000 Menschen betroffen.[39]

3.2 Polizei und politischer Protest in der Bundesrepublik bis Mitte der sechziger Jahre

Während die Polizei der DDR in ihrer Geschichte nur zweimal, 1953[40] und 1989, jeweils allerdings mit elementaren Auswirkungen, in der Konfrontation mit massenhaften, gegen den Staat gerichteten Demonstrationen stand, ziehen sich die

---

[37] Vgl. Albrecht Funk (Anm. 4), S. 304 ff.
[38] Vgl. Ralph Jessen (Anm. 19), S. 69 ff.
[39] Vgl. Friedrich Wilhelm (Anm. 13), S. 53 ff.
[40] Vgl. hierzu Torsten Diedrich, Die Kasernierte Volkspolizei und der 17. Juni 1953. Zum Polizeieinsatz gegen die Demonstrierenden, in: Nitschke, Die Deutsche Polizei und ihre Geschichte, Hilden 1996, S. 231- 257

Wechselwirkungen zwischen politischem Protest und Polizei wie ein roter Faden durch die gesamte Geschichte der Bundesrepublik.[41]

Anfang der fünfziger Jahre standen insbesondere Demonstrationen der KPD und der FDJ im Blickfeld der Polizei. Die ab 1951 (vor der Einrichtung des Bundesgrenzschutzes und der Bundeswehr) aufgestellten Bereitschaftspolizeien der Länder sahen sich zunächst in der Tradition der Polizeiverbände der Weimarer Republik und damit im „Polizeikampf gegen kommunistische Aufständler".[42] Veranstaltungen der FDJ gegen die Remilitarisierung der Bundesrepublik wurden flächendeckend verboten, bei Verstößen gegen Versammlungsverbote wurde rigoros eingeschritten. Der damalige Bundesinnenminister Lehr fasste die Polizeimaßnahmen gegen eine FDJ-Versammlung im Siebengebirge am 17. Juni 1951 mit den Worten zusammen: „ … die Unruhestifter haben die gebührenden Prügel bekommen."[43] In diesem politischen Klima kam es auch zu dem bis heute in der Polizeigeschichte der Bundesrepublik einmaligen Vorgang, dass ein polizeilicher Einsatzleiter[44] den gezielten Schusswaffengebrauch gegen eine Menschenmenge anordnete, bei dem am 11. Mai 1952 in Essen ein Demonstrant getötet und mehrere andere verletzt wurden.[45]

Anfang der sechziger Jahre führten die „Ostermärsche" der Atomwaffengegner zu konzertierten polizeilichen (Gegen-)Maßnahmen. Die Demonstrationen wurden zum Teil auf einsame Landstraßen und Feldwege verwiesen, darüber hinaus wurden kritische Sprechchöre durch Auflagen untersagt.[46] Der bei einigen Protestaktionen, vor allem bei den „Schwabinger Krawallen" (1962), spürbar gewordene Widerstand gegen eine autoritär durchgreifende Polizei hatte bei der Polizeiführung zunächst die überkommene Vorstellung verfestigt, die Menschenansammlungen als potentiell destruktive, irrationale „Zusammenrottungen" ansah, aus denen sich rasch eine Bedrohung der staatlichen Ordnung insgesamt entwickeln könne.[47]

3.3 Die „Studentenunruhen" als Beginn einer Neuorientierung der Polizei

Seit dem Sommer 1967 stellten die „Studentenunruhen" und die Demonstrationen der „Außerparlamentarischen Opposition" (APO) mit ihren facettenreichen

---

[41]   Vgl. dazu insgesamt Michael Kniesel/Udo Behrendes (Anm. 25), S. 299 ff.

[42]   Vgl. Udo Behrendes (Anm. 20), S. 23 f.

[43]   Vgl. Martin Kutscha; Demonstrationsfreiheit – Kampf um ein Bürgerrecht, Köln 1986, S. 18 f.

[44]   Der Beamte war dienstlich in Bonn-Bad Godesberg beschäftigt und zu dem entsprechenden Einsatz nach Essen entsandt worden.

[45]   Vgl. Martin Kutscha (Anm. 43), S. 18

[46]   Ebd. S. 19

[47]   Heiner Busch/Albrecht Funk/Udo Kauß/Wolf-Dieter Narr/Falco Werkentin (Anm. 27), S. 319

Aktionsformen[48] Politik und Gesellschaft und damit auch die Polizei vor bislang nicht gekannte und erwartete Phänomene und Herausforderungen. Die staatlichen Reaktionen waren zunächst auf reine Unterdrückung der Aktionen gerichtet, durch Demonstrationsauflösungen unter Einsatz von Gummiknüppeln, Wasserwerfern und Pferden.[49] Doch diese starre und einseitig repressiv ausgerichtete Strategie und Taktik wurde bald in weiten Teilen der Medien und der Öffentlichkeit als unverhältnismäßig kritisiert; der Polizeieinsatz anlässlich des Schah-Besuches und der Tod von Benno Ohnesorg am 2. Juni 1967 durch den Schusswaffengebrauch eines Polizeibeamten erzeugten eine darüber hinausgehende traumatisierende Wirkung.[50]

Das Demonstrationsgeschehen und die entsprechenden Einsätze der Polizei wurden zum beherrschenden politischen und gesellschaftlichen Thema. Der Prozess des Umdenkens in Politik und Polizei vollzog sich in Folge der einsatzmäßigen Brennpunkte zwar regional unterschiedlich, aber insgesamt relativ schnell. Die Polizei war in Bewegung geraten. Nach jahrelangem „Dornröschenschlaf" wurden Demonstrationseinsätze zum meist diskutierten Thema in Fortbildungsseminaren und polizeilichen Fachzeitschriften.[51] Bei Auswertung der polizeilichen Fachliteratur der Jahre 1968 bis 1970 fällt jedoch auf, dass sich die Einstellungen zur Demonstrationsfreiheit nicht kongruent zur polizeilichen Strategie und Taktik weiterentwickelten. Während starre Einsatzformen relativ schnell dem „Prinzip der flexiblen Reaktion"[52] wichen, stand man dem Grundphänomen „Demonstrativer Protest" nach wie vor überwiegend misstrauisch gegenüber.

Die von einer niedersächsischen Autorengruppe (15 Polizeibeamte des höheren Dienstes) formulierten „Erkenntnisse" der polizeilichen Demonstrationseinsätze der Jahre 1967 bis 1969 waren somit damals keineswegs selbstverständlich: „Ein Demonstrant ist zunächst kein Störer, sondern ein Staatsbürger .... „[53]

---

[48] Vgl. Thomas, Polizei und Demonstrationen, in: Die polizeiliche Lage, Beilage zur Zeitschrift Die Polizei 1969, S. 97 ff. (S. 101 f.)

[49] Vgl. Heinrich Hannover, Demonstrationsfreiheit als demokratisches Grundrecht, Kritische Justiz 1968, S. 51 ff.

[50] Vgl. Stefan Aust, Neue Entwicklungen im Demonstrationsgeschehen – Anmerkungen eines kritischen Beobachters, in: Polizei-Führungsakademie (Hrsg.), Sozialwissenschaftliche Aspekte bei der Bewältigung gewalttätiger Aktionen anlässlich von Demonstrationen, Arbeitstagung vom 16. bis 18.9.1986, Münster-Hiltrup, S. 79 ff.

[51] Giese, Zehn Jahre danach – Auswertender Rückblick auf den studentischen Protest von 1967 und die Polizeieinsätze, Deutsche Polizei, Heft 7/1977, S. 21 ff. (S. 23)

[52] Vgl. Ruhnau, Zum Einsatzverhalten bei politischen Demonstrationen, in: Die polizeiliche Lage, Beilage zur Zeitschrift Die Polizei 1969, S. 97 ff. (S. 101 f.)

[53] Vgl. Niedersächsische Autorengruppe, Erkenntnisse aus Polizeieinsätzen bei Demonstrationen, in: Die polizeiliche Lage, Beilage zur Zeitschrift Die Polizei 1970, S. 113 ff.

Polizeiliches Ziel war für die meisten Einsatzleiter aber nach wie vor (wenn auch mit flexiblerer Strategie und Taktik) „den demokratischen Normalzustand des öffentlichen Lebens zu erhalten oder wiederherzustellen und für Ruhe, Ordnung und Sicherheit im freiheitlich-demokratischen Alltagsleben zu sorgen."[54] Demonstrationen, welche die „Allgemeinheit belästigen, stören, schockieren und provozieren"[55], entsprachen aber eben nicht dem damaligen Verständnis vom „demokratischen Normalzustand."[56] Damit unterschied sich die traditionelle polizeiliche Auffassung zu Demonstrationen[57] im Übrigen nicht von den Einstellungen der Gesamtbevölkerung. Bei einer bundesweiten Repräsentativumfrage sahen Anfang 1968 lediglich 53 % der Befragten Demonstrationen als eine zulässige Form der Meinungsäußerung an.[58]

Vor dem Hintergrund dieses gesamtgesellschaftlichen Klimas ist es umso bemerkenswerter, dass es Polizeibeamte gab, die damals bereits Positionen bezogen, die erst viele Jahre später zur verbindlichen Grundrechtsinterpretation erklärt wurden. In seinem berühmten Brokdorf-Beschluss vom 14. Mai 1985 gab das Bundesverfassungsgericht lediglich mit anderen Worten[59] das wieder, was der damalige Polizeirat Kurt Gintzel 1968 folgendermaßen formulierte: „Wer sich zum demokratischen Rechtsstaat und zu den Wertentscheidungen und politischen Zielsetzungen des Grundgesetzes bekennt, muss demgegenüber anerkennen, dass für Demonstrationen ein vitales Interesse besteht, und zwar nicht nur allein im Interesse der Demonstranten, sondern auch und ganz besonders im Interesse der öffentlichen Gewalt. Denn: Die öffentliche Diskussion in einer pluralen Gesellschaft außerhalb institutionalisierter und damit häufig manipulierter Kommunikation ist eine der wenigen Möglichkeiten für die etablierte Autorität, die Interessen derer kennen zu lernen, die zu vertreten sie den Auftrag hat."[60]

Tonis Hunold, damals Polizeioberrat im Polizeipräsidium Bonn und am 11. Mai 1968 Einsatzleiter beim legendären Sternmarsch der Außerparlamentarischen Opposition auf und in Bonn, schrieb zur gleichen Zeit: „Wenn durch Besonnenheit, Gelassenheit und Duldsamkeit sich etwas mehr menschliches Denken in den polizeilichen Vorstellungen durchsetzt und hierdurch Provokationen und somit Eskalationen verhindert werden, entspricht ein solcher bewusster Ver-

---

[54] Vgl. Thomas (Anm. 48), S. 97
[55] Vgl. Thomas (Anm. 48), S. 100
[56] Vgl. Kurt Gintzel; Versammlungsrecht und Polizei – Veränderungen nach 1968, Deutsche Polizei, Heft 8/1995, S. 19 ff.
[57] zu frühen Reformbewegungen vgl. Falco Werkentin, Die Restauration der deutschen Polizei. Innere Rüstung von 1945 bis zur Notstandsgesetzgebung, Frankfurt a. M. 1984, S. 185 ff.
[58] Vgl. Vogel, Demonstrationsfreiheit und ihre Grenzen, Bundeszentrale für politische Bildung (Hrsg.), Das Recht auf Demonstration, Bonn 1969, S. 16
[59] Vgl. NJW 1985, S. 2397
[60] Kurt Gintzel, Das Demonstrationsrecht als Grundrecht, Die Polizei 1968, S. 213 ff. (S. 214)

zicht auf Reaktion eher der freiheitlichen, demokratischen Ordnung, als wenn durch überkommenes Prestigedenken die Voraussetzungen zum harten polizeilichen Einsatz geschaffen werden."[61] Hunold konstatierte jedoch auch, dass das polizeiliche Bild von den Demonstranten in dieser Zeit die gesamte Bandbreite „vom tiefen Hass bis zum vollen Verständnis" umfasste[62] und es in der Polizeiführung auch „jene militärisch orientierten oder menschlich militanten Funktionärstypen oder jene abgebrühten Technokraten" gebe, „denen die Studentenunruhen lediglich ein 'polizeitechnisches' Problem sind, das nur mit Schlagstöcken, Wasserwerfern, Tränengas, Nagelgurten, Granatwerfern u. ä. technischen Mitteln zu erledigen ist".[63]

Einige Polizeiführer sehnten sich in der Tat in die Zeiten der Weimarer Republik zurück: „Bei einem Vergleich zwischen unseren damaligen und dem Einsatz der Beamten heute, muss ich einen bedauerlichen Unterschied feststellen. Wir kannten keine 'Prügelszenen' zwischen Polizei und Demonstranten ..., wir hatten den damaligen Zeiten entsprechend andere Waffen, um abschreckend zu wirken."[64] Gemeint waren Schusswaffen, von denen die Polizei bei Straßenkämpfen mit Demonstranten Ende der zwanziger Jahre extensiv Gebrauch machte.[65]

In den Jahren 1968/69 diskutierte man in der Polizei wie noch nie zuvor über das eigene Selbstbild und die Einstellung zu Demonstrationen. Im Zuge dieser Diskussionen und der durch die „Notstandsgesetze" eingeleiteten Entmilitarisierung der polizeilichen Ausbildung und Ausrüstung wurden Reformüberlegungen konzipiert, die teilweise heute noch hochaktuell sind.[66]

3.4 Polizei und politischer Protest seit den siebziger Jahren

Während Ende der sechziger Jahre Demonstranten und Studenten identisch zu sein schienen, betraten in der Mitte der siebziger Jahre zunehmend Bürgerinitiativen die „Demonstrationsbühne". Die Polizei wurde nun bei entsprechenden Veranstaltungen und Aktionen immer häufiger mit dem „normalen" Bürger konfrontiert, der zuvor bewusst vom Demonstrationsteilnehmer unterschieden wor-

---

[61] Tonis Hunold (Anm. 8), S. 184 f.
[62] Tonis Hunold (Anm. 8), S. 201
[63] Tonis Hunold (Anm. 8), S. 204
[64] Vgl. Quittnat, Freiheit, Ordnung und Polizei, Die Polizei 1968, S. 237 f.
[65] Vgl. Udo Behrendes (Anm. 20), S. 10
[66] Vgl. u. a. Tonis Hunold (Anm. 8); Werner Kuhlmann, Moderne Gesellschaft – Moderne Polizei, Hilden 1969; Autorenkollektiv Polizei Hessen/Universität Bremen, Aufstand der Ordnungshüter oder Was wird aus der Polizei?, Reinbek bei Hamburg 1972

den war.[67] Großdemonstrationen mit mehreren hunderttausend Menschen und demonstrative Dauerlagen (zum Beispiel „Startbahn West" in Frankfurt) stellten wiederum neue Phänomene für die Polizei dar.

Mitte der neunziger Jahre dominierten dann Gewalttaten von PKK-Aktivisten die öffentliche Wahrnehmung von Demonstrationen.[68]

Die Proteste bei Atommüll-Transporten, die nahezu rituellen Gewaltszenarien am Maifeiertag in Berlin und gewalttätige Auseinandersetzungen anlässlich rechtsextremistischer Aufzüge stellen am Anfang des 21. Jahrhunderts die größten wiederkehrenden Herausforderungen bei demonstrativen Aktionen dar. Die Polizei versucht zunehmend, dabei eine deeskalierende und konfliktmoderierende Rolle zu finden, die auch in weiten Teilen der Öffentlichkeit anerkannt wird.

Öffentlichkeit und Polizei beschäftigen sich nach wie vor in erster Linie mit denjenigen Demonstrationen, die gewalttätige Verläufe nehmen. Man muss deshalb immer wieder in Erinnerung rufen, dass mehr als 98% aller Demonstrationen bundesweit friedlich verlaufen.

Die Heterogenität von Demonstrationsanlässen und -teilnehmern hat seit den siebziger Jahren ständig zugenommen. Inzwischen haben fast alle Bevölkerungskreise der Bundesrepublik Demonstrationen in ihr Repertoire für politische Beteiligung aufgenommen.[69] Nicht nur für übergreifende politische Fragen, sondern auch für Kindergartenplätze und Baumschutzsatzungen im lokalen Bereich gehen Menschen unterschiedlichster Herkunft, Bildung und Altersgruppen „auf die Straße".

Die Polizei muss dem „Protest Policing", einer ihrer Kernaufgaben im Spannungsfeld zwischen Staat und Gesellschaft, weiterhin größte Beachtung schenken und sich ständig weiter professionalisieren. Dies gilt neben den jeweiligen örtlichen Einsatzleitungen insbesondere für die Bereitschaftspolizeien der Länder, deren „geschlossene Einheiten" dabei in erster Linie eingesetzt werden.[70] Neben rechtlichen und polizeitaktischen Inhalten sollten dabei auch fol-

---

[67] Vgl. Heiner Busch/Albrecht Funk/Udo Kauß/Wolf-Dieter Narr/Falco Werkentin (Anm. 27), S. 323

[68] zum Verbot der PKK und dessen Auswirkungen auf das Demonstrationsgeschehen vgl. Udo Behrendes, Polizei und KurdInnen – ein schwieriges Verhältnis; in: Navend – Zentrum für Kurdische Studien e.V. (Hrsg.), KurdInnen in der Bundesrepublik Deutschland, Bonn 1999, S. 311-318

[69] Vgl. Eckert/Kaase/Neidhardt/Willems, Ursachen, Prävention und Kontrolle von Gewalt aus soziologischer Sicht, Gutachten der Unterkommission III, in: Schwind/Baumann u. a. (Hrsg.), Ursachen, Prävention und Kontrolle von Gewalt, Band II, Berlin 1990, S. 293 ff. (S. 319)

[70] Der Name „Bereitschaftspolizei" ist für diese Großteams ebenso beibehalten worden wie die internen organisatorischen Gliederungsbezeichnungen „Züge" und „Hundertschaften". Diese anachronistischen Termini sind allerdings die inzwischen einzigen Reminiszenzen an die paramilitärischen Traditionen geschlossener Polizeieinheiten in allen Epochen des 20. Jahrhunderts; generell zur Entstehung und Entwicklung der Bereitschaftspolizei vgl. Udo Behrendes (Anm. 20)

gende generelle Aspekte zur Stabilisierung einer dem Verfassungsverständnis entsprechenden Demonstrationskultur im Mittelpunkt stehen, die im Rahmen dieses Beitrages nur schlagwortartig zusammengefasst werden können:

Nutzung aller kommunikativen Möglichkeiten im Dialog mit den Protestgruppen vor, während und nach einer Demonstration, um Transparenz, Berechenbarkeit und Vertrauen zu schaffen; sensibler Umgang mit Machtsymbolen wie Körperprotektoren, Helmen, Schilden und langen „Einsatzmehrzweckstöcken"; Namensschilder oder andere Maßnahmen zur persönlichen Kennzeichnung der Beamtinnen und Beamten; Abbau von Stereotypen über Demonstrantengruppen und Demonstrationsinhalte; Aufgeschlossenheit gegenüber der Kritik von Demonstrationsveranstaltern an als eskalationsträchtig betrachteten Einsatzkonzepten; Verhinderung von Abschottung und Bildung informeller Strukturen bei den „geschlossenen Einheiten".[71]

4 Polizeikultur und Polizistenkulturen

Die Wahrnehmung der Bevölkerung durch die „polizeiliche Brille", die darauf basierende vorrangig polizei-interne Diskussion von Problembereichen und Lösungsstrategien führen zu einem starken internen Zusammenhalt und damit auch zu einer Tendenz der gesellschaftlichen Abschottung der Polizei. Gerade die Untersuchungen zur Polizei im NS-Regime haben diese Gefahren besonders deutlich gemacht: Ein Bedingungsfaktor für die Entzivilisierung der Polizisten im NS-Staat war ihre Entindividualisierung im Zuge ihrer symbiotischen Anbindung an ihre jeweiligen Organisationseinheiten. Je stärker die Isolation nach außen war (zum Beispiel bei den Polizeibataillonen im „auswärtigen Einsatz"), umso existenzieller und intensiver wurde die Bindung ihrer Mitglieder an die Organisation, deren formelle und informelle Wertesysteme und Normen, letztlich bis zur Ablösung der individuellen moralischen Instanzen (Gewissen, Selbstkontrolle) durch die kollektiven Vorstellungen und Rechtfertigungsmuster der Organisation.[72]

---

[71] Vgl. dazu insgesamt Michael Kniesel/Udo Behrendes (Anm. 41), S. 342 ff.; zu den besonderen Rahmenbedingungen „geschlossener Einheiten" vgl. Udo Behrendes, Zwischen Gewaltgebrauch und Gewaltmissbrauch, in: Herrnkind/Scheerer (Hrsg.), Die Polizei als Organisation mit Gewaltlizenz. Möglichkeiten und Grenzen der Kontrolle, Münster 2003, S. 157-193 (S. 163-171)

[72] Vgl. Hans-Joachim Heuer, Die „Last der Vergangenheit" als didaktische Chance: Polizei im „Dritten Reich" – ein Thema in der heutigen Polizeiausbildung?, in: Buhlan/Jung (Hrsg.), Wessen Freund und wessen Helfer? Die Kölner Polizei im Nationalsozialismus, Köln 2000, S. 37-50, hier S. 44 ff.; Peter Nitschke, Polizei im NS-System, in: Hans-Jürgen Lange (Hrsg.), Staat, Demokratie und Innere Sicherheit in Deutschland, Opladen 2000, S. 51-63, hier S. 56 ff.

4.1 Die lokale Bezugsgruppe als berufliche Familie

Auch in der heutigen Polizei bestehen (wie zu allen Zeiten) die prinzipiellen Gefahren starker institutioneller Anbindung bei gleichzeitiger gesellschaftlicher Abschottung. Polizistinnen und Polizisten definieren sich selbst vorrangig über ihre konkrete Bezugsgruppe. Man ist in erster Linie Mitglied der Dienstgruppe C oder des 3. Zuges einer Einsatzhundertschaft. In zweiter Hinsicht ist man Angehöriger der Polizeiinspektion X oder der Einsatzhundertschaft Y. An dritter Stelle rangiert die jeweilige Behörde (man ist Bonner, Kölner oder Düsseldorfer Polizistin oder Polizist), gefolgt von der Bundes- oder Landeszugehörigkeit (man ist Nordrhein-Westfale, Bayer oder Berliner). Erst an fünfter Position steht die Identifikation mit dem allgemeinen Berufsbild Polizei.

Beeinflussungen finden durch alle diese mehrstufigen Polizei- und Polizistenkulturen[73] statt, die entscheidende Ebene ist jedoch die erste. Die konkrete Bezugsgruppe prägt die Innen- und Außenwahrnehmung ihrer Mitglieder und konstruiert ein eigenes Wertesystem. Die jeweilige Bezugsgruppe selbst wird von ihren formellen und informellen Führern (und noch wenigen Führerinnen) und deren Einstellungen, Überzeugungen, deren Handeln und Unterlassen geprägt.[74]

„Dienstgruppen", „Einsatztrupps" und „Züge" sind „U-Boote", die sich sowohl gegenüber anderen polizeilichen „U-Booten" als auch gegenüber der allgemeinen Innen- und Außenwelt abschotten können. Sie haben für ihre Mitglieder häufig eine para-familiäre Funktion: Intern wird fast alles offen und auch kritisch besprochen, wobei die formell/informelle Struktur die Kommunikationsformen und Entscheidungswege vorgibt. Nach außen (damit ist auch die sonstige Polizeiorganisation gemeint) präsentiert man sich als funktionierendes Team, das alle Konflikte intern löst, zum Teil mit eigenen Sanktionssystemen wie „Verdonnerungen" zu unangenehmen Diensten, „Strafzahlungen" in die Gemeinschaftskasse etc. Para-familiär ist die Bedeutung dieser Bezugsgruppen auch deshalb, weil man, bedingt durch den Schicht- bzw. Wechseldienst, in vielen Fällen auch die Freizeit miteinander verbringt.

Die Öffnung des Polizeidienstes für Frauen Anfang der achtziger Jahre hat sich insoweit sehr positiv ausgewirkt, dass die mit bestimmten Männergruppen einhergehenden Problembereiche (ritueller, exzessiver gemeinsamer Alkoholge-

---

[73] ausführlich zu diesen Spannungsfeldern Ernst-Heinrich Ahlf, Ethik im Polizeimanagement, in: Bundeskriminalamt (Hrsg.), BKA-Forschungsreihe Bd. 42, 1997, S. 94 ff., Rafael Behr, Cop Culture. Der Alltag des Gewaltmonopols, Opladen 2000; ders. (Anm. 35)

[74] vgl. auch Gerda Maibach (Anm. 29) S. 16 f., 193; Willems, Helmut/Eckert, Roland/Jungbauer, Johannes (Anm. 29) S. 31; Hans-Joachim Heuer (Anm. 29) S. 76 f.

nuss nach Dienstende bzw. bei gemeinsamen Freizeitaktivitäten; roher, frauen-feindlicher Umgangston; Machogehabe, Negierung von Gefühlen etc.) minimiert worden sind. Dennoch ist dem Befund, dass die „Cop Culture" in der Gesamtbe-trachtung nach wie vor eine „maskuline Subkultur der Polizei" darstellt[75], zuzu-stimmen. Erwähnenswert ist in diesem Zusammenhang, dass manche Frauen sich offensichtlich durch das Übernehmen männlicher Verhaltensweisen in ihren Be-zugsgruppen besonders profilieren wollen.

Zur Thematik „Frauen in der Polizei" ist auch noch darauf hinzuweisen, dass nunmehr viele Partnerschaften zwischen Polizisten und Polizistinnen ent-stehen, die wiederum dazu führen, dass Familie, Freizeit und Beruf zu einem Konglomerat verschmelzen.

Polizistinnen und Polizisten betrachten die Gesamtgesellschaft häufig durch die „polizeiliche Brille", mit einer starken Tendenz zu Schwarz-Weiß-Ansich-ten.[76] Zur Einschätzung und Bewertung bestimmter Personen und Gruppierungen benutzt man im dienstlichen Jargon immer noch häufig die Typisierungen „poli-zeifreundlich" oder „polizeifeindlich". Bürger und Gesellschaft werden somit nach wie vor als Außenwelt, als „polizeiliches Gegenüber" definiert.

4.2 Ansätze gegen „U-Boot-Mentalitäten"

Im Spannungsfeld zwischen notwendiger Teamarbeit und gefährlichem Grup-penzwang sollte durch eine problembewusste Führungs- und Organisationskultur polizeiinternen Abschottungstendenzen und der Entwicklung negativen Korps-geistes entgegengewirkt werden.[77]

Periodische Rotationen im Führungs- und Mitarbeiterbereich können dabei ein strukturelles Hilfsmittel sein.[78] Sie müssten allerdings generalpräventiv, ohne

[75]   Rafael Behr, Cop Culture. Der Alltag des Gewaltmonopols, Opladen 2000, S. 57 ff., S 77 ff.
[76]   Vgl. Rafael Behr, Paradoxien gegenwärtiger Polizeiarbeit in Deutschland: Zwischen „Smooth-Policing" und „Knüppel-aus-dem-Sack", in: Hans-Jürgen Lange (Hrsg.), (Anm. 72), S. 232; Thomas Feltes, Legitime und illegitime Gewaltanwendung durch die Polizei, in: Wilhelm Heit-meyer/Monika Schröttle (Hrsg.), Gewalt. Beschreibungen, Analysen, Prävention, Bundeszentrale für politische Bildung, Schriftenreihe Band 563, Bonn 2006, S. 539-556, hier 551 ff.
[77]   vgl. hierzu Gerda Maibach (Anm. 29), S. 195; Hans-Dieter Schwind, Zur Mauer des Schwei-gens, Kriminalistik 1996, S. 161 ff.(S. 163); Herbert Schäfer, Identifikation mit dem gesetzlichen Auftrag und auftragswidrige Kameraderie, Der Kriminalist 1996, S. 210 ff. (S. 211 ff.); Joachim Kersten, Polizei und Gewalt, DPolBl 1997, S. 6 ff. (S. 7 ff.) Hamburger Polizeikommission, Jah-resbericht 1999, S. 40 f.; Thomas Ohlemacher (Anm. 108), S. 1; Martin Herrnkind, Möglichkei-ten und Grenzen polizeilicher Binnenkontrolle. Eine Perspektive der Bürgerrechtsbewegung in: Herrnkind/Scheerer (Hrsg.), Die Polizei als Organisation mit Gewaltlizenz. Möglichkeiten und Grenzen der Kontrolle, Münster 2003, S. 131-155
[78]   vgl. Hans-Dieter Schwind (Anm. 77), S. 166; Hans-Joachim Heuer (Anm. 29), S. 78

Ansehen von Personen und unabhängig von entsprechenden Vorkommnissen als allgemeine Leitlinie der Personal- und Organisationsentwicklung praktiziert werden. Nur wenn man Rotationen den Charakter von Disziplinierungselementen und Vorverurteilungen nimmt, würden sie mittelfristig als normal angesehen und (anders als heute) wahrscheinlich von der Mehrheit der Beamtinnen und Beamten akzeptiert.

Durch Rotationen sollten sowohl periodische Wechsel innerhalb der jeweiligen Dienststelle (von Dienstgruppe A zu Dienstgruppe B) als auch zu anderen Dienststellen (vom Vorort zur Innenstadt und umgekehrt) institutionalisiert werden.

Darüber hinaus sollte die berufsbegleitende Fortbildung die polizeiinternen gruppendynamischen Prozesse noch stärker thematisieren, um das Bewusstsein für die subtilen Mechanismen von Gruppendruck und Gruppenzwang zu schärfen und persönliche Handlungsstrategien gegen Kameraderiesymptome zu vermitteln. Verhaltenstrainings, Coaching- und Supervisionsangebote (auf Einzel- und Bezugsgruppenbasis) sollten ausgebaut und insbesondere basisgerecht angeboten werden.[79]

5 Zwischen Gewaltgebrauch und Gewaltmissbrauch

Die Polizei ist mit ihrem Berufsbild zwischen den Polen Staat und Bevölkerung verortet, ihr besonderes Bewährungsfeld liegt dabei zwischen den Polen Gewaltgebrauch und Gewaltmissbrauch.

5.1 Die Polizei als wichtigster Exponent des staatlichen Gewaltmonopols

Der Grundgedanke des staatlichen Gewaltmonopols, nämlich Rechtsfrieden unter den Menschen durch eine konsolidierte Staatsgewalt herzustellen, ist heute genauso aktuell wie zu Zeiten der Aufklärung: Schutz der Bürger vor Übergriffen Anderer – aus dieser Funktion legitimiert sich der Staat als solcher. Das staatliche Gewaltmonopol stellt daher in seiner idealtypischen Ausprägung nach wie vor eine entscheidende Rahmenbedingung für ein möglichst angstfreies Sozialleben dar und ist ein zivilisatorischer Fortschritt.

---

[79] Vgl. Gerda Maibach (Anm. 29), S. 192; Hans-Dieter Schwind (Anm. 77), S. 166; Herbert Schäfer (Anm. 77), S. 219; Willems, Helmut/Eckert, Roland/Jungbauer, Johannes (Anm. 29), S. 29; Manfred Murck (Anm. 33) S. 36; Hans-Joachim Heuer (Anm. 29), S. 78; Joachim Kersten (Anm. 77), S. 9; Ernst-Heinrich Ahlf (Anm. 73), S. 215

Um Rechtsmissbrauch und Willkür von Individuen und Gruppen zu verhindern, muss der Staat in der Lage sein, die Rechts- und Friedensordnung nötigenfalls auch physisch durchzusetzen. Da es keine aggressions- und gewaltfreie Gesellschaft gibt und wohl auch hierzulande auf absehbare Zeit nicht geben wird, kann es auch keinen auf physischen Schutz und somit auf Gewaltanwendung verzichtenden Staat geben. Insoweit ist die „Utopie einer polizeifreien Gesellschaft"[80] eine Illusion.

Jeder legale und legitime Machtgebrauch, ob privat oder staatlich, ob individuell oder institutionell, indiziert die Gefahr des Machtmissbrauchs. Missbrauch von Macht ist ein generelles und alltägliches soziales Phänomen in Familien und Schulen, Betrieben und Behörden, Parteien und Kirchen und kein exklusives Problemfeld der Polizei. Dennoch hat Machtmissbrauch, der dem Staat zuzurechnen ist, eine besondere Qualität. Das Gewaltmonopol des demokratischen Rechtsstaates, das aus dem Schutzauftrag für seine Bürger legitimiert ist, wird durch nichts mehr diskreditiert als durch den Missbrauch dieser abgeleiteten, zweckgebundenen Macht. Dies gilt für das Handeln aller Exekutivorgane, die zur Umsetzung des staatlichen Gewaltmonopols berufen sind und „hoheitliche Aufgaben" im Sinne des Artikels 33 IV Grundgesetz wahrnehmen. Sowohl in der (Medien-)Öffentlichkeit als auch im wissenschaftlichen Bereich werden Ausprägungen und Risiken des staatlichen Gewaltmonopols allerdings regelmäßig nicht am Handeln von Sozial-, Ausländer-, Ordnungs- und Justizbehörden festgemacht – obwohl sie alle befugt sind, weit reichende Eingriffe in elementare Grundrechte vorzunehmen. Der Fokus ruht auf dem Handeln oder Nicht-Handeln der Polizei, das als Gradmesser für die konkrete Ausformung des staatlichen Gewaltmonopols herangezogen wird.[81] Diese Fokussierung ist von der Polizei aus mehreren Gründen zu akzeptieren:

Im Gegensatz zu den anderen staatlichen und kommunalen Organen greift die Polizei zumeist durch Ad-hoc-Maßnahmen in Grundrechte ein, gegen die in der Regel kein sofortiger vorbeugender Rechtsschutz zu erlangen ist. Diese Unmittelbarkeit und Unumkehrbarkeit polizeilicher Grundrechtseingriffe stellt daher ein besonders sensibles Problemfeld im Verhältnis Staat – Bürger dar. Darüber hinaus finden viele polizeiliche Eingriffe entweder im unmittelbaren sozialen Nahraum oder aber im öffentlichen Raum statt. Das Eindringen in die Privat- und Intimsphäre einerseits und der Öffentlichkeitsbezug (mit der damit verbundenen Diskriminierungswirkung) andererseits kennzeichnen somit die besondere Intensität und die Ubiquität, womit sich polizeiliches Eingriffshandeln von dem anderer Verwaltungsträger unterscheidet.

---

[80] vgl. Rolf Gössner/Oliver Ness, Polizei im Zwielicht, Frankfurt 1996, S. 233
[81] Vgl. Martin Winter, Protest policing und das Problem der Gewalt, Forschungsjournal Neue Soziale Bewegungen, Jg. 11, Heft 4/1998, S. 68 ff. (S. 76)

Das soeben grob skizzierte Polizeihandeln stellt wiederum nur einen, allerdings großen, Ausschnitt des gesamten polizeilichen Tätigkeitsfeldes dar. Es bezieht sich nämlich einerseits auf das Handeln des polizeilichen Streifendienstes und andererseits auf das Tätigwerden „geschlossener Einheiten" (bei Demonstrationen, Fußballspielen und Sondereinsätzen zur Kriminalitätsbekämpfung). Das Handeln der polizeilichen Sachbearbeiter in administrativen Bereichen oder Kriminal- und Verkehrskommissariaten ist dem anderer Behörden vergleichbar und wird daher in aller Regel nicht zum Bewertungsmaßstab für das Polizeihandeln als solches erhoben. Es bleibt deshalb an dieser Stelle festzuhalten, dass nicht *die* Polizei wegen ihrer gegenüber anderen Exekutivorganen besonderen Affinität zu missbräuchlichem Handeln auf dem Prüfstand steht, sondern der Fokus wegen der besonderen Grundrechtsrelevanz auf einzelne polizeiliche Tätigkeitsfelder gerichtet wird.[82]

Polizeiliches Fehlverhalten, namentlich körperliche Übergriffe sowie rechtswidrige Freiheitsentziehungen und Durchsuchungen standen während aller hier beschriebenen Epochen im Blickfeld der Öffentlichkeit. Bereits aus der Kaiserzeit sind zahlreiche Belege einer gegenüber polizeilicher Willkür sensiblen (Medien-)Öffentlichkeit bekannt.[83] Auch wenn es während der NS-Zeit keine entsprechenden Berichte in der „gleichgeschalteten" Presse gab, haben sich die Metaphern „Gestapomethoden" oder „Nazimethoden" bis heute gehalten und werden in diskriminierender Weise nahezu alltäglich Polizisten bei ihrer Tätigkeit entgegengeschleudert.

5.2 Die Steine für die „Mauer des Schweigens"

In allen Zeiten lautete bei der Auseinandersetzung mit polizeilichem Fehlverhalten der Vorwurf, dass Übergriffe intern eher vertuscht und gedeckt werden. Auch heute gibt es in der Tat viele Hinweise darauf, dass die polizeiliche Binnenkontrolle auf allen Ebenen der Polizeiorganisation nach wie vor defizitär ist.[84]

Polizeiliches Fehlverhalten in grundrechtsrelevanten Bereichen ist ein ernsthaftes Problem für die davon Betroffenen. Das Decken und Vertuschen polizeilichen Fehlverhaltens ist ein ernsthaftes Problem für die Polizei als solche und ihre Rolle als Träger des staatlichen Gewaltmonopols im Auftrag der Gesellschaft.

Der konkreteste polizeiliche Machtmissbrauch in der unmittelbarsten Form des Gewaltmissbrauchs findet unter der strafrechtlichen Bezeichnung „Körper-

---

[82] Zu den spezifischen Rahmenbedingungen des polizeilichen Streifendienstes und „geschlossener Einheiten" vgl. Udo Behrendes (Anm. 71), S. 160 ff.
[83] Vgl. Albrecht Funk (Anm. 4), S. 274 ff.
[84] Vgl. Martin Herrnkind (Anm. 77)

verletzung im Amte" statt. Zu Recht sieht der Gesetzgeber die von einem „Amtsträger" begangene Körperverletzung als generell schwerwiegender an als eine von „Jedermann" verübte Tat. Die Strafandrohung liegt daher bei einer Mindestfreiheitsstrafe von drei Monaten.

Der Sondertatbestand des § 340 Strafgesetzbuch (StGB) stellt jedoch nicht nur den unmittelbaren Täter der Körperverletzung unter Strafe, sondern auch denjenigen Amtsträger, der die Tat „begehen lässt". Damit ist nicht nur die Anordnung einer Körperverletzung, Anstiftung oder aktive Beihilfe gemeint, sondern auch passives Verhalten.

Auch dies ist auf den ersten Blick eine richtige Regelung, denn ein/e Polizeibeamter/-beamtin hat nicht einfach einer Misshandlung zuzusehen, sondern das Opfer aktiv zu schützen, wenn es ihm bzw. ihr in der jeweiligen Situation möglich ist. Bildlich gesprochen muss also die Polizistin bzw. der Polizist, die oder der Zeuge eines unangemessenen Gewalteinsatzes ihres/seines Kollegen oder ihrer/seiner Kollegin wird, diesem/dieser in den Arm fallen.

Damit wird aber bereits eine grundsätzliche Problematik des Sondertatbestandes „Körperverletzung im Amte" deutlich: Kommt es zu einem Übergriff, ein Festgenommener wird zum Beispiel ohne Grund geschlagen oder getreten, ist der daneben stehende Kollege bzw. die Kollegin kein/e klassische/r Zeug(e)in, sondern sie sind zunächst potenzielle Unterlassungstäter, d.h. auch gegen sie wird strafrechtlich ermittelt, um zu klären, ob sie die jeweilige Tat hätten verhindern können.

Darüber hinaus trifft alle Polizeibeamten, die eine Straftat anderer Beamten beobachten, eine weitere Verpflichtung. Sie müssen ihren Kollegen oder ihre Kollegin unverzüglich anzeigen, denn sie haben das „Legalitätsprinzip" des § 163 Strafprozessordnung (StPO), die gesetzliche Strafverfolgungspflicht, zu beachten. Das Unterlassen einer Strafanzeige gegen den Kollegen bzw. die Kollegin stellt für die die Tat beobachtenden Beamten ebenfalls eine Straftat dar (Strafvereitelung im Amte, § 258a i. V. m. § 13 StGB), die vom Gesetzgeber sogar mit einer höheren Strafandrohung versehen ist, als die Körperverletzung im Amte selbst (Mindestfreiheitsstrafe sechs Monate).

Auch diese Verpflichtung soll in zugespitzter Form verdeutlicht werden: Fällt der Polizeibeamte bzw. die -beamtin seinem/ihrem Kollegen beim ersten Versuch, einen Festgenommenen zu schlagen, erfolgreich in den Arm, hat er/sie ihn gleichwohl anschließend anzuzeigen, denn auch die versuchte Körperverletzung im Amte ist strafbar.

Diese für sich genommen rechtlich und ethisch gerechtfertigten Anforderungen an Polizeibeamte führen in der Lebenswirklichkeit zu psychosozialen

Überforderungen.[85] Dem/der tatbeobachtenden Beamten/Beamtin wird aufgrund der strafrechtlichen Konstellation jeder eigene Bewertungs- und Konfliktregelungsspielraum genommen. Er/sie hat schon bei Verdacht einer ungerechtfertigten Gewaltanwendung gegen seinen Kollegen oder seine Kollegin vorzugehen. Dieser Verdacht beginnt bereits bei jedem zunächst gerechtfertigten Gewalteinsatz (zum Beispiel gegen einen sich körperlich zur Wehr setzenden Betrunkenen, der nach Misshandlung seiner Ehefrau und Kinder in Gewahrsam genommen werden soll), bei dem dann „ein Schlag zuviel" erfolgt oder die Handfesseln unnötig eng und schmerzhaft angelegt werden.

Die Übergänge von zulässiger und notwendiger zu unangemessener Gewaltanwendung sind oft fließend, die entsprechende Bewertung steht rechtlich aber grundsätzlich nur Staatsanwaltschaft und Gerichten zu. Den tatbeobachtenden Beamten bzw. die Beamtin trifft zunächst die rein verdachtsbezogene gesetzliche Anzeigepflicht. Er oder sie hat aufgrund dieser rechtlichen Konstellation gar keine Möglichkeit, das jeweilige Geschehen mit dem Kollegen konstruktiv aufzuarbeiten, sondern muss die Konfliktregelung nach außen verlagern, an Staatsanwaltschaft und Gericht abgeben. Je mehr er oder sie sich mit dem Kollegen beschäftigt und den Vorfall mit ihm diskutiert und bewertet, umso mehr verlässt er/sie die idealtypische Rolle im Strafverfahren, ein möglichst objektiver Zeuge bzw. Zeugin zu sein.

Die meisten polizeilichen Übergriffe[86] geschehen weder geplant noch aus „heiterem Himmel", sondern im Zuge eines mit persönlichen Fehleinschätzungen und Überforderungen einhergehenden situativen Eskalationsprozesses.[87] Alle Polizeibeamten im Streifendienst und in „geschlossenen Einheiten" erleben diese Überforderung in bestimmten Situationen, jene gefährliche Mixtur aus Angst, Wut, Panik und Hilflosigkeit, die bei dem einen Menschen Fluchtverhalten und bei dem anderen Aggression hervorruft – und Polizeibeamte sind aufgrund ihres Selbst- und Fremdbildes in aller Regel eben nicht auf Flucht konditioniert. Auch wenn man zu Recht von Polizeibeamten erwartet, den Umgang mit solchen Extremsituationen zu trainieren – niemand wird immer und überall richtig und angemessen reagieren.

Die allermeisten Streifenpolizisten bzw. -polizistinnen oder Angehörigen „geschlossener Einheiten" werden bei selbstkritischer Betrachtung einräumen,

---

[85] vgl. auch Willems, Helmut/Eckert, Roland/Jungbauer, Johannes (Anm. 29), S. 30

[86] zum Ausmaß des tatsächlichen Macht- und Gewaltmissbrauchs von Polizisten gibt es nach wie vor kein gesichertes Datenmaterial – vgl. Manfred Brusten, Strafverfahren gegen Polizeibeamte in der BRD, in: Brusten (Hrsg.), Polizeipolitik, Kriminologisches Journal, 4. Beiheft 1992, S. 84 ff.; Ernst-Heinrich Ahlf, Unethisches Polizeiverhalten, Die Polizei 1997, S. 174 ff.; Martina Kant, Ausmaß von Polizeiübergriffen und ihre Sanktionierung, Bürgerrechte & Polizei/Cilip 67 (3/2000), S. 20 ff.; Thomas Feltes (Anm. 76), S. 547 ff.

[87] vgl. Thomas Feltes (Anm. 76), S. 541 ff.

dass sie in bestimmten Situationen die „Zwangsanwendung" objektiv überzogen haben, mit welcher Begründung auch immer. Jeder Polizist und jede Polizistin weiß also, dass er/sie selbst in eine Situation kommen kann, in der er/sie sich bei objektiver Betrachtung nicht korrekt verhält und damit häufig bereits einen Straftatbestand erfüllt, denn jeder Missbrauch des Gewaltmonopols zieht prinzipiell einen strafrechtlichen Vorwurf nach sich (dies gilt natürlich nicht nur im Bereich von Körperverletzungen, sondern auch in anderen Grundrechtsbereichen, vgl. zum Beispiel die Straftatbestände Hausfriedensbruch und Freiheitsberaubung „im Amte").

Insofern gibt es innerhalb der Polizei viel Verständnis für die punktuelle Überreaktion eines Kollegen oder Kollegin. Hinzu kommt die Sorge, dass man den strafrechtlichen „Hundertprozent-Anforderungen" selbst nicht immer gerecht werden wird und hofft daher darauf, in einer entsprechenden Situation auch nicht sofort von Kollegen angezeigt zu werden.

Die angerissenen Problembereiche stellen den Steinbruch für die „Mauer des Schweigens" dar, die bei entsprechenden Vorwürfen gegen Polizeibeamte häufig errichtet wird. Und wer einmal geschwiegen hat, wer nicht bei einem Fehlverhalten sofort Anzeige erstattet, „muss" weiter schweigen, um nicht selbst zum/zur Angeklagten der mit höherer Strafe bedrohten Strafvereitelung im Amte zu werden. Aus dem Schweigen wird dann nahezu zwangsläufig auch aktives Lügen, bis hin zu Falschaussage und Meineid.[88] Man lebt somit im Graubereich, weiß, dass man die gesetzlichen Grenzen selbst hin und wieder überschreiten und Grenzüberschreitungen von Kolleginnen und Kollegen dulden wird. Generell kann so ein Klima entstehen, im dem Übergriffe entdramatisiert, verharmlost und relativiert werden.[89]

Wo werden nun die neuen Grenzen gezogen? Nach welchen Maßstäben definiert man das nicht mehr zu billigende Fehlverhalten? Nach welchen Kriterien unterscheidet man zwischen punktueller Überforderung und problematischen Grundmustern einzelner Beamter oder Beamtinnen? An welchem Punkt stellt man sich generellen Fehlentwicklungen seiner Bezugsgruppe („Dienstgruppe" im Streifendienst, „Zug" im Rahmen „geschlossener Einheiten") entgegen?

Bei der kritischen Bestandsaufnahme zum internen Umgang mit Fehlverhalten in der Polizei muss an dieser Stelle darauf hingewiesen werden, dass an keine andere Berufsgruppe, die „handwerklich" in Extremsituationen arbeitet, vergleichbare Anforderungen im Umgang mit Fehlern von Kollegen gestellt wer-

---

[88] vgl. zu diesem Phänomen u. a. Willems, Helmut/Eckert, Roland/Jungbauer, Johannes, (Anm. 29); Hans-Dieter Schwind (Anm. 77); Herbert Schäfer (Anm. 77) S. 211 ff.; Hamburger Polizeikommission (Anm. 77), S. 6 f.; Hans-Joachim Heuer (Anm. 29); Martin Herrnkind (Anm. 77); Thomas Feltes (Anm. 76), S. 551 ff.

[89] Vgl. Rafael Behr (Anm. 76), S. 230 ff.

den. Man übertrage nur die oben skizzierten strafrechtlichen Anforderungen an Polizeibeamte auf das Krankenhauspersonal:

Jeder Insider weiß, dass täglich gravierende Fehler und Unterlassungen in Ambulanzen und Operationssälen geschehen, häufig mit strafrechtlicher Verantwortung der handelnden oder pflichtwidrig nicht-handelnden Fachkräfte. Welcher Arzt/Ärztin und welche/r Krankenpfleger/in weist den Patienten oder seine Angehörigen auf vorwerfbares Fehlverhalten von Kollegen hin? Wer erstattet innerhalb des Ärzte- oder Pflegeteams Anzeigen wegen fahrlässiger Tötung oder Körperverletzung?

Diese Überlegungen sollen nicht dazu dienen, polizeiliches Fehlverhalten zu verharmlosen. Sie dienen lediglich dazu, einen angemessenen Umgang mit dieser Problematik einzufordern, frei von ideologisch gesteuerter, selektiver Wahrnehmung und Skandalisierungslust.[90]

6 Bürgerschaftliche Kontrolle der Polizei im 20. Jahrhundert: Von den Polizeiausschüssen der britischen Besatzungszone zur Hamburger Polizeikommission

Bürgerschaftliche Kontrolle der Polizei ist kein neues Thema. In den „alten" Bundesländern der Bundesrepublik entstanden schon seit den vierziger Jahren immer wieder Institutionen und Initiativen, die sich auf unterschiedlichen Ebenen und mit unterschiedlichen Themenschwerpunkten als bürgerschaftliche Interessenvertreter in Polizeiangelegenheiten verstanden. Ohne Anspruch auf Vollständigkeit sollen einige ehemalige und aktuelle Organisationen in diesem Themenfeld vorgestellt werden. Dabei wird dem „Bonner Forum BürgerInnen und Polizei e. V." ein gegenüber den anderen vorgestellten Projekten ausführlicherer Raum gewidmet, da die persönlichen Erfahrungen der Autoren mit diesem Dialogansatz (als Sprecher der „Polizei"- bzw. „Bürgerseite" des Bonner Forums) wesentliche Grundlagen für das im Kapitel 7 vorgestellte Modell eines Polizeibeauftragten geliefert haben.

6.1 Polizeiausschüsse der britischen Besatzungszone

Die von der britischen Besatzungsmacht nach Ende des II. Weltkrieges eingesetzten „Polizeiausschüsse" stellten die ersten institutionalisierten bürgerschaftlichen Kontrollorgane über die Polizei in der deutschen Geschichte dar. Nach der

---

[90] Vgl. dazu Dieter Beese, Polizeiarbeit heute. Berufsethische Notizen, Bochum 1997, S. 60

gerade überwundenen NS-Diktatur mit ihrem zentral gelenkten Polizeiapparat wurde die Polizeiorganisation nach britischem Vorbild dezentralisiert und unter die Kontrolle von bürgerschaftlichen Polizeiausschüssen gestellt. Die Mitglieder der Ausschüsse wurden von den jeweiligen Kommunalparlamenten gewählt und hatten weit reichende Kontrollbefugnisse gegenüber den Polizeibehörden. Neben einem umfassenden Informations- und Beratungsrecht oblag ihnen die Befugnis, den für die operative Polizeiarbeit zuständigen Polizeichef einzusetzen und abzuberufen.[91]

Im heutigen Bundesland Nordrhein-Westfalen bestanden diese Polizeiausschüsse bis zur Verstaatlichung der Polizei im Jahr 1953. Als Nachfolgegremien wurden „Polizeibeiräte" eingerichtet, deren Mitglieder zwar ebenfalls von den kommunalen Parlamenten gewählt werden, die aber bedeutend weniger Befugnisse aufweisen als die ehemaligen Polizeiausschüsse. Die Polizeibeiräte haben lediglich ein Frage-, Anhörungs- und Beratungsrecht, aber letztlich keine rechtliche Entscheidungsmöglichkeit über eine konkrete Sach- oder Personalfrage. Aufgrund der nicht-öffentlichen Sitzungsstruktur kann von ihnen auch keine öffentliche Debatte zu strittigen Themen der Polizeiarbeit initiiert werden.

6.2 Bürgerrechtsorganisationen und -initiativen

Zu den bundesweit etablierten Bürgerrechtsgruppen, die sich u. a. auch immer wieder explizit mit Polizeithemen beschäftigen, gehören die in den fünfziger Jahren gegründete „Internationale Liga für Menschenrechte", die 1961 gegründete „Humanistische Union" und das 1980 gegründete „Komitee für Grundrechte und Demokratie".[92] Neben Tagungen und Publikationen zu polizeipolitischen Themen hat insbesondere das „Komitee für Grundrechte und Demokratie" seit den neunziger Jahren auch konkrete Beobachtungsstrukturen bei polizeilichen Großeinsätzen entwickelt, die zu entsprechenden Publikationen z.B. über die Polizeieinsätze anlässlich der Castor-Transporte und zuletzt anlässlich des G-8-Gipfels in Heiligendamm (2007) führten.

Spezielle Dokumentationen zu mutmaßlichen polizeilichen Übergriffen sind seit den neunziger Jahren insbesondere durch „Amnesty International" (zuletzt 2004) und „Aktion Courage e.V." (zuletzt 2003) veröffentlicht worden.

Das „Institut für Bürgerrechte & öffentliche Sicherheit e.V." in Berlin versteht sich mit seiner seit 1978 erscheinenden Publikation „Bürgerrechte & Poli-

---

[91]   Vgl. Kurt H. G. Groll, Bedingungen demokratischer Kontrolle. Lehren aus den Polizeiausschüssen der britischen Zone, Bürgerrechte & Polizei/Cilip 67 (3/2000), S. 42-48

[92]   Vgl. Wolf-Dieter Narr, (Alt-)Bundesdeutsche Bürger- und Menschenrechtsorganisationen, Bürgerrechte & Polizei/Cilip 50 (1/1995), S. 17-22

zei/Cilip" (z.Z. dreimal jährlich) als Informationsdienst im Themenfeld „Politik Innerer Sicherheit"[93].

Eine besondere Rolle in der gesellschaftspolitischen Diskussion zu Polizeithemen spielte bis zu ihrer faktischen Auflösung im Jahr 2001 (nach internen Flügelkämpfen) die 1986 gegründete „Bundearbeitsgemeinschaft Kritischer Polizistinnen und Polizisten e.V.", die aus der Binnensicht von Polizeiangehörigen kritische Positionen zu Polizeithemen bezog.[94]

Seit Ende der siebziger Jahre wurden insbesondere vor dem Hintergrund der Auseinandersetzungen um Hausbesetzungen und ähnlichen Aktionen in einigen Städten Vereine wie „Bürger beobachten die Polizei" gegründet, die nach ihrem Selbstverständnis u.a. polizeiliche Maßnahmen beobachten und polizeiliche Übergriffe der Öffentlichkeit zur Kenntnis bringen wollten.[95]

Teilweise parallel zu den Vereinen „Bürger beobachten die Polizei" entstanden Anfang der achtziger Jahre in einigen Großstädten „Ermittlungsausschüsse" (z.B. in Berlin, Hamburg und Frankfurt), die sich insbesondere als Unterstützergremien für im Rahmen von demonstrativen Aktionen festgenommenen Personen verstanden.[96] Sie haben damit ein ähnliches Spektrum wie die z. T. bundesweit etablierten Unterstützerorganisationen „Rote Hilfe" und „Bunte Hilfe". Anwaltliche Hilfe in Kooperation mit diesen Initiativen leisten oft Mitglieder des Republikanischen Anwältinnen- und Anwältevereins (RAV). Örtliche Flüchtlingshilfegruppen oder auch die Bundesarbeitsgemeinschaft „Pro Asyl" schalten sich zum Polizeiverhalten bei Abschiebungen, Todesfällen in Abschiebehaft oder bei mutmaßlichen Polizeiübergriffen mit evtl. rassistischem Hintergrund ein.

Punktuell schließen sich verschiedene polizeikritische Gruppen, Betroffene und Veranstaltergruppen zusammen, um Polizeieinsätze aufzuarbeiten bzw. in der Öffentlichkeit tatsächliche oder vermeintliche Übergriffe und Fehlverhalten anzuklagen. Nach dem G8-Einsatz Heiligendamm 2007 z.B. veranstalteten attac, Gipfelsoli Infogruppe, Netzwerk Friedenskooperative, Rote Hilfe und RAV ein öffentliches Hearing in Berlin zu den Geschehnissen in Rostock und um Heiligendamm.[97] Beklagt wurden neben der ungewöhnlich weitreichenden Beteiligung der Bundeswehr unverhältnismäßiges Agieren von Polizeikräften, insbesondere der „Beweissicherungs- und Festnahmeeinheiten" (BFE), bedrohliche

---

[93] Vgl. Falco Werkentin, Bürgerrechte & Polizei/Cilip I, Bürgerrechte & Polizei/Cilip 50 (1/1995), S. 23-28

[94] Vgl. Martin Herrnkind, Die Bundesarbeitsgemeinschaft Kritischer Polizistinnen und Polizisten e.V., Bürgerrechte & Polizei/Cilip 50 (1/1995), S. 46-49

[95] Vgl. Heiner Busch, Der Verein „Bürger beobachten die Polizei" e. V., Bürgerrechte & Polizei/ Cilip 50 (1/1995), S. 37-41

[96] Vgl. Mitglieder des „EA Berlin", Bürgerrechte & Polizei/Cilip 50 (1/1995), S. 42-45

[97] Das Hearing ist als Video dokumentiert, siehe: www.attac.de/heiligendamm07/video/1.html

Wasserwerfer-Einsätze in der Menschenmenge in der Nähe zum Kai, angeblich als „agents provocateurs" tätige Zivilbeamte, wahrheitswidrige Behauptungen der Pressestelle der Sonderbehörde „Kavala", unwürdige Verhältnisse in den Gefangenensammelstellen und die Behinderung der anwaltlichen Tätigkeit. Die Veranstalter betonten allerdings auch wahrnehmbare Unterschiede zwischen verschiedenen Polizeieinheiten sowie die generelle Verantwortung der Politik, deren Vorgabe für einen störungsfreien Gipfel sich durch die Polizei unmöglich mit rechtlich einwandfreien, verhältnismäßigen Mitteln umsetzen ließe.

Die Klagen von Beteiligten und Bürgerrechtsorganisationen gegen die Polizei beim G8-Gipfel sind nur eines der letzten Beispiele für ein fortwährendes Dilemma dieser Art von „Kontrolle" über die Polizei. Die Beschwerdemacht der Initiativen ist gering und reicht nur eventuell für eine gewisse Presseresonanz. Von Polizeibeamten wie der Polizeiorganisation wird die Kritik als parteilich gesehen und zumeist pauschal verworfen. Staatsanwaltschaften reichen solche Berichte ohne eindeutige Beweismittel meist nicht zum Betreiben von Ermittlungsverfahren. Bei den Betroffenen wird der Eindruck verstärkt, gegen „den Apparat" machtlos zu sein, Feindbilder werden gegenseitig verhärtet.

6.3 Das Bonner Forum BürgerInnen und Polizei e.V.

Das „Bonner Forum BürgerInnen und Polizei e.V." wurde 1995 als Dialogexperiment zwischen Polizeiangehörigen und Menschen aus politischen Initiativen (u.a. der Friedens- und Bürgerrechtsbewegung) gegründet, um eine neue Streitkultur im Themenfeld „Innere Sicherheit und Polizei" zu ermöglichen.

Diejenigen, die sich (gerade auch bei Demonstrationen in der Bundesstadt Bonn) häufig „auf verschiedenen Seiten der Barrikade" befinden bzw. empfinden, wollten ihre wechselseitigen Wahrnehmungen und Erfahrungen in einer offenen Gesprächsatmosphäre diskutieren und in öffentlichen Veranstaltungen und Projekten aktuelle Probleme im Verhältnis BürgerInnen – Polizei konstruktiv thematisieren.

Ein offener Dialog bei Wahrung der eigenen Identität und Abgrenzung konnte nach Überzeugung der Mitglieder beider Seiten nur auf einer Diskussionsebene außerhalb der Polizeiorganisation geschehen. Das „Bonner Forum BürgerInnen und Polizei" hat sich daher als Verein konstituiert und „Spielregeln" einer fairen Streitkultur festgelegt. Das erste Projekt war (noch während der Gründungsphase) die Organisation von Bürger-Hospitationen im polizeilichen Alltagsdienst. Fünf Mitglieder der Bürgerseite des Bonner Forums begleiteten im Spät- bzw. Nachtdienst eine Streifenwagenbesatzung bei ihren Einsätzen.

Diese von der Polizeiseite initiierten Hospitationen waren zum einen ein erstes sichtbares Zeichen für die von beiden Gruppen postulierte Erhöhung der Transparenz der Polizei. Sie stellten aber neben ihrer Funktion als Angebot i. S. „Bürgernähe" zugleich auch eine Forderung an die Bürgerseite dar – nämlich bereit und offen zu sein, das bislang eher durch Außenansichten geprägte Polizeibild sukzessive durch neue An- und Einsichten zu erweitern.

Die Erfahrungen mit den Hospitationen (bei denen die Teilnehmer, neben anderen einvernehmlich festgelegten „Spielregeln" u. a. datenschutzrechtliche Verpflichtungserklärungen bezüglich der personenbezogenen Daten anderer Bürger abgaben) waren auf beiden Seiten durchgängig positiv.

Das Bonner Forum greift seit seiner Gründung in öffentlichen Themenabenden grundsätzliche und aktuelle Problemfelder im Verhältnis „polizeikritischer" Bürger und Polizei auf und versucht seine interne Zielrichtung (Entwicklung einer konstruktiven Streitkultur zu Fragen der „Inneren Sicherheit" und „Polizei") auch in öffentlichen Veranstaltungen umzusetzen. Grundmuster der meisten Themenabende waren Podiumsdiskussionen (Impulsreferate durch Experten verschiedener Richtungen und anschließende Einbeziehung des Publikums).[98]

Als Ausfluss seiner Aktivitäten und Veranstaltungen verfasste das Bonner Forum u. a. zu den Themenbereichen „Bürgerhospitationen im polizeilichen Streifendienst"; und „Polizeibeauftrage(r)" öffentliche Stellungnahmen.

Im Vorfeld des Castor-Transportes im März 1998 nach Ahaus kam es zu einer Grobkonzeption für eine Clearingstelle zwischen der Veranstalterebene der Protestbewegungen und der polizeilichen Einsatzleitung in Münster. Nach Sondierungsgesprächen der Sprecher des Bonner Forums mit der Bürgerinitiative Ahaus und dem für die polizeiliche Einsatzbewältigung zuständigen Polizeipräsidenten unterbreitete das Bonner Forum den Vorschlag, ein aus Fachleuten der Protestbewegungen und der Polizei paritätisch zusammengestelltes, unabhängiges Beratungs- und Vermittlungsgremium zu organisieren. Dessen Aufgaben sollten in der Unterstützung konstruktiver Kommunikation zwischen polizeilicher Einsatzleitung und Veranstalterebene, der Minimierung von Falschmeldungen sowie wechselseitiger Fehleinschätzungen von Ereignissen und (auf spezielle Anforderung) im Erarbeiten von Vorschlägen zur Bewältigung/Minimierung einzelner Konfliktfelder liegen.

---

[98] Bisherige Themen waren (neben lokalen Schwerpunktsetzungen) u. a.: Rassismus in der Polizei?; Polizei und Kurden; Castor, Demos und die Polizei; Brauchen wir eine(n) Polizeibeauftrage(n)?; Polizei und Frauen – Frauen in der Polizei; Polizei im NS-Staat; Polizei und Schwule/Lesben; Polizei und Abschiebung

Nach Intervention des nordrhein-westfälischen Innenministeriums zog der zuständige Polizeipräsident seine Bereitschaft zur Realisierung dieses Vorschlages zurück.

Die zunächst monatlichen, später vierteljährlichen, für jedermann zugänglichen jours fixes (in der Regel 10-15 Teilnehmer) stellten lange Zeit das Kernelement des Bonner Forums dar. Neben einem häufig lokalen Schwerpunktthema (kommunale Kriminalprävention, aktuelle Demonstrationseinsätze etc.) bestand hier die Möglichkeit, auch spontan über alle gewünschten „Sicherheits- und Polizeithemen" zu diskutieren.

Das Bonner Forum BürgerInnen und Polizei e. V. versteht sich nicht als Kontrollinstanz der Polizei, sondern als Institution zur Förderung der Transparenz polizeilichen Handelns und des Dialoges zwischen Polizisten und (polizeikritischen) Bürgern. Es begreift sich als ergänzender, integrativer Ansatz zwischen institutionalisierter Außenkritik („BürgerInnen beobachten die Polizei") und institutionalisierter Innenkritik („BAG Kritische PolizistInnen").

Die Grundstruktur des Bonner Forums, die sowohl von „außen" als auch von „innen" genutzt werden kann, könnte auch auf eine institutionalisierte bürgerschaftliche Kontrollinstanz („Polizeibeauftragter") übertragen werden (vgl. nachfolgendes Kapitel 7).

Genutzt wurden die Möglichkeiten des Bonner Forums regelmäßig nur von einer „Handvoll" Polizistinnen und Polizisten, die als Mitglieder des Vereins ständig mitarbeiteten. Ein größerer Kreis nicht aktiv Beteiligter ließ sich darüber hinaus ständig über die aktuellen Vorhaben des Bonner Forums informieren. Die Mehrzahl der Polizeiangehörigen stand jedoch der Initiative eher gleichgültig, skeptisch oder ablehnend gegenüber; die aktiven Mitglieder des Bonner Forums wurden zum Teil misstrauisch beobachtet. Ähnlich distanziert verhielt sich die Polizeiorganisation, obwohl sich kurz nach Gründung der Initiative der damalige nordrhein-westfälische Innenminister Herbert Schnoor grundsätzlich positiv geäußert hatte („ ... sollte man dieses Experiment durchaus mit Wohlwollen begleiten ..."). Die Polizeiorganisation hat offensichtlich Schwierigkeiten mit der Akzeptanz von Polizisten, die sich außerhalb der hierarchischen Strukturen auf Dialogwege begeben, die der offiziellen polizeilichen Öffentlichkeitsarbeit teilweise verschlossen sind bzw. von dort aus nur selten betreten werden (können).

Die beschriebenen Aktivitäten des Bonner Forums spielten sich überwiegend im Zeitraum 1995-2000 ab. Seitdem verringerten sich sukzessive sowohl die Teilnahmerzahlen bei den angebotenen jours fixes als auch bei den öffentlichen Themenabenden. Wesentliche Ursachen für das abnehmende Interesse dürften einerseits die ebenfalls abnehmende Bedeutung Bonns als Demonstrationsort und andererseits die eingehende, für manche damit abgeschlossene Behandlung vieler Grundprobleme zwischen polizeikritischen Bürgern und Polizisten in den ersten fünf Jahren der Existenz des Forums sein. Auch bei den jours fixes traten immer seltener neue Aspekte auf, so dass inzwischen diese festen Termine nicht mehr angeboten werden.

Das Bonner Forum ist daher in den letzten Jahren mit seiner Angebots- und Vermittlungsstruktur in eine Art „Stand-by-Funktion" getreten, die inzwischen nur noch selten öffentlichkeitswirksam aktiviert wird. Die Kontakte beider Seiten werden allerdings nicht selten im Vorfeld bundesweiter polizeilicher Großeinsätze (z. B. 2007 im Rahmen der Polizeieinsätze und Protestveranstaltungen anlässlich des G-8-Gipfels in Heiligendamm) genutzt, um insbesondere die Kooperation zwischen Veranstalter von Großdemonstrationen und der jeweiligen Polizeibehörde zu unterstützen.

Als Dauerprojekt koordinierte das Bonner Forum im Zeitraum 1998-2006 ein lokales Geschichtsprojekt zur Aufhellung der Rolle der Polizei im NS-Staat[99]

6.4 Die Hamburger Polizeikommission

Rund fünfzig Jahre nach den oben beschriebenen Polizeiausschüssen in der britischen Besatzungszone wurde mit der Hamburger Polizeikommission im Jahr 1998 zum zweiten Mal in der deutschen Geschichte ein rechtsverbindlich verankertes bürgerschaftliches Kontrollgremium gebildet.

Die Einrichtung der Polizeikommission durch die damalige rot-grüne Koalition der Hamburger Bürgerschaft ging auf eine Empfehlung des parlamentarischen Untersuchungsausschusses „Hamburger Polizei" aus dem Jahre 1996 zurück. Drei vom Hamburger Senat berufene ehrenamtliche Mitglieder bildeten die Kommission, die durch eine kleine Geschäftsstelle mit zwei wissenschaftlichen Mitarbeitern unterstützt wurde.

Gesetzlicher Auftrag der Kommission war es, „interne Fehlentwicklungen und daraus folgende Gefährdungen der Einhaltung rechtsstaatlichen Verhaltens der Polizei zu erkennen und darüber zu berichten" (§ 2 Abs. 1 des Gesetzes über die Polizeikommission vom 16.6.1998). Aus dieser Aufgabenbestimmung wird ersichtlich, dass es nicht in erster Linie um die Aufarbeitung von Einzelfällen parallel zu staatsanwaltlichen oder disziplinarrechtlichen Ermittlungen ging, sondern vielmehr um einen Analyseauftrag, der sich auf die polizeilichen Struk-

---

[99]   Inzwischen als Band 66 der Schriftenreihe des Stadtarchivs Bonn veröffentlicht: Norbert Schloßmacher (Hrsg.), Kurzerhand die Farbe gewechselt. Die Bonner Polizei im Nationalsozialismus, Bonn 2006

turen und ihre Entwicklung bezog. Die untersuchten Einzelfälle stellten somit nur Anlass und Material für diese Strukturanalyse dar.[100]

Zur Umsetzung dieses gesetzlichen Auftrages standen der Polizeikommission das Recht auf Auskunft und Akteneinsicht zu. Darüber hinaus hatten die Kommissionsmitglieder ein jederzeitiges Zutrittsrecht zu allen polizeilichen Diensträumen. Sowohl Bürger als auch Polizeiangehörige konnten sich unmittelbar mit Beschwerden und Anregungen an die Polizeikommission wenden. Die Kommission legte der Hamburger Bürgerschaft jeweils einen Jahresbericht über ihre Tätigkeiten und Empfehlungen vor.

In der Praxis konnte die Polizeikommission aufgrund ihrer ehrenamtlichen Struktur nur in geringem Maße von ihren eigeninitiativen gesetzlichen Kontrollbefugnissen Gebrauch machen und konzentrierte sich notgedrungen fast ausschließlich auf die Bearbeitung der an sie heran getragenen Eingaben (der Jahresbericht 2001 basiert auf 136 Fällen). Insoweit scheint die Kritik berechtigt, dass der ambitionierte Ansatz aufgrund der mangelhaften personellen Ausstattung und im Hinblick auf die ehrenamtliche Struktur in der Realität zu einem Akt symbolischer Politik zu verkommen drohte.[101]

Die Hamburger Polizeiorganisation und die polizeilichen Berufsvertretungen traten der Polizeikommission darüber hinaus von Anfang an mit Distanz und Ablehnung gegenüber.[102] Sie sahen die Polizeikommission als institutionalisiertes Misstrauen gegenüber der Polizei an und lehnten sie daher bereits aus grundsätzlichen Erwägungen mehrheitlich ab. Dieser Kritik schlossen sich die Hamburger CDU, FDP und Schill-Partei an. Einen Tag nach Vorlage des dritten Jahresberichts am 27.11.2001 wurde das Gesetz über die Polizeikommission mit den Stimmen der neuen Regierungskoalition aus CDU, FDP und Schill-Partei aufgehoben und damit die Arbeit der Kommission nach drei Jahren von einem Tag auf den anderen wieder eingestellt. In einem Interview mit der Zeitung „Die Welt" am 12.11.2001 hatte Innensenator Schill bereits angekündigt, dass der aktuelle Bericht nicht entgegen genommen und somit auch nicht gelesen werden würde[103].

---

[100] Vgl. Rolf Gössner, Die Hamburger Polizeikommission. Tragfähiges Modell unabhängiger Polizeikontrolle?, Bürgerrechte & Polizei/Cilip 67 (3/2000), S. 34-41
[101] Vgl. Rolf Gössner (Anm. 100), S. 41
[102] Vgl. ersten Jahresbericht der Hamburger Polizeikommission (1999), S. 43
[103] Vgl. Pressemitteilung der Hamburger Polizeikommission zur Vorstellung des Jahresberichts 2001 vom 27.11.2001

6.5 Versuch eines Zwischenfazits zu den bislang praktizierten Formen bürgerschaftlicher Kontrolle der Polizei in Deutschland

Das Thema „Bürgerschaftliche Kontrolle der Polizei" hat immer dann Hochkonjunktur, wenn irgendwo ein tatsächlicher oder vermeintlicher Polizeiskandal öffentlich diskutiert wird. Das breite Interesse an diesem Thema sinkt jedoch regelmäßig sofort rapide ab, wenn der jeweilige Fall wieder aus den Schlagzeilen der Tagespresse verschwunden ist.

Dauerhaft und nachhaltig beschäftigen sich mit dem Themenfeld „Polizei und Bürger" letztlich nur ein relativ kleiner Kreis von Polizeiwissenschaftlern und einige wenige Aktivisten in Bürgerrechtsorganisationen. Die entsprechenden Diskussionen finden daher vorrangig in diesen engen Zirkeln ohne Beteiligung einer breiteren Öffentlichkeit statt. Sie werden aber auch in der Polizei selbst kaum wahrgenommen bzw. beachtet.

Die Polizeiorganisation und die polizeilichen Berufsvertretungen haben sich bislang gegenüber allen Versuchen, bürgerschaftliche Kontrolle zu etablieren, distanziert und ablehnend verhalten. Dies hat der oben beschriebene Umgang mit der seinerzeit gesetzlich verankerten Hamburger Polizeikommission noch einmal nachdrücklich aufgezeigt.[104] Erst recht gilt diese ablehnende Grundhaltung allen privaten Initiativen.

Neben der Polizeiorganisation und den polizeilichen Berufsvertretungen steht aber auch die breite Mehrheit der Bundes- und Landespolitik einem eigenständigen bürgerschaftlichen Kontrollgremium ablehnend gegenüber, wie ebenfalls der Umgang mit der Hamburger Polizeikommission in den drei Jahren ihres Bestehens, insbesondere aber ihre handstreichartige Auflösung Ende 2001, exemplarisch vor Augen geführt hat.

Akzeptanz hemmend innerhalb der Polizeiorganisation dürften insbesondere folgende Aspekte der bisher praktizierten Formen bürgerschaftlicher Kontrolle sein:

Wenn das Thema nahezu reflexartig immer nur nach tatsächlichen oder vermeintlichen Polizeiskandalen auf die öffentliche Agenda gesetzt wird, erhält es den vorrangigen Anstrich als Untersuchungs-, Sanktions- oder Disziplinierungselement.

---

[104] vgl. zum ersten Tätigkeitsbericht der Hamburger Polizeikommission August Greiner, Benötigt die Polizei besondere Kontrolleure?, Die Polizei 2000, S. 97 ff. – die selbst gewählte Fragestellung des Verfassers (ehemals leitender Polizeibeamter) wirft dabei ein bezeichnendes Bild auf sein Grundverständnis: nicht Politik und Gesellschaft, sondern die Polizei bewertet, ob sie besondere Kontrolleure benötigt.

Die Ausprägung bürgerschaftlicher Kontrolle als einseitig fehler- und skandalsuchend wird polizeiintern ebenso als diskriminierend empfunden wie die Verkürzung auf eine bestimmte Fragestellung (z.B. „Fremdenfeindlichkeit"). Die meist selektiv-kritische Sicht von Bürgerrechtsorganisationen und – initiativen auf die Polizei und parteiliche, oft nicht bewiesene oder überzogene, manchmal diffamierende oder hasserfüllte Behauptungen in polizeikritischen Publikationen eignen sich kaum für den Einstieg in einen konstruktiven Bürger – Polizei – Dialog.

Positiv gewendet, muss an positiven Änderungen interessierte bürgerschaftliche Kontrolle vorrangig auch das Ziel polizeiinterner Akzeptanz haben. Sie sollte sich an einem ganzheitlichen Ansatz ausrichten, um auf der Grundlage einer fairen, differenzierten Analyse strukturbedingte Probleme im Polizei-Bürger-Verhältnis zukunftsorientiert minimieren zu helfen.

7 Plädoyer für „Polizeibeauftragte"

Die Kontrolle der Staatsgewalt ist ein konstitutives Element unseres demokratischen Rechtsstaats. Polizistinnen und Polizisten, die von Staat und Gesellschaft mit weit reichenden Eingriffsbefugnissen ausgestattet worden sind, müssen es als selbstverständlich ansehen, bei Ausübung ihrer Tätigkeit auch von außen möglichst umfassend kontrolliert zu werden. Effektive Kontrolle der Polizei ist insoweit nicht nur das Recht, sondern die Pflicht einer Gesellschaft, die die von ihr abgeleitete Staatsgewalt (Artikel 20 II Grundgesetz) nicht als „Persilschein" vergeben darf.

Kontrolle ist in ihrer idealtypischen Form zunächst wertfrei, rein funktional. Das Ergebnis von Kontrolle kann daher einerseits Lob und damit einhergehend ein anschließender Zugewinn an Vertrauen sein, andererseits zu Reklamationen oder einem Tadel und somit zu einem Vertrauensverlust führen. Letztlich ist Nicht-Kontrolle immer auch Nicht-Achtung der Redlichen! Die große Mehrheit der deutschen Polizistinnen und Polizisten braucht kein zusätzliches Kontrollgremium zu fürchten. Eine allgemein anerkannte neutrale Kontrollinstanz würde im Gegenteil die Position solcher Beamtinnen und Beamten stärken, die zu Unrecht beschuldigt werden.

Die für polizeiliches Handeln typische Endgültigkeit und Unumkehrbarkeit von Grundrechtseingriffen erfordern andere bzw. ergänzende Kontrollmechanismen der Gesellschaft als gegenüber sonstigen Verwaltungszweigen. Die besondere Kontrolle polizeilichen Handelns ergibt sich aus der Natur der Sache und unterstellt insoweit keine höhere Machtmissbrauchsaffinität von Polizisten gegenüber anderen Trägern der Staatsgewalt.[105]

Unter dem Arbeitstitel „Polizeibeauftragter" wird nachfolgend eine Skizze für ein gesetzlich zu verankerndes bürgerschaftliches Organ vorgestellt. Die positiven Erfahrungen mit Wehr- und Datenschutzbeauftragten in der Bundesrepublik sowie die Akzeptanz unabhängiger Kontrollgremien der Polizei in anderen demokratischen Ländern[106] sollten für die Einrichtung von Polizeibeauftragten nutzbar gemacht werden. Damit würde einer wiederholten Empfehlung von internationaler Ebene entsprochen werden, auch in Deutschland unabhängige Kontrollgremien im Themenfeld Polizei einzurichten. So haben sich der UN-Menschenrechtsausschuss in seinen abschließenden Bemerkungen zur Umsetzung des Internationalen Paktes über bürgerliche und politische Rechte im Mai 2004 und die europäische Kommission gegen Rassismus und Intoleranz (ECRI) des Europarates in ihrem im Juni 2004 veröffentlichten Bericht entsprechend geäußert.[107]

Unter den Aspekten Mediation und Monitoring sollten Polizeibeauftragte einerseits reaktiv als eine auf Einzelfälle bezogene Schlichtungsstelle fungieren und andererseits proaktiv, als die polizeilichen Organisations- und Handlungsstrukturen beobachtende, begleitende und beratende Institution agieren.[108]

7.1 Mediation

Den internen Kontrollorganen der Polizei (Vorgesetzten, Aufsichtsbehörden) stehen nicht wenige Menschen insbesondere dann skeptisch gegenüber, wenn es um die Aufklärung evtl. Fehlverhaltens bei der polizeilichen Durchsetzung politisch umstrittener Entscheidungen geht. Betroffene und kritische Beobachter bezweifeln die notwendige Neutralität und Objektivität der internen Ermittlungen.

---

[105] Vgl. auch Hans-Gerd Jaschke, Leitbilder demokratischer Polizeikultur, in: Wilhelm Heitmeyer/ Monika Schröttle (Hrsg.), Gewalt. Beschreibungen, Analysen, Prävention, Bundeszentrale für politische Bildung, Schriftenreihe Band 563, Bonn 2006, S. 566-578, hier 575 f.

[106] Vgl. Manfred Brusten, Vom Ausland lernen: Mehr „demokratische Kontrollen der Polizei" – auch in Deutschland?, in: Herrnkind/Scheerer (Hrsg.), Die Polizei als Organisation mit Gewaltlizenz. Möglichkeiten und Grenzen der Kontrolle, Münster 2003, S. 261-282; Günter Schicht, Menschenrechtsbildung für die Polizei (elektronische Fassung), Deutsches Institut für Menschenrechte, Berlin 2007, S. 67 ff.

[107] Vgl. Feltes (Anm. 76), S. 545

[108] Vgl. im Sinne eines verknüpften Besuchs-, Beobachtungs- und Beschwerdegremiums auch Günter Schicht (Anm. 106), S. 67 f.

Die Staatsanwaltschaft wird aufgrund ihres funktionalen Zusammenhangs mit der Polizei ebenfalls nicht immer als neutrales Kontrollorgan empfunden. Dies gilt insbesondere in den Fällen, in denen Menschen, die ihrerseits Beschuldigte in einem strafrechtlichen Ermittlungsverfahren sind, Vorwürfe gegen Polizeiangehörige wegen ihres Verhaltens bei Festnahmen, Durchsuchungen und Vernehmungen erheben.

Der Zugang zu den Strafgerichten ist für potentiell Betroffene durch das dazwischen geschobene Anklagemonopol der Staatsanwaltschaft erschwert. Stellt die Staatsanwaltschaft Verfahren gegen Polizeiangehörige ein, haben die betroffenen Bürgerinnen und Bürger in der Praxis kaum eine Chance, ein Klageerzwingungsverfahren durchzusetzen.

Im Rahmen von internen wie externen Überprüfungen potenziellen Fehlverhaltens von Polizeibeamtinnen und Polizeibeamten stehen die Ermittler häufig vor der bereits im Kapitel 5 näher beleuchteten „Mauer des Schweigens". Die Ursachen hierfür liegen zum einen im psychologischen und soziologischen Bereich (Gruppendruck, Kameraderie, „Nestbeschmutzer"-Syndrom). Darüber hinaus „produziert" aber auch die Rechtslage das Schweigen potenzieller Zeugen. Polizeibeamte, die Zeugen einer „Körperverletzung im Amte" werden, müssen sich nach der Struktur des § 340 StGB dem entsprechenden Kollegen sofort aktiv entgegenstellen und ihn anschließend anzeigen (§ 163 StPO i. V. m. § 258a StGB), um sich nicht selbst strafbar zu machen. Rücksprachen mit dem betroffenen Kollegen, anderen Mitarbeitern oder Vorgesetzten sind nicht vorgesehen – im Gegenteil: mit jeder Verzögerung der Anzeigenerstattung steigt das Risiko der eigenen Strafbarkeit. Darüber hinaus würde auch durch jede Mitteilung an andere Kolleginnen und Kollegen die Anzeigepflicht auf diese ausgedehnt. In dieser Konfliktlage entscheiden sich daher viele dafür, „nichts gesehen" zu haben.

Das strafrechtliche (§§ 258a, 340 StGB) und strafprozessrechtliche Zwangskorsett (§ 163 StPO) ist, wie aufgezeigt, zu eng, um Freiräume für einen konstruktiven Umgang mit polizeilichem Fehlverhalten zu schaffen. In den allermeisten Fällen wünschen selbst die Opfer polizeilicher Übergriffe keine Bestrafung, sondern lediglich eine Entschuldigung des Beamten, da auch sie häufig bereit sind, punktuelle Fehleinschätzungen und Überforderungen anzuerkennen. Darüber hinaus sind viele auch mit etwas größerem zeitlichem Abstand in der Lage, das jeweilige Geschehen aus der Sicht des Anderen zu sehen und dabei auch die eigenen Beiträge zur Eskalation eines Konfliktes zu erkennen.

Die große Mehrzahl der bei der Polizei eingehenden Beschwerden bezieht sich im übrigen nicht auf eklatante Übergriffe, sondern auf eher alltägliche Vorwürfe aus dem zwischenmenschlichen Bereich (Unfreundlichkeit, fehlende Empathie etc.). Die betroffenen Polizistinnen und Polizisten streiten jedoch in aller

Regel die gegen sie erhobenen Vorwürfe stereotyp ab – oftmals aus Sorge vor disziplinarischen Maßnahmen oder negativen Einflüssen auf dienstliche Beurteilungen und Beförderungen. Der Beschwerdevorgang wird dann in der Regel ohne konkretes Ergebnis („Aussage gegen Aussage") abgeschlossen, was bei den betroffenen Bürgerinnen und Bürgern Ohnmachtsgefühle und Wut auslösen kann.

Aus dem Umgang mit Beschwerden über Polizeibeamte (die keine strafrechtlichen Vorwürfe enthalten) weiß man, dass ein moderierter „runder Tisch" mit den Beteiligten oft zu einer Schlichtung führt, die im Schriftverkehr nicht erreichbar gewesen wäre.[109]

Diese Erfahrungen sind sicherlich auch auf solche strafrechtlichen Bereiche übertragbar, die keine gravierenden Folgen nach sich gezogen haben, zum Beispiel unangemessene, jedoch im Grundsatz gerechtfertigte Zwangsanwendung ohne bleibende gesundheitliche Schäden; ungerechtfertigte Freiheitsbeschränkung oder -entziehung von wenigen Stunden; unter situativer Anspannung gefallene, diskriminierende Äußerungen. Solche Fehlverhaltensweisen könnten durch Polizeibeauftragte im Rahmen einer gesetzlich geregelten Schlichtungsstelle behandelt werden, die ohne absoluten strafrechtlichen Verfolgungszwang zunächst die Möglichkeiten der Mediation und des Täter-Opfer-Ausgleiches im vorgerichtlichen Raum ausschöpft und dann unter Berücksichtigung der Voten beider Parteien nach pflichtgemäßem Ermessen darüber entscheidet, ob eine Strafanzeige erstattet wird oder nicht. Die Entscheidung der Polizeibeauftragten sollte sowohl für die Strafverfolgungsorgane als auch für die Polizeibehörden hinsichtlich ihrer Disziplinargewalt (allerdings nicht für die Konfliktparteien, die ja ein Schlichtungsergebnis nur freiwillig mittragen können) bindend sein, d.h. eine erfolgreiche Schlichtung sollte parallele oder anschließende Straf- oder Disziplinarverfahren durch staatliche Stellen ausschließen.[110]

Polizeibeauftragte als Mediatoren bzw. als neutrale Schlichtungsstelle könnten somit helfen, die aufgezeigten rechtlichen und strukturellen Probleme zur konstruktiven Aufarbeitung tatsächlichen oder behaupteten polizeilichen Fehlverhaltens entscheidend zu minimieren.

---

[109] Vgl. zu einen konstruktiven Beschwerdemanagement auch Niels Uildriks, Verfahrensregeln für Beschwerden über die Polizei, in: Brusten (Hrsg.), Polizeipolitik, Kriminologisches Journal, 4. Beiheft 1992, S. 136 ff. (S. 144 ff.) und Hamburger Polizeikommission (Anm. 102), S. 36, 49
[110] Vgl. zur Notwendigkeit von Mediations- und Schlichtungsinstanzen auch Joachim Kersten (Anm. 77), S. 9 und Hamburger Polizeikommission (Anm. 102), S. 15, 35, 48

7.2 Monitoring

Über die reaktive Funktion von staatlichen Schlichtungsstellen hinaus sollten Polizeibeauftragte jedoch auch ohne konkretes Bürgersuchen die polizeiliche Arbeit ständig mit kritischer Empathie begleiten, als gelebte Form demokratischer Gewaltenteilung und Volkssouveränität.[111]

In Anlehnung und Weiterentwicklung entsprechender Modellvorschläge[112] und Erfahrungen, namentlich mit der 2001 aufgelösten „Hamburger Polizeikommission"[113], sollten Polizeibeauftragte im Rahmen einer gesetzlichen Regelung (die unter Beachtung des Datenschutzes und des Schutzes von Amts- und Dienstgeheimnissen zu konzipieren wäre) ein jederzeitiges Zutrittsrecht zu allen Polizeidienststellen mit Publikumsverkehr, ein Auskunfts- und Hospitationsrecht bei allen polizeilichen Einsatzmaßnahmen und ein umfassendes Recht auf Auskunftserteilung und Akteneinsicht gegenüber den Polizeibehörden haben. Die gleichen Auskunfts- und Hospitationsrechte sollten auch für alle Aus- und Fortbildungsmaßnahmen der Polizei gelten.

Polizistinnen und Polizisten sollten sich vertraulich, außerhalb des Dienstweges, an die Polizeibeauftragten wenden können.

Bundes- und Landespolizeibeauftragte sollten vom Bundestag bzw. Landtag gewählt und kontrolliert werden, unabhängig sein und keiner Fachaufsicht der Landesregierung unterliegen. Ihnen sollten öffentliche Mittel zum Aufbau einer Büroorganisation (mit möglicherweise regionalen Dependancen) und zur zeitlich befristeten Einstellung entsprechenden Fachpersonals für ihr gesamtes Aufgabenspektrum (darunter Wissenschaftler, Sozialpädagogen, ehemalige oder vom Dienst freigestellte Polizeiangehörige) zur Verfügung gestellt werden. Die zeitlich befristete Einstellung von Fachpersonal soll ebenso wie die befristete Wahl der Polizeibeauftragten eine zu starke Bürokratisierung dieses Organs verhindern. Andererseits würde jedoch eine lediglich ehrenamtliche Struktur oder ein Organ mit reinem Initiativencharakter weder die erforderliche Qualität und Nachhaltigkeit, noch die erforderliche Akzeptanz in der Polizei, der Politik und der Öffentlichkeit erreichen können.

Die Polizeibeauftragten sollten den jeweiligen Parlamenten jährliche Tätigkeitsberichte mit Empfehlungen und Anregungen vorlegen. Darüber hinaus sollten sie sich auch als Beratungsorgan sowohl für zentrale als auch örtliche Polizeibehörden verstehen. Sie sollten das Recht haben, neben den jährlichen Tätigkeitsberichten auch einzelne Empfehlungen und Stellungnahmen zu veröffentlichen und sich am öffentlichen Diskurs über Polizeifragen zu beteiligen.

---

[111] Vgl. Günter Schicht (Anm. 106), S. 68
[112] Vgl. Rolf Gössner/Oliver Ness (Anm. 80), S. 228 ff.
[113] Vgl. Manfred Brusten (Anm. 106), S. 274-276

Es spricht viel dafür, dass die hier skizzierte Einrichtung von Polizeibeauftragten als unabhängige Institution, die für Bürger und Polizisten gleichermaßen
ohne Hemmschwelle und außerhalb des Dienstweges zugänglich wäre, das Verhältnis zwischen Bürgerschaft und Polizei insgesamt weiter verbessern würde.
Sie würde daher letztlich nicht, wie immer wieder von Kritikern behauptet, miss-
trauensfördernd, sondern im Gegenteil vertrauensbildend wirken können.

Darüber hinaus sind von einer solchen Institution, wie das Wirken des
Wehrbeauftragten zeigt, konkrete Verbesserungsvorschläge für den Polizeidienst
zu erwarten, die wahrscheinlich bei den politisch Verantwortlichen einen noch
höheren Stellenwert erhalten würden, als gleich lautende Vorschläge aus der
Polizeiorganisation oder von den Berufsvertretungen.

Maßgebend für die interne wie externe Akzeptanz von Polizeibeauftragten
wäre der neutrale, faire und empathische Umgang mit allen Konfliktbeteiligten.
Um im Polizeijargon zu sprechen, müssten sie genau zwischen den Polen „poli-
zeifreundlich" und „polizeifeindlich" angesiedelt sein, allerdings möglichst gute
Insiderkenntnisse aufweisen. Die Besetzung solcher Positionen mit entsprechend
geeigneten Personen wäre sicherlich das entscheidende Kriterium für einen positiven Start.

Interview mit Gerda Maibach

Peter Leßmann-Faust

Im Jahr 1996 veröffentlichte Gerda Maibach das Buch „Polizisten und Gewalt. Innenansichten aus dem Polizeialltag", Reinbek 1996. Durch Frau Maibachs Fragenkatalog zu den Stichwörtern Ausbildung, Motivation zur Berufswahl, Erfahrungen während der Ausbildung, während des Dienstes, Erklärungsmodelle für Bürger- und Kollegenverhalten, Übergriffe von Polizeibeamten, Verbesserungsvorschläge für die polizeiliche Arbeit und gesellschaftlicher Auftrag für die Polizei angestoßen, gaben sieben Schutzpolizisten und eine Schutzpolizistin über ihre Antworten gleichsam Erfahrungsberichte aus dem Polizeiberuf.

Gerda Maibach, Diplom-Psychologin und zu jener Zeit Lehrbeauftragte für Psychologie an der Abteilung Düsseldorf der Fachhochschule für Öffentliche Verwaltung Nordrhein-Westfalen, lenkte durch ihr Buch den Blick auf Polizeizustände abseits des damals noch marktgängigen Schimanski-Kolorits, des durch „Derrick" beförderten Klischees von der Schutzpolizei als beschränkten Hilfsbeamten der Kriminalpolizei und modifizierend zu dem durch die „Wache" glorifizierten Bild des Polizeidienstes an der Basis.

Alle Befragten bekannten nicht nur, von gewalttätigen Übergriffen auf Bürger zu wissen; sie gaben zu, mindestens einmal daran beteiligt gewesen zu sein. Mit viel Rechtskenntnissen, aber wenigen kommunikativen Fähigkeiten fühlten sie sich nach ihrer Ausbildung auf die Bürger losgelassen. Im Dienst hatten sie sich in eine feste Hierarchie einzufügen, in der informellen Regeln und dem Gruppendruck zu folgen war, wollten sie nicht in allen Belangen auf sich gestellt sein. Die andere Seite bilden Macht, Handlungsspielraum und begrenzte Definitionsfreiheit in den Alltagssituationen, in denen Bürger auffällig geworden sind und „belangt" werden können.

Nachdem Anfang der 1990er Jahre vermehrt Meldungen von gewalttätigen und rassistischen Übergriffen von Polizeibeamten gegenüber Ausländern und gesellschaftlichen Randgruppen durch die Presse gegangen waren, bot Gerda Maibachs Interviewband Aufklärungsansätze über Ursachen und auslösende Mechanismen.

Gerda Maibach hat ihre Lehrtätigkeit an der Fachhochschule für Öffentliche Verwaltung in Düsseldorf beendet und arbeitet heute als Leiterin einer Einrichtung zur beruflichen Rehabilitation in Düsseldorf.

Frau Maibach, was war für Sie der unmittelbare Anlass, das Buch zu erarbeiten?

Einen unmittelbaren Anlass kann ich weniger beschreiben, die Idee entwickelte sich eher prozesshaft im Rahmen meiner Tätigkeit als Lehrbeauftragte für Psychologie bzw. Verhaltenstraining an der Fachhochschule für öffentliche Verwaltung NW. Dort erfuhr ich insbesondere in den Trainingseinheiten, in welchem Spannungsfeld die PolizeibeamtInnen ihre Arbeit verrichten mussten. Als Quelle von Frustration und Wut stellte sich nicht allein „der Bürger" (auch das „polizeiliche Gegenüber" genannt) im täglichen Geschehen dar. Zorn und Ohnmachtsgefühle erlebten die MitarbeiterInnen – wie sie beklagten – ebenso aufgrund fehlender Unterstützung durch Vorgesetzte und Führung. Ausbildung und Berufsausübung unterlagen zum damaligen Zeitpunkt noch formellen wie informellen Regeln, die uns aus Institutionen bzw. Gruppen mit eher vordemokratischen Strukturprinzipien bekannt ist. Die Anordnung eines kooperativen Führungsstils im Jahr 1972 wurde insbesondere von den PolizistInnen „vor Ort" auch 1995 noch als Makulatur bezeichnet, die keinesfalls umgesetzt worden war. Die in politischen Sonntagsreden formulierten hohen ethischen Ansprüche an das Selbstverständnis der grünen Uniformträger wurden von den BeamtInnen im Wach- und Wechseldienst bestenfalls belächelt.

Hinter der Fassade bzw. der meines Erachtens ausgeprägten internen Forderung nach Vermittlung eines Bildes von Geschlossenheit nach außen, die Stärke und Kompetenz vermitteln sollten, stellten sich mir nach Erörterung und Analyse der Begegnungen mit unseren OrdnungshüterInnen erhebliche Defizite der Polizeiorganisation hinsichtlich eines kompetenten Umgangs mit den MitarbeiterInnen vor Ort dar. Diese Ignoranz kann – wen wundert`s – insbesondere im Hinblick auf die Umsetzung des gesetzlichen Auftrags (staatliches Gewaltmonopol) im Gruppenkontext einzelner Dienststellen aufgrund fehlender Schutz- und Kontrollmechanismen zu inneren Verwahrlosungstendenzen führen. Beschwerden und Vorwürfe, in denen polizeiliche Fehlhandlungen öffentlich beklagt werden, gab und gibt es immer wieder. Zwischen 1993 und 1994 mobilisierten Skandale in Hamburg, Berlin und Bernau die Innenminister der Länder und wieder einmal wurde diskutiert, wie es um die innere Verfassung der deutschen Polizei bestellt sei.

Von 1992-1996 war ich nun an der FHöV NW, die für die Ausbildung von MitarbeiterInnen verschiedener Behörden (Kommune/Rentenversicherung/Polizei) zuständig ist, in verschiedenen Fachbereichen und Lehreinheiten tätig. In der Dynamik von Lehrveranstaltungen mit PolizeibeamtInnen wurde mir über eindrucksvolle Unterschiede im Vergleich zu Vorlesungen und Seminaren mit

Studierenden anderer Behörden berichtet. Es gab KollegInnen, die nach kurzer Erfahrung mit dem Fachbereich Polizei diese Lehrtätigkeit vehement ablehnten. Die Aufgabe schien anhand des Curriculums relativ überschaubar. Es sollte hier (Kommune, Rentenversicherung) wie dort (Polizei) um die Vermittlung psychologischer Theorien, Konzepte, Untersuchungen gehen. Dieses zunächst eher modellgeleitete Vorgehen sollte im polizeilichen Verhaltenstraining vertieft werden, und zwar verstärkt durch einzelfallbezogene Bearbeitung verschiedener typischer Konfliktsituationen. Die im Lehrplan aufgeführten Ziele wirkten prima vista überzeugend.

Warum aber gab es innerhalb der Fachhochschule eine dergestalt emotional geführte Diskussion hinsichtlich der Unterschiede in der Unterweisung von PolizeibeamtInnen im Vergleich zu MitarbeiterInnen anderer Behörden und zwar quer durch die fachlich heterogene Berufsgruppe von DozentInnen und Lehrbeauftragten?

Ich versuche, dies anhand meiner persönlichen Erfahrungen verkürzt bzw. etwas pointiert auszudrücken. Sie treten vor eine Gruppe von Menschen, die alle NichtpolizistInnen als Bürger bezeichnen. Das mag auf den ersten Blick harmlos klingen. Nach meinem Verständnis waren wir aber doch alle Bürger und so erlebte ich schon in den ersten Stunden meiner Lehrtätigkeit, dass ich nicht nur als Berufsfremde – das war mir vertraut – sondern auch in einem offensichtlich subtil wirkendem, nach meiner Ansicht fehlgeleitetem juristischen Verständnis als „Fremde" bzw. als „polizeiliches Gegenüber" erlebt wurde. Dies vertrug sich nun nicht mit meiner (aus Sicht der Studierenden des Fachbereichs Polizei vermutlich als naiv erlebten) Rechtsauffassung.

Nun kenne ich eine Dichotomisierung hinsichtlich verschiedener Berufsrollen (einschließlich der daraus resultierenden Hypothesenbildung) auch aus anderen Bereichen wie z.B. der Medizin und der Psychologie – dort bin ich nun einmal beruflich beheimatet. Da gibt es auf der einen Seite den Behandler und auf der anderen den Patienten oder Klienten. Diese von unseren OrdnungshüterInnen verwandte Dichotomie ging aber mit der Kategorisierung – PolizistInnen versus BürgerInnen – darüber hinaus. Diese besondere Begrifflichkeit mag eventuell – bitte dies als Spekulation zu verstehen – ein Hinweis darauf sein, das MitarbeiterInnen der Polizei sich als Mitglieder einer Gruppe verstehen, die außerhalb eines Systems operiert – handelt und lebt – welches für „den Bürger" gilt. Möglicherweise ergeben sich daraus Konsequenzen, die zu einer Beobachtung und Verfolgung von Gesetzesübertretungen anhand des gesetzlichen Auftrages allein bei den Mitgliedern des vermeintlich komplementären Systems (eben den Bürgern) führen, zu deren Schutz und Kontrolle sie – die Polizeibeamtinnen – sich eingesetzt fühlen.

Zurück zu Ihrer Frage! In den Lehrveranstaltungen kamen wir über die Inhalte des Curriculums ins Gespräch und anhand der Schilderungen der Studierenden über ihren Berufsalltag konnte ich aufgrund zunehmender Begegnungen und der damit einhergehenden Reduktion von Berufsgruppenunterschieden (Polizei – Psychologie) Erkenntnisse darüber gewinnen, welche Erfahrungen zu der *nicht unbedingt selbstgewählten* Ausgrenzung dieser Berufsgruppe von „den Bürgern" führte.

Eines der ersten Beispiele (in der Lehrveranstaltung erörtert zum Thema Stress/Erregung) erfuhr ich bei einer Diskussion zum Thema nächtliche Verfolgung eines geschwindigkeitsüberschreitenden Autofahrers. Exemplarisch berichtet anhand einer Strafanzeige gegen 14 Polizeibeamte in Essen wegen Körperverletzung im Amt. In diesem Kontext gab es Fotos, auf denen Gesicht und Oberkörper des Anzeigenerstatters nahezu vollständig mit Schwellungen und Hämatomen in allen Farben zu erkennen war. Selbstverständlich gab es auch eine Anzeige seitens der Polizeibeamten gegen den Autofahrer wegen „Widerstandes gegen die Staatsgewalt"

Die meinerseits zunächst unkommentierte Falldarstellung wurde durch überzeugend vorgetragene Beiträge von Fachhochschülern, die bereits einige Jahre im Wach- und Wechseldienst gearbeitet hatten, u.a. in folgender Weise diskutiert, wobei die Aussagen des ersten „Wortführers" nicht allein anhand der entsprechenden Diktion, sondern auch in der Zuwendung durch Blickkontakt in meine Richtung kenntlich machte, das der Beitrag an mich, die Lehrbeauftragte bzw. „die Fremde" gerichtet wurde.

Die erste Aussage lautete. wie folgt:

„Sie müssen sich das so vorstellen, da fahren sie zu zweit hinter einem Raser her, der auch auf unsere Aufforderung nicht anhält. Dann gelingt es Ihnen irgendwann, diesen Wahnsinnigen zu stoppen und Sie haben einen vollständig betrunkenen Menschen von etwa zwei Metern Größe und mit einer ungeheuren Wut vor sich, der sie angreift und um sich schlägt. Der hat aber unter Umständen Leben gefährdet. Den bekommen Sie nicht mit zwei Menschen in den Griff, da müssen sie Kollegen zur Hilfe holen. Sie können sich auch nicht vorstellen, wie oft wir aufgrund solcher wildgewordener Bürger im Dienst verletzt werden, da spricht aber keiner von! Vielleicht sollten sie mal eine Nacht im Streifenwagen mitfahren, dann wüssten Sie, wie das Leben im Polizeidienst aussieht".

Das letzte Argument ist in der Psychologie unter dem Begriff Manipulationstechniken – auch „ als Killerphrase" bezeichnet – eine der bekannten rhetorischen Abwehrtechniken, die zum Ausdruck bringt, dass der/die andere von der diskutierten Thematik nichts versteht und vorzugsweise besser schweigen möge.

Nachfragen und Bitten um Ergänzung zum o.g. Tathergang (Autofahrer) ergaben eine Reihe von gleichlautenden Antworten, welche sich mir als drängende,

92

wenn nicht bedrängende Wünsche darstellten, mich von der Ungerechtigkeit der erhobenen Vorwürfe des Autofahrers zu überzeugen.

Nun gab es in diesem, meinem ersten Kurs, eine kooperative Atmosphäre, die es mir ermöglichte, den theoretischen Rahmen psychologischer Modelle zu verlassen und das Fallbeispiel gemeinsam mit den Studierenden kritisch zu betrachten. Aufgrund meiner beruflichen Tätigkeit auf einer psychiatrischen Akutstation waren mir ebenfalls Situationen bekannt, in denen Zwangsmassnahmen gegenüber Menschen in Ausnahmezuständen je nach Patienten- und Personalkonstellation sehr unterschiedlich verlaufen konnten.

Diese Beobachtung stellte ich zur Disposition mit Hilfe möglicherweise läppisch-provokativ anmutender Äußerungen.

Ich sagte: „Sie mögen meinen Widerspruch entschuldigen, aber aufgrund meiner Kenntnis passen nicht mehr als vier bis fünf Personen auch an einen großen, starken, hocherregten Menschen heran. Da sind doch Blessuren bei Ihren Kollegen nicht verwunderlich, wenn sie mit 14 KollegInnen versuchen, einen Menschen zu überwältigen. Ich würde vermuten, dass Sie sich im Eifer des Gefechts auch gegenseitig (blaue Augen) Verletzungen zufügen."

Interessanterweise kam es daraufhin in diesem Kurs zu offenen Äußerungen innerhalb wie außerhalb der Lehrveranstaltung.

Ich erfuhr vom sogenannten „Widerstandsbeamten", d.h. dem Kollegen, der häufig Anzeigen gegen „zivile Bürger" erstattet, die mit Blessuren den polizeilichen Kontakt verlassen und auch von den Sorgen der mittelbar und unmittelbar beteiligten BeamtInnen, den damit einhergehenden Konflikten und einiges mehr.

Eine solche Anzeige (Widerstand gegen die Staatsgewalt!) wird nämlich von den beteiligten BeamtInnen aus Gründen der Vorsorge erstattet, um einer (u.U. berechtigten) Anzeige des „Bürgers" wegen Körperverletzung im Amt gegen MitarbeiterInnen der Polizei vorzugreifen.

Nun aber zurück zur Lehrveranstaltung: Offensichtlich war ich mit meinem Widerspruch – und dies könnte ich auch anhand späterer Erfahrungen immer wieder belegen – in den Genuss einer informellen Ernennung zum ehrenamtlichen Mitglied der Polizeiorganisation gekommen, eben akzeptiert als jemand, der sich aufgrund seines beruflichen Horizontes zumindestens annähernd in ihren – den polizeilichen – Arbeitsalltag hineinversetzen konnte.

Der entscheidende Impuls zur Durchführung der Interviews ergab sich jedoch durch meine Mitwirkung in mehreren Verhaltenstrainings.

Ich muss da leider etwas ausholen. Um den Rahmen des Beitrags nicht zu sprengen, eine Kurzversion mit einigen Beispielen:

Das Verhaltenstraining war damals eine für alle Studierenden verpflichtende Veranstaltung, die abschließend benotet wurde und sah folgendermaßen aus:

Sie – das heißt ich natürlich – sitzen gemeinsam mit einem Polizeibeamten aus dem gehobenen oder höheren Dienst als Teamleitung eine Woche lang (40 Unterrichtsstunden) mit einer Gruppe von 15-20 Studierenden des Fachbereichs Polizei zusammen. Das ausgesprochen umfangreiche, man könnte auch sagen, sehr allgemein gehaltene Curriculum gibt vor, Konflikt- bzw. Problemstellungen des polizeilichen Alltag zu erörtern. Dies sollte auf der Basis bereits vorhandener und zu ergänzender theoretischer Grundlagen geschehen. Die Kernaufgabe wird jedoch darin gesehen, anhand konkreter Fragestellungen aus dem Polizeialltag alternative Bewältigungsstrategien zu entwickeln. Dabei werden übende Verfahren aus dem verhaltenstherapeutischen Spektrum wie z.b. Stressbewältigungstraining, Entspannungsmethoden und Rollenspiele bevorzugt.

Ich kann Ihnen sagen, dies geht so gut wie gar nicht! Zu meiner Zeit bestand mindestens die Hälfte der Gruppe aus Mitgliedern, die bereits etliche Jahre „auf der Straße" bzw. in Dienstgruppen mit ihren entsprechenden Strukturen gearbeitet und dort ihre berufliche Sozialisation gründlich erfahren hatten. Der polizeiliche Teamleitungskollege im Verhaltenstraining war unter Umständen bereits in der Vergangenheit ihr/sein Vorgesetzter gewesen oder konnte es in Zukunft auch wieder werden.

Wie wollen sie da offen und ehrlich einen Konflikt, ein Problem besprechen, wenn dieses schon während des Berufsalltags nicht gelungen war oder sie (ich spreche natürlich von den Studierenden) in der Zukunft evtl. erneut in ein berufliches Abhängigkeitsverhältnis zu diesem Teamleiter geraten könnten? Ebenso ist die in den Gruppen propagierte Forderung der Schweigepflicht nach außen, für den, der die Polizei genauer kennt, eher eine Farce.

Die Leitungskombination (Mitarbeiter/in des Polizeidienstes/Sozialwissenschaftler) klingt auf den ersten Blick einleuchtend und wohlbegründet: „Der/die Sozialwissenschaftler/in muss unterstützt werden durch einen Menschen, der die Arbeit „vor Ort" aus der eigenen Erfahrung heraus kennt". Betrachten wir uns dieses Argument doch einmal mit einer gewissen Distanz. Nach diesem Prinzip dürfte natürlich niemand eine Behandlung mit drogenabhängigen, schizophren oder auch anderweitig erkrankten Menschen durchführen, sofern er nicht selbst irgendwann einmal der jeweiligen Störung anheim gefallen wäre.

Hinzu kommt, neben dem ohnehin vorhandenen Selbstverständnis von PolizeibeamtInnen, sich als außerhalb der Gruppe der Bürger stehend zu empfinden, eine „qua Ausbildung", man könnte auch Erziehung sagen, große Sorge gegenüber berufsgruppenfremden Menschen, die ihre Arbeit hinterfragen könnten. Diesen Blick aus der anderen Perspektive, nämlich von außen, erfahren sie schließlich besonders häufig dann, wenn Zweifel über polizeiliches Vorgehen öffentlich diskutiert wird. Da rauscht es durch den medialen Blätter- und Bildschirmwald und dies war im Jahre 1993-1995 schon sehr heftig, insbesondere nach der Wiedervereinigung. Zu dieser Zeit ging es z.B. auch besonders um systemkritische Fragen zur Sozialisation von polizeilichen MitarbeitInnen in den neuen Bundesländern. Jochen Buchsteiner schrieb anlässlich der Bernauer Übergriffe von Polizisten gegenüber Vietnamesen in der ZEIT: „Fremdenfeindlichkeit bei Deutschlands Ordnungshütern?" und sprach in diesem Artikel allein über Polizeibeamte im Osten unseres Landes. Nahezu gleichzeitig gab es allerdings wieder Skandale in Hamburg und Köln.

Die allgemeine Aufregung war wieder einmal groß, allerdings nicht neu. Ähnliche Eruptionen gab es auch in den siebziger und achtziger Jahren. Nach meiner Einschätzung gab es jedoch zu diesem Zeitpunkt in der Folge der öffentlich zugänglichen Anschuldigungen und Vorwürfe innerhalb und außerhalb der Polizei erstmals den Mut, Fragen im öffentlichen Diskurs zu erörtern, zugegebenermaßen sehr, sehr verhalten seitens der Polizeiführung. Der öffentliche Druck war jedoch sehr ausgeprägt.

Wiederkehrende Hypothesen konnten offensichtlich nicht mehr ignoriert werden, und so kam es auch im öffentlichen Bewusstsein zu Fragestellungen, die Untersuchungen begünstigten, die ich zunächst folgendermaßen skizzieren möchte:

1) Ergeben sich Hinweise auf überzufällig häufig vorhandenes rechtsradikales Gedankengut in der Polizei durch aktuelle bzw. in der Vergangenheit publizierte Misshandlungen durch MitarbeiterInnen gegenüber ausländischen Mitbürgern?
2) Gibt es strukturelle Probleme, die zu den o.g. Missständen beitragen?

Gleichzeitig musste die Arbeit vor Ort von den Menschen weiter ausgeübt werden, die nicht den Schutz derjenigen hatten, die sich an runden Tischen, in Arbeitskreisen, oder in Wissenschafts- und Qualitätszirkeln mit der Thematik auseinandersetzen konnten. Die noch jüngst aktiv im Polizeidienst tätigen TeilnehmerInnen in den Verhaltenstrainings fühlten sich verständlicherweise eher den angegriffenen Kollegen nahe und auch verpflichtet. Wie konnte dies auch anders sein!

Um nun auf die Verhaltenstrainings zurückzukommen (sie sehen, ich rede mich in Rage!), wirkliche Konfliktstellungen im polizeilichen Alltag konnten höchstens näherungsweise besprochen werden. Vielleicht kann ich dies anhand der folgenden persönlich erlebten Fallbeispiele verdeutlichen.

Da erklärte z.B. zu Beginn eines Trainings der Polizeihauptkommissar an meiner Seite: „Ihr kennt die Probleme, die unser Beruf mit sich bringt! Solltet ihr Konflikte hier besprechen wollen, die mit Verstößen gegen unsere gesetzlichen

Vorschriften zu tun haben, dann erzählt diese bitte so, als hättet ihr diese von einem Kollegen erzählt bekommen bzw. seien diese einem Kollegen passiert!"

Vielleicht können Sie sich meine Verwunderung – um es vorsichtig auszudrücken – vorstellen. Ich wusste nämlich zunächst gar nicht, warum der Teamkollege eine solche Äußerung tat. Da ich aber einerseits die „Exotin" (das polizeiliche Gegenüber) und qua Rolle aber andererseits dennoch die Expertin (eben Psychologin) sein sollte, war ich zunächst ausreichend blockiert.

Manchmal kam eine solche Äußerung auch aus dem Kreis der Studierenden. Da konnte ein junger Studierender bei seiner Schilderung eines Ereignisses während eines Praktikums in der Altstadtwache einer Großstadt – welches ihn sehr aufgewühlt hatte – nahezu in Sekunden zum Schweigen gebracht werden, wenn ihm ein „alter Hase" erklärte:

„ Mit der Offenheit und dem Vertrauen im Verhaltenstraining, was uns proforma zugesagt wurde, ist das so eine Sache. Denk` daran, dass Du eventuell über eine Straftat sprichst, bei der Du hättest als Beteiligter bzw. Anwesender aktiv einschreiten müssen, um Dich nicht selbst strafbar zu machen! Du weißt doch gar nicht, ob hier im Raum jemand sitzt, der Dich evtl. morgen anzeigt, weil ihm Deine Nase nicht passt. Diese Versprechungen sind doch juristisch völliger Blödsinn".

Dann gab es sicher den ein oder anderen älteren Kollegen im Kreis, der diesem „Bärenführer" beipflichtete und somit eine konstruktive Arbeit im Keim erstickte. Das war dann eine Lektion für den Berufsanfänger, die näherungsweise den Initiationsriten im polizeilichen Alltag entsprach, wie ich sie später in den Veröffentlichungen beschrieben habe.

Sie können sich vielleicht vorstellen, welche Gefühle entstehen, wenn sie qua Ausbildung/Studium und auch beruflichem Hintergrund wissen, dass die Basis von Offenheit und Vertrauen eine der notwendigen Bedingungen für die Bearbeitung und Behandlung konfliktbeladener Situationen ist.

Ein letztes Beispiel aus einem anderen Verhaltenstraining: Der Teamleiter aus dem höheren Dienst der Polizei (sinnigerweise mit einer Richterin verheiratet) erklärt zum Thema Widerstand, genauer gesagt, Berichtabfassung einer Anzeige gegen einen „Bürger" wegen Widerstandes gegen die Staatsgewalt:

„Ich kann Ihnen sagen, solche Verfahren sind in der Hauptsache deshalb schwierig, weil die Kollegen ihre Anzeigen schlecht formulieren. Ich erzähle Ihnen einmal aus einem Verfahren, wo sich der/die Richter/in wirklich schwer getan hat. Da hatte ein Kollege geschrieben: „Da der Beschuldigte heftigen Widerstand leistete, mussten wir ihn an den Füssen durch das Treppenhaus ziehen, wobei er leider einige Male heftig gegen die ebenfalls vorhandene Treppenhauswand stieß."

Da sitzen Sie in der Gruppe und denken – zumindestens ich tat dieses – aufgrund der zwischenzeitlich erworbenen Kenntnisse interner Prozesse: „Dies war doch mit an Sicherheit grenzender Wahrscheinlichkeit ein gewalttätiger Übergriff durch Polizeibeamte", mein Teamkollege behandelt diesen Skandal aber als Formulierungsproblem.

Welche Fertigkeiten sollen hier vermittelt werden?

Eine bessere Vertuschungsmöglichkeit polizeilichen Fehlhandelns durch den Erwerb intelligenterer Ausdrucksmöglichkeiten im Rahmen einer Anzeige gegen das Opfer?

Im Umkehrschluss mochte dies bedeuten, dass es hier nicht ernsthaft um Hilfestellungen für angemessenes polizeilichen Handelns gehen soll, sondern um den Erwerb von Techniken, die eine elegantere Außendarstellung ermöglichen.

Nun leuchtet wohl den meisten Menschen ein, die sich mit dem Aufgabenfeld der Polizei beschäftigen, dass es problematische Polizeieinsätze gibt, die auch Nöte und Ängste auf seiten der BeamtInnen erzeugen können. Eine kompetente Entlastung der PolizistInnen, deren Auftrag die Aufrechterhaltung unserer Sicherheit und Ordnung ist, entspricht vermutlich unser aller Anliegen. Eine sinnvolle Realisierung dieses Ziels schien meines Erachtens in den Jahren meiner Lehrtätigkeit nicht unbedingt erwünscht.

Dass schwierige Situationen zumindest annähernd angemessen erörtert werden können, erfuhr ich in zwei Gruppen im Verhaltenstraining, in denen aufgrund einer günstigen Personenkonstellation von Teamleitung und Studierenden vorhandene Widerstände und Ängste in der Hauptsache überwunden werden konnten und ein relativ hohes Maß an Vertrauen entstand. Häufiger suchten Studierende allerdings das Gespräch in den Pausen oder nach Lehrveranstaltungen. In den geschilderten Problemstellungen und Sorgen war ich mit inneren Nöten auf seiten der Betroffenen konfrontiert, die mich nicht nur berührten, sondern auch empörten. Ich hoffe dennoch, dass sich aus den Dialogen gelegentlich hilfreiche Impulse für die Ratsuchenden ergaben.

Da stellte sich mir die Polizei zunehmend als eine Institution dar, die ihren MitarbeiterInnen keine ausreichende Unterstützung zur kompetenten Bewältigung ihrer Aufgaben gewähren kann. Die daraus resultierenden, unkontrollierten gruppendynamischen Prozesse können sich im übrigen nicht alleine gegen ein quasi wehrloses polizeiliches Gegenüber richten, sondern evtl. auch gegen unliebsame oder unbequeme KollegInnen.

Die Diskrepanz zwischen der Forderung nach gesetzestreuen, juristisch wie sozial kompetenten PolizeibeamtInnen einerseits und der Schaffung von Arbeitsbedingungen, in denen für ein ausreichendes Maß an Psychohygiene – sprich Entlastung – gesorgt wird, die nicht auf die Mechanismen des „Abtrinkens" nach Feierabend begrenzt ist, schien erschreckend groß.

Sie können sich denken, die Arbeit war insbesondere in den Verhaltenstrainings für mich als Psychologin ausgesprochen unbefriedigend. Beendet habe ich meine Mitwirkung an diesen Trainingseinheiten zu dem Zeitpunkt, an dem mir die besondere Gesetzeslage für PolizeibeamtInnen klar wurde. Ich bin ja nun keine Juristin und wurde auch nicht unbedingt schnellstmöglich von entsprechenden Kollegen/Experten darüber aufgeklärt.

Ein wichtiger, erst auf den zweiten Blick bemerkenswerter Aspekt liegt nämlich in der juristischen Besonderheit für PolizeibeamtInnen, welche dem Grunde nach zum Schutze des „zivilen Bürgers" gedacht ist, sich bei näherer Betrachtung allerdings als trojanisches Pferd zu erweisen scheint. So gilt eine emotional „überschießende" Reaktion von PolizeibeamtInnen (z.B. das Schlagen eines verbal äußerst provozierenden Menschen) als Straftat und ist nicht durch (für „den Rest der Bevölkerung" gültige) zivilrechtliche Möglichkeiten der Streitbeilegung zu behandeln.

Im polizeilichen Alltag erzeugt diese, aus Sicht des Gesetzgebers protektiv gedachte Rechtslage, leider das genaue Gegenteil. Aus Furcht vor straf- und dienstrechtlichen Konsequenzen, die den Verlust des Arbeitsplatzes und somit existenzieller Nöte zur Folge haben, werden unrechtmäßige Vorgänge in vermutlich unübersehbarem Ausmaß vertuscht.

Aus meiner Berufsperspektive wird psychologisch kompetente Hilfestellung durch die aktuelle Rechtslage verhindert. Dies möchte ich Ihnen abschließend anhand einer besonders dramatischen Erfahrung eines meiner Interviewpartner erläutern.

Dieser erlebte als junger Polizist mit 18 Jahren an seinem ersten Arbeitstag auf einer Wache einen Dienstgruppenleiter (DGL), der vor seinen Augen mit dem expliziten Ausspruch, „er möge sich einmal ansehen, was man mit Pennern zu machen habe!" Obdachlose von Mitarbeitern in die Wache bringen ließ (er bezeichnete dies als treiben). Dort quälte der DGL die nichtsesshaften Menschen in extrem menschenverachtender Weise durch Simulation von Hinrichtungen, Schlägen, Tritten und perversen Misshandlungen. Der Neuling berichtete dieses Geschehen nach Feierabend einem anderen Vorgesetzten und befand sich in der Folge seiner Aussage und dem Bekunden, dies auch vor Gericht zu tun, später als Zeuge in einem Strafverfahren gegen den Leiter der Polizeiwache.

Sie glauben doch nicht, dieses Verfahren ist aufgrund der Aussagen des Berufsanfängers eingeleitet worden. Nein, die Taten des DGL`s waren nicht nur einem größeren Kreis von Kollegen schon wohlbekannt, sondern hatten inzwischen durch Beschwerden von Sozialarbeitern und Hinweisen an die Presse bereits ausreichend Aufmerksamkeit erlangt.

Im Verfahren gegen den Misshandler wurde nun der junge Mann als Zeuge vor seiner Befragung vom Richter zunächst öffentlich darauf hingewiesen, dass das Ermittlungsverfahren gegen ihn eingestellt worden sei. Juristisch ist dies natürlich völlig korrekt. PolizeibeamtInnen dürfen einen Übergriff nicht geschehen lassen. Sie müssen als Vertreter der Ordnungsmacht bei Wahrnehmung einer Straftat aktiv handeln. Das bedeutet in einem solchen Fall, sofortiges Einschreiten, den Übergriff stoppen und im Anschluss ist subito eine Strafanzeige gegen den/die Kollegen/in wegen Körperverletzung im Amt in die Maschine zu tippen. Anderenfalls gilt dies als Strafvereitelung im Amt und zieht bei Ent- bzw. Aufdeckung ggf. die verschiedensten dienst- und strafrechtlichen Verfahren nach sich.

Jetzt sehen sie sich das beschriebene Ereignis bitte noch einmal an! Ein damals 18jähriger beginnt seine aktive Arbeit auf einer Wache in einer Dienstgruppe mit mehreren älteren (erfahreneren) Kollegen und trifft dort auf einen Vorgesetzten, der schwerste Misshandlungen gegen Menschen mit „geringer Beschwerdemacht" betreibt. Der Heranwachsende – wie ich es einmal ausdrücken möchte – aber ist aufgefordert, sich ethisch und natürlich auch juristisch „vollkommen" zu verhalten.

Die erschreckende Absurdität des beschriebenen, leider realen Szenariums ist hoffentlich augenfällig und macht zunächst die besondere Bedeutung notwendiger, förderlicher d.h. unterstützender Rahmenbedingungen deutlich, in denen Leitungsfunktionen mit verantwortlich handelnden, integren Menschen besetzt werden müssen.

Das vorbeschriebene juristisch aktuell unlösbare Dilemma können Sie nicht nur auf das Verhältnis zwischen den einzelnen BeamtInnen und von diesem/r mit Ihren jeweiligen Vorgesetzten, sondern auch auf die Schwierigkeit, im Verhaltenstraining konstruktiv arbeiten zu können, herunterbrechen.

Ich möchte es abschließend in folgender Weise formulieren: Wenn es in einem psychologischem Setting aufgrund der gültigen Rechtslage keine Möglichkeit gibt, vertrauensvoll und ohne Angst vor Bewertung (wie Noten), und darüber hinausgehend noch bedrohlicher, aus Furcht vor juristischen Konsequenzen, Fragen und Zweifel zum eigenen oder dem Handeln von Kollegen zu besprechen, dann sind solche Veranstaltungen wenig hilfreich.

Aus diesen Erfahrungen resultierte für mich die Frage, ob Änderungen im Verhalten, die eine Zunahme autonomer und souveräner Entscheidungen im individuellen Handeln ermöglichen, von Verantwortlichen in der Polizeiorganisation ernsthaft gewünscht werden.

Es gäbe noch zahlreiche Beispiele zu berichten, die den eher schleichenden Übergang von einwandfreiem prosozialen Handeln über fragwürdige Verhaltensweisen bis hin zu kriminellen Taten belegen. Ich möchte es jedoch hierbei bewenden lassen.

Eine Mitarbeit im Verhaltenstraining kam aufgrund der vorbeschriebenen Erkenntnisse für mich nicht mehr in Frage, Lehrveranstaltungen zum Thema Psychopathologie jedoch sehr wohl. Zufrieden war ich mit dieser Entscheidung 1995 allerdings lediglich aufgrund einer vorübergehenden Entlastung meines persönlichen Wohlbefindens. Die vermutlich unbeabsichtigt gewährten Einblicke in Polizeiarbeit, die ich während der Lehrtätigkeit erhielt und die dadurch entstandenen Fragen, wollte ich dennoch näherungsweise einer Beantwortung zuführen.

Bis zu diesem Zeitpunkt gab es keine Untersuchung über mögliche Einflussfaktoren auf die Entwicklung destruktiver gruppendynamischer Prozesse in der Polizei. Ebensowenig bekannt war das potentielle Ausmaß von Übergriffen. Die nach pawlow'schen Muster vorgetragenen öffentlichen Rituale der Leugnung struktureller Probleme seitens der polizeilichen Führungspersonen schienen angesichts meine Informationen in die Arbeit vor Ort erstaunlich realitätsfern.

Auf dem Hintergrund meiner Erfahrungen entwickelte sich die Idee, eine qualitative Erhebung und Darstellung der Innensicht von PolizeibeamtInnen über potentielle Strukturprobleme in Ausbildung und Berufsausübung durchzuführen. Dieses Vorhaben im institutionellen Rahmen umsetzen zu können, d.h. über eine offizielle Antragstellung an die Fachhochschule mit detaillierter Beschreibung des Untersuchungsdesigns und darauffolgender Weiterleitung an das Innenministerium musste angesichts von in der Vergangenheit von KollegInnen und auch mir bis dahin erfolglos unternommener Versuche, offen zu Tage tretende Unzulänglichkeiten zu verändern, verworfen werden. Insofern habe ich einen inoffiziellen Weg beschritten, durchaus in Kenntnis des Risikos, damit das Ende meiner beruflichen Tätigkeit an der Fachhochschule einzuleiten.

Ohne Mitstreiter hätte ich dieses Projekt mit Sicherheit nicht bewerkstelligen können. An der damaligen Abteilung Düsseldorf der FHöV arbeitete Polizeioberrat Reinhard Mokros als Dozent, einer der wenigen Polizeibeamten, der im Gespräch mit einer Nichtpolizistin um Austausch bemüht war und den sozialisationsbedingt antrainierten Habitus des „forschen, unangreifbaren Vertreters von Gesetz und Ordnung" zu verlassen in der Lage war. Dies meine ich im übrigen keineswegs polemisch. Mit ihm habe ich in vielen Stunden über das Binnenklima in der Polizei diskutieren können. Er hat mich in meiner Idee, diesen Bereich genauer zu beleuchten, ungeheuer unterstützt, ich kann sagen, dass ich ohne ihn dieses Buchprojekt nicht hätte realisieren können. Er ließ sich auf ein zunächst als „Probeinterview" gedachtes Gespräch ein und hat, obwohl er angesichts des vorgelegten Transkriptes erschrak, dennoch zu seinen Äußerungen gestanden und diese zur Veröffentlichung freigegeben. Dieses Interview steht heute am Beginn des Buches. Seine Mitwirkung hat ebenso wie die von Kuno Simon, der zum damaligen Zeitpunkt die Leitung der Polizeiinspektion Düsseldorf Mitte innehatte, insbesondere auch den jüngeren Polizisten Mut gemacht, sich offen zu äußern. Ich muss an dieser Stelle einräumen, dass ich meine weiteren Interviewpartner vermutlich nur zur Teilnahme bewegen konnte, indem ich auf die Mitwirkung der beiden Beamten aus dem höheren Dienst verwies und ihnen Anonymität zusicherte .

Den entscheidenden Ausschlag, die Interviews einer Veröffentlichung zugänglich machen zu können, gab der 1996 aus dem Amt scheidende, langjährige Düsseldorfer Polizeipräsident Professor Hans Lisken. Dieser zögerte nicht, ein äußerst bemerkenswertes Nachwort zu schreiben. Dies habe ich weniger als persönliche Bestätigung der durchgeführten Arbeit empfunden, sondern vielmehr als offizielle Anerkennung der untersuchten Ergebnisse im Wissen um ihre Richtigkeit.

Rafael Behr spricht von der „Polizistenkultur" und grenzt diese von der „Polizeikultur" ab. Jenseits der vielen unbestreitbar zufriedenstellenden Dienst- und Hilfeleistungen der Polizei müssen wir akzeptieren, dass Gewaltausübung ein zentrales Moment der Polizeiarbeit ist. Immerhin ist diese Institution zur Ausübung/Durchführung des staatlichen Gewaltmonopols ermächtigt. Diese Berechtigung wird gefährdet, wenn Übergriffe bzw. eine Anwendung illegitimer Gewalt intern ignoriert werden, was im übertragenen Sinne auch bedeuten könnte, toleriert bzw. akzeptiert.

Ich muss an dieser Stelle leider aufgrund meiner Erfahrungen davon ausgehen, dass in der Zeit meines Einblicks in die Polizeiarbeit – der immerhin schon elf Jahre zurückliegt – Übergriffe eher zur Normalität gehörten, als dass sie eine Ausnahme gewesen wären.

Es ist untersucht und belegt, dass wir alle aus durchaus einleuchtenden und auch teilweise notwendigen Gründen der Systematisierung komplexer Vorgänge Stereotypen bilden. Problematisch wird dieses Vorgehen, wenn Vorurteile nicht hinterfragt und insbesondere dann, wenn sie handlungsleitend werden. Nichtsesshafte, die als „Penner" oder ausländische MitbürgerInnen, die als „Ölaugen" bezeichnet werden, können durch eine abwertende Betrachtungsweise eher das Opfer polizeilicher Fehlhandlungen werden als der „normale Bürger".

In der polizeilichen Alltagsarbeit kommt es aufgrund der Aufgabenstellung (Gefahrenabwehr, Sicherheit und Ordnung) naturgemäß zu häufigen Begegnungen mit Menschen in problematischen Lebenssituationen – Opfern wie Tätern. Ebenso ist belegt, dass in beiden vorgenannten Gruppen eher Menschen mit niedrigem sozioökonomischen Status anzutreffen sind. Die Anzahl der Kontakte mit Problemgruppen kann zu Wahrnehmungsverzerrungen führen. Schutz gegen die Verfestigung solcher Vorurteile und die Entlastung des Einzelnen sowie der

Gruppe hinsichtlich einer Überprüfung negativer Sichtweisen kann allein durch ausreichende Fürsorge der Leitung/der Vorgesetzten gewährleistet werden. Auch auf die Gefahr hin, mich zu wiederholen. Eines der grundlegenden Strukturprobleme bildet sich meines Erachtens auch heute noch in aktuellen, externen wie internen Verlautbarungen ab, in denen formuliert wird: dass durch geeignete Maßnahmen Bürgernähe hergestellt werden soll.

Frau Maibach, manchmal hört man die These, die Polizei sei „ein Spiegelbild" der Gesellschaft – was halten Sie von dieser Aussage; oder alternativ formuliert: Zieht es nur Menschen mit bestimmter Bildung, Neigungen, Interessen und Gesellschaftsbildern in den Polizeidienst?

Aus meiner Sicht handelt es sich hier um verschiedene Fragen. Zunächst ist die Polizei mit Sicherheit kein „Spiegelbild" der Gesellschaft. Weniger als 1 % der PolizeibeamtInnen haben einen Migrationshintergrund. Ebensowenig gibt es in der Polizei – bis auf ganz wenige Angestellte – Menschen mit körperlichen Behinderungen. Unterrepräsentiert sind wohl auch Homosexuelle in der Polizei. Insofern kann von einem „Spiegelbild" nicht die Rede sein.

Das Bildungsniveau hat sich in den letzten Jahren wohl kontinuierlich verändert, wie dies auch in anderen Berufen der Fall ist. NRW bietet nur noch die zweigeteilte Laufbahn (gehobener und höherer Dienst) an, so dass bei Neueinstellungen allein Fachhochschüler bzw. Abiturienten zur Ausbildung zugelassen werden.

Was die Entscheidung für die Berufswahl angeht, so glaube ich, dass es hier bei den Bewerberinnen und Bewerbern sehr wohl über die Zeit konstante Gemeinsamkeiten hinsichtlich Einstellungen, Interessen und auch bestimmten Persönlichkeitsmerkmalen gibt. Eine Uniform in Verbindung mit dem besonderen Arbeitsauftrag – Ausübung des Gewaltmonopols – ist auch heute noch ein Symbol für Macht, Respekt und Autorität. Nur als Beispiel: wie ist es um Ihrem Adrenalinspiegel bestellt, wenn Sie im Rückspiegel oder auch am Straßenrand rechts vor Ihnen in einiger Entfernung einen Polizeiwagen identifizieren?

Da mögen manche Menschen, die zur Polizei möchten, nach Teilhabe an diesen Attributen (Macht und Autorität) auch zur Stärkung des eigenen Selbstwertgefühls streben. Übersichtliche Strukturen hinsichtlich der Aufgabenstellungen, Arbeitsplatzgarantie und Pensionsansprüche, aber auch der Wunsch, in diesem Beruf für das Wohl anderer Menschen sorgen zu können, können ebenfalls handlungsleitende Aspekte sein.

Nicht zu unterschätzen ist in der heutigen Zeit eventuell auch ein durch Krimiserien und Actionfilme verbreitetes Bild von einer Polizeiarbeit, die sich als stets spannende und immer aufregende Tätigkeit im Kampf für Gerechtigkeit, Sicherheit und Ordnung darstellt. In der Realität des polizeilichen Alltags angekommen, erleben allerdings BeamtInnen, die aufgrund dieser imponierenden Aspekte ihre Berufswahl getroffen haben mögen, nicht selten eine harte „Bauchlandung". Das Erleben von Monotonie (wie z.b. in der Bereitschaftspolizei, im Objektschutz, in ländlichen Gegenden), oder Ohnmacht (in Großstadtrevieren) kann ausgesprochen desillusionierend sein. Je nach Dienststelle, Dienstgruppe und deren jeweiligen informellen Regeln ist mangels ausreichender Fürsorge die Entwicklung „eigener Gesetze" im Handeln vorstellbar.

Zu den vorherrschenden Gesellschaftsbildern zählen nach meiner Einschätzung eher konservative Entwürfe. Ich vermute, der/die „Unangepasste" ist vermutlich weniger in der Polizei anzutreffen.

Mir sind allerdings keine wissenschaftlichen Untersuchungen zu diesem Thema bekannt. Bei der öffentlichen Diskussion um die sogenannte „Rettungsfolter" wurde meines Erachtens deutlich, dass nicht wenige PolizeibeamtInnen eine gewisse „Autoritätsgläubigkeit" haben und sich gern in der Rolle des „crime fighters" sehen.

Dies deckt sich durchaus mit meinen beruflichen Erfahrungen. Ein häufig genanntes Beispiel im Verhaltenstraining war die Empörung und Wut von PolizeibeamtInnen über die vermeintliche Ignoranz Ihrer Anstrengungen, wenn ein auf frischer Tat gefasster Straftäter nach Vorführung bei der Justizbehörde vom Staatsanwalt oder Richter wieder auf „freien Fuß" gesetzt wurde und „fröhlich feixend" – so wurde es erlebt – zwei Stunden später an der Polizeiwache vorbeiging.

In Wahrheit kann die Polizei Verbrechen natürlich nicht verhindern und auch nicht bekämpfen. Kluge Kriminelle sind der Institution in der Regel einen Schritt voraus. Begriffe wie Vorfeldbeobachtung, vorbeugende Gefahrenabwehr, vorbeugende Verbrechensbekämpfung beherrschen in den letzten Jahren zunehmend die Terminologie des Gesetzgebers und statten die Polizei auch mit entsprechenden Machtbefugnissen aus. Dies mag dem/der einzelnen PolizistIn einerseits eine Erweiterung des Handlungsspielraums ermöglichen und unterstützt somit die Einstellung, die einzig sinnvolle Aufgabe liege in der Jagd nach dem Verbrecher. Andererseits erleben sie in ihrem Arbeitsalltag angesichts solcher unrealistischen Ziele naturgemäß große Enttäuschungen.

Frau Maibach, seit 1982 wurden Frauen in die Polizei des Landes Nordrhein-Westfalen eingestellt, in Berlin war dies bereits erheblich früher der Fall gewesen, bei anderen Landespolizeien oder beim Bundesgrenzschutz war dies später der Fall. Zum Zeitpunkt ihrer Arbeit am Buch lagen Erfahrungen der Tätigkeit von Frauen in der Polizei vor, sie gehörten zur Realität der Polizeiorganisation in Nordrhein-Westfalen, wenn auch noch nicht in auf allen Ebenen und in allen Zweigen der Polizeiorganisation. Wie sehen Sie die Stellung und Bedeutung der Frauen in der Polizei, haben sie die männliche Institution geändert oder nicht, was waren intendierte und nichtintendierte Folgen der Geschlechtermischung?

An der Fachhochschule waren Frauen zur Zeit meiner Lehrtätigkeit noch eine Minderheit. Das ist heute anders. Frauen haben das Klima in der Polizei mit Sicherheit verändert. Männer „trauen" sich heute vielleicht eher, vom tradierten Männlichkeitsbild in der Polizei abzuweichen und zum Beispiel Arbeitszeitverkürzungen oder Erziehungsurlaub zu beantragen, und als Väter sinnvollerweise präsenter zu sein.

Ich vermute allerdings, dass eine gelegentlich zu beobachtende „Überanpassung" der Frauen, die sich das vorherrschende dominante Auftreten ihrer männlichen Kollegen zum Vorbild nahmen, weniger intendiert war und auch die Verantwortlichen überraschte.

Eine neuere Untersuchung an der FHöV NRW zur sexuellen Belästigung am Arbeitsplatz hat gezeigt, dass Polizistinnen – anders als Studierende anderer Fachbereiche – eindeutige sexuelle Belästigungen nicht als solche empfinden.

Da mag die Frage erlaubt sein, ob sie durch ihren Alltag „auf der Strasse" bzw. dem Alltag mit den Kollegen ein anderes Selbstverständnis entwickeln oder entwickeln müssen, um gruppenkompatibel zu sein. Meine Interviewpartnerin im Buch zeigt meines Erachtens in Ihrem Beitrag sehr deutlich, wie schwierig es damals war, in dieser Männderdomäne Fuß zu fassen, auch wenn dies ihr zum damaligen Zeitpunkt vermutlich gar nicht bewusst war.

Vorgesetzte, die wiederholt kundtun, dass eine Frau aufgrund Ihres Aussehens unter Adolf Hitler im Projekt Lebensborn hätte mitmachen können, gehören nach meiner Einschätzung nicht in die Polizei. Die Tatsache, dass die Polizistin keine spürbare Hilfestellung durch Kollegen erhielt und offensichtlich auch nicht wusste, ob und wie sie sich gegen solche Äußerungen zur Wehr setzen könnte, spricht aber wohl für sich. Dieser Interviewbeitrag erscheint mir im Hinblick auf das Thema „Frauen in der Polizei" auf jeden Fall sehr interessant.

Vor elf Jahren habe ich an der FHöV keine Frau erlebt, die die Rolle als informelle Leitung einer Gruppe zu übernehmen in der Lage gewesen wäre. Aufgrund der geringen Anzahl weiblicher Studierender wäre das aber auch verwunderlich gewesen.

Frau Maibach, wie war das Echo, was waren die Meinungen und Kommentare zu Ihrem Buch in der Polizeiführung und unter den Polizistinnen und Polizisten?

Interessanterweise gab es sehr positive Besprechungen des Buches durch Journalisten, die sehr differenziert mit den ehrlichen und mutigen Äußerungen der Interviewpartner umgingen. Da fanden sich in den Kommentaren keineswegs die seitens der Polizeiführung immer wieder befürchteten und propagierten Verteufelungen ihrer MitarbeiterInnen, obwohl in den Gesprächen durchaus unbequeme Wahrheiten auch von Funktionsträgern geäußert wurden.

Einzelne Aussagen der Interviewpartner sowie das Nachwort von Professor Lisken aber auch meine Schlussfolgerungen wurden und werden auch heute noch in anderen Arbeiten zitiert. Ich höre, dass mein Buch von jungen PolizeibeamtInnen aus den Bibliotheken der Fachhochschulen entliehen und gelesen wird. Mir wird berichtet, dass es wichtig sei, einen Eindruck von der Praxis zu bekommen, auch wenn die Schilderungen nicht von heute sind. In den Interviews wird ja einiges über das Binnenklima in den Dienstgruppen berichtet.

Ob sich da viel geändert hat, das vermag ich von hier und heute aus nicht zu sagen. Es gibt wohl immer noch DozentInnen und Dozenten in den Lehrveranstaltungen und Verhaltentrainings, die einzelne Sequenzen aus den Interviews nutzen. Das mag ein Hinweis darauf sein, dass weiterhin von einer Aktualität der Schilderungen ausgegangen wird.

In der Hauptsache begegnete mir – von seltenen Einzelfällen einmal abgesehen – jedoch Ignoranz. Ich bin so gut wie nie direkt auf die Veröffentlichungen von MitarbeiterInnen der Polizei angesprochen worden. Eine solche Form des Übergehens ist im übrigen ein perfekter Modus, der in dieser Organisation – der Polizei – hervorragend ausgeprägt ist. Damit wird sehr eindrucksvoll zum Ausdruck gebracht, dass ein Mensch ziemlich unwichtiges/uninteressantes oder vielleicht sogar Unsinniges macht bzw. – in diesem Fall – geschrieben hat.

Ich war ja nach Erscheinen des Buches noch eine Weile an der Fachhochschule tätig und es war sonnenklar, dass über die Interviews diskutiert wurde, auch aufgrund der öffentlichen Resonanz. Es war ebenso unzweifelhaft zu vermuten, dass meine anonymen GesprächspartnerInnen aus den Reihen der Fachhochschüler kamen und Reinhard Mokros sowie Kuno Simon waren zudem in Düsseldorf sehr bekannt.

Mir wurde erzählt, dass in einzelnen Polizeiinspektionen Quizveranstaltungen stattfanden, deren Fragen lauteten: „In welcher Stadt, welcher Dienstgruppe mit welchen Dienstgruppenleitern das in den Interviews berichtete Geschehen stattgefunden habe".

Die Identifikation des Ortes und einiger handelnder Personen gelang aufgrund der authentischen Schilderungen erstaunlich schnell, glücklicherweise wurden die nicht namentlich genannten Interviewpartner nie identifiziert. Es herrscht ja ein großer Durchlauf in den einzelnen Dienstgruppen.

Zu den wenigen Polizeiangehörigen, die mich ansprachen, gehörte im übrigen Udo Behrendes, damals Dozent an der Fachhochschule Köln, seit 2004 Leiter der Polizeiinspektion Mitte in Köln. Ihn können wir wohl ebenso wie Reinhard Mokros und Kuno Simon zu den kritischen, unruhigen „Geistern" in der Polizei zählen, die den Kontakt mit den Bürgern nicht scheuen

Udo Behrendes initiierte während seiner Tätigkeit als PI-Leiter in Bonn das Forum: „Bürger und Polizei" (Ich werde mich an dieser Stelle nicht mehr über die sprachliche Merk- oder auch Denkwürdigkeit einer solch dichotomen Ausdrucksweise äußern).

Er sprach mich nach den Veröffentlichungen an und vertrat zwar die Position, dass es zu diesem Zeitpunkt (also 1996) solche Vorgänge, wie im Buch beschrieben, nicht mehr geben würde, bat mich dennoch gemeinsam mit ihm ein Projekt mit Studierenden der Fachhochschule Köln durchzuführen zum Thema: „Polizei und Gewalt".

Die geplanten Untersuchungen sollten anhand verschiedener, ausgesprochen interessanter Fragestellungen in einer Kölner Polizeidirektion durchgeführt werden, von Studierenden des Fachbereichs Polizei. Dies garantierte zunächst eine sehr diskrete, lediglich interne Betrachtung.

Sie können sich die Aufregung im Polizeipräsidium der Stadt Köln sowie bei Leitung und MitarbeiterInnen des geplanten Bezirks kaum vorstellen. Mit den Reaktionen hatten weder Udo Behrendes noch die Studierenden gerechnet. Der damalige Polizeipräsident und sein Stellvertreter versuchten uns in persönlichen Gesprächen von diesem Vorhaben abzubringen.

Meine Enttäuschung über die Streichung des Projektes hätte sich zum damaligen Zeitpunkt (1997) sehr „in Grenzen" gehalten, da ich zum einen mit meinem bisherigen Beitrag annähernd zufrieden war, und zum anderen den enormen Zeitaufwand der Vorbereitung einer sorgfältigen Durchführung nicht unterschätzte. Zudem gefiel mir die geforderte Diskretion hinsichtlich der möglicherweise harmlosen, alternativ vielleicht doch brisanten Ergebnisse dem Grunde nach nun gar nicht. Diese sollten nämlich keinesfalls veröffentlicht werden, was sich mit weder mit meinen Vorstellungen von Untersuchungen vertrug, noch mit der sonstigen Vorgehensweise des Projektstudiums der Fachhochschule übereinstimmte.

Nun kann Udo Behrendes durchaus hartnäckig sein und vermochte den Polizeiverantwortlichen in Köln seine Überzeugungen ausreichend kompetent zu vermitteln. Nach einem ungeheuren Kraftaufwand im Vorfeld konnten wir die Arbeit beginnen.

Dieses Projekt hat insgesamt sehr viel Spaß gemacht, auch aufgrund des äußerst engagierten und hochmotivierten Einsatzes der Studierenden, die viele

Stunden über die vorgeschriebene Stundenanzahl hinaus investierten. Die Ergebnisse zeigten die eine oder andere Überraschung für jeden Mitwirkenden.

In diesem Zusammenhang möchte ich – durchaus mit Bedauern – darauf hinweisen, dass Udo Behrendes nach Erschein des Buches zunächst gesagt hatte: „Das sind alte Geschichten, die heute nicht mehr passieren!" Als Leiter der Polizeiinspektion Mitte in Köln musste er jedoch kurz nach seinem Amtsantritt in 2004 die Aufarbeitung eines tödlich verlaufendes Übergriffes in der Polizeiwache Eigelstein durchführen. Also: Ein Blick hinter die Kulissen und manchmal auch in die Zeitung belegt, dass illegitime Gewalt auch heute noch vorkommt.

Um wieder einmal auf Ihre Frage zurückzukommen. Von der „Polizeiführung" habe ich persönlich nichts gehört, weiß aber, das man sich auch im Innenministerium mit der Veröffentlichung beschäftigt hat.

Reinhard Mokros und Kuno Simon waren so mutig, mir die Erlaubnis zu erteilen, namentlich als Interviewpartner aufgeführt zu werden, dies verdient doch enormen Respekt. Es ist oft so, dass in der Polizei nicht diejenigen als „Nestbeschmutzer" bezeichnet werden, die den Dreck hereintragen, sondern vielmehr jene, die darauf aufmerksam machen. Erschrocken war ich, als ein Mitglied der „Kritischen Polizisten" in NRW auf einer Veranstaltung nahezu empört reagierte, dass ich nicht jemanden aus ihrem Kreis als Gesprächspartner „ausgewählt" hatte. Mir ging es aber doch nicht darum, Menschen zu befragen, die sich schon einen Rahmen geschaffen hatten, in dem sie sich auf die eine oder andere Weise stabilisieren konnten. Zudem ich bei einigen Publikationen dieser Organisation auch die Einhaltung gewisser Distanzregeln vermisst hatte, wenn nicht sogar Wahrnehmungsverzerrungen festgestellt hatte.

Ich bin in der Folge meiner Veröffentlichungen zu Fortbildungs- und Diskussionsforen eingeladen worden. Diese Einladungen wurden nie von Einrichtungen der Polizei ausgesprochen, allerdings waren in den Veranstaltungen immer PolizeibeamtInnen entweder aus Gründen der Fortbildung vertreten oder saßen mit mir auf dem Podium bzw. in der Diskussionsrunde. Da blies mir gelegentlich schon heftiger Wind entgegen, das konnte schon sehr schwierig sein. Je nach Zusammensetzung des Forums wurde mir – von den Polizeibeamten (Frauen waren dort nicht vertreten) – häufig unverhüllt erklärt, dass die Aussagekraft der Untersuchung schon aufgrund der geringen Anzahl der Interviews sehr fragwürdig sei. Gebetsmühlenartig wurde wiederholt, dass es natürlich einzelne Menschen gäbe, wie eben in allen Berufsgruppen, die sich nicht korrekt bzw. professionell verhielten. Ohne „Beistand" bin ich allerdings nie gewesen.

Es gab aber auch einige Seminare mit MitarbeiterInnen der Polizei, in denen der „kollektive" Widerstand innerhalb kurzer Zeit überwunden und ein konstruktiver Dia- oder auch Trialog geführt werden konnte. An diese Veranstaltungen denke ich sehr gerne zurück.

Frau Maibach, auf Seite 80 des Buches, in dem Kapitel „Wenn einer querkam, wurde zugelangt. Robert, 30, Polizeiobermeister", stellen Sie Robert die Frage: „Glauben Sie, dass sich in den letzten Jahren bei der Polizei etwas verändert hat?" – Wie beantworten Sie diese Frage heute?

Diese Frage, Herr Dr. Leßmann-Faust, kann ich auf den ersten Blick redlicherweise nicht beantworten. Ich habe seit elf Jahren nicht mehr im unmittelbar beruflichen Kontakt mit PolizeibeamtInnen gearbeitet. Interessant wären an dieser Stelle Befragungen meiner damaligen Interviewpartner, die gültigen Alterskriterien entsprechend, noch heute ihren aktiven Dienst in der Polizei ausüben.

Gönnen Sie mir aber einen zweiten Blick, der wohlgemerkt nicht frei von meinem damaligen Einblick und den daraus folgenden Hypothesen und Schlussfolgerungen in die inneren Strukturen der Polizei ist. Sie können sich vorstellen, dass ich auch in meiner jetzigen Berufstätigkeit gelegentlich mit Situationen polizeilichen Handelns und Verhaltens konfrontiert bin. Ebenso erlebe ich privat Begegnungen mit PolizistInnen, in denen ich, wie nahezu jeder Bürger, auf polizeiliche Dienst- und Hilfeleistungen angewiesen bin oder auch im Rahmen von Verkehrsüberwachung kontrolliert werde. Die privaten Kontakte entsprachen meinem Polizeibild, wie ich es seit frühester Jugend kenne und diese sind in der Hauptsache völlig problemlos. Ich gehöre vermutlich zu der Gruppe der selten polizeilich auffälligen Bürger, die immerhin 85 % oder auch mehr der Bevölkerung ausmacht.

In den beruflichen Konstellationen, die ich erlebte, habe ich leider überdauernde ungünstige Arbeits-, allerdings zumindestens teilweise „kompetentere" Kommunikationsstrukturen feststellen können. Da hat sich Polizei im Einzelfall vielleicht doch ein wenig verbessert, auch wenn ich die Veränderungen eher als geringfügig erlebe! Beispielhaft werde ich dies anhand einer Begegnung verdeutlichen.

Vor etwa drei Jahren benachrichtigte mich ein Arbeitgeber über die emotionale Veränderung eines Mitarbeiters, die ihm Sorge bereitete. Dieser hatte am Ende des Arbeitstages mitgeteilt, dass er nicht mehr wiederkommen würde, da er glaube, die Arbeit nicht mehr bewältigen zu können. Detailliertes Nachfragen unsererseits ergab, dass dieser Mensch sich in einer offensichtlichen Krise befand. Die Kontaktaufnahme mit den Angehörigen verstärkte die Gewissheit eines psychischen Ausnahmezustandes, da der Betroffene – entgegen seinen sonstigen Gewohnheiten – nicht zuhause erschien. Aufgrund der Vorgeschichte, die ich nicht weiter ausführen möchte, war eine Vermisstenanzeige bei der Polizei und auch der Hinweis auf potentielle eigen- wie fremdgefährdende Aspekte erforderlich.

Das erste Telefonat mit dem Arbeitgeber fand gegen 17 Uhr statt. Sie können sich vorstellen, dass es zur umfassenden Lagebeurteilung – ich drücke es bewusst im Polizeijargon aus – einige Zeit benötigt. Nun gehörte es eigentlich nicht zu meinen aktuellen Aufgaben, außerhalb unserer Einrichtung tätig zu werden, zumal ich den ehemaligen Teilnehmer unserer Rehamaßnahme auch schon annähernd zwei Jahre nicht mehr gesehen hatte. In diesem Fall hatte mich jedoch die Ehefrau mit den beiden kleinen Kindern, sowie die ebenfalls anwesende, nur wenig tatkräftiger wirkende Schwester des Klienten in ihrer deutlich zutage tretenden Hilflosigkeit so berührt, dass ich beschloss, mit der Schwester des Klienten die nächste Polizeiwache aufzusuchen. Dies geschah im übrigen nach gründlicher Recherche des Arbeitgebers wie auch der Angehörigen an allen denkbar möglichen Aufenthaltsorten des akut seelisch erkrankten Menschen.

Um es vorwegzunehmen, mir waren die begrenzten Möglichkeiten der Polizei sehr bewusst. Ich spreche im Folgenden lediglich über die Art und Weise der Anzeigenaufnahme, mit anderen Worten über die sozialen Kompetenzen der BeamtInnen vor Ort.

Ich betrete gegen 22 Uhr mit der Schwester des Klienten nach Klingeln unsererseits und und einer durch Sprechanlage geäußerten barschen Aufforderung, zunächst unser Anliegen zu formulieren (was wir natürlich taten – „Vermisstenanzeige aufgeben"), nach dem Aufdrücken der Eingangstür die Polizeiwache. Wir befinden uns vor einem Tresen in einem Raum, hinter dem nach etwa vier bis fünf Metern ein weiteres Büro zu erkennen ist, welches in der oberen Hälfte mit Glasscheiben abgetrennt ist. Ein Polizeibeamter öffnet die Tür zu diesem Büro, kommt lediglich mit Kopf und Oberkörper heraus und fragt aus dieser Entfernung: „Was möchten Sie? eine Vermisstenanzeige aufgeben? wie ist denn der Name ihres Bruders"? und verschwindet, nachdem dieser genannt wurde.

Es gibt Erinnerungen, die sie nicht vergessen! Die Schwester des Klienten, ebenfalls eine junge Mutter, die eine Säuglingsflasche in der Hand hielt, war aufgrund der nachvollziehbaren inneren Erregung kaum in der Lage, an dem folgenden Dialog adäquat teilzunehmen.

Der Beamte sieht nach einigen Minuten wiederum nur kurz aus dem hinteren Büro heraus und verkündet: „Ihr Bruder ist ja schon früher aufgrund von Drogenbesitz festgenommen worden!".

Die Schwester erklärt: „das kann doch nicht sein, er nimmt keine Drogen." Er antwortet: „Das habe ich aber in unseren Aufzeichnungen gefunden!"

Sie sagt: „das kann nicht sein, das kann nicht sein, oh jee, das war, aber wenn es war, dann war das doch vor zehn Jahren als Jugendlicher, er nimmt seit damals keine Drogen mehr!"

An dieser Stelle habe ich mich aufgrund meiner Erfahrung mit diesem Klienten eingeschaltet (der mit an Sicherheit grenzender Wahrscheinlichkeit keine Drogenabhängigkeit als akutes Störungsbild aufwies) und das war keineswegs ein persönliches Vergnügen.

Ich war davon ausgegangen, dass meine Anwesenheit zur Stabilisierung einer Familienangehörigen in dramatischer Lebenslage ausreichen würde. Die zuvor beschriebene, kommunikativ inkompetetente Durchführung des Kontaktes von Seiten des Polizeibeamten jedoch veranlasste mich, die allein unterstützend gedachte, begleitende Position zu verlassen.

Ich sagte: „Können Sie nun bitte eine Vermisstenanzeige aufnehmen und diese ihren Kollegen zur Kenntnis geben, da sich der Bruder meiner Klientin aktuell in einem Zustand befindet, der selbst- und fremdgefährdende Handlungen nicht ausschließt?"

Ich habe an dieser Stelle sowohl meinen Beruf wie auch den Ort meiner Tätigkeit angegeben, um dem Anliegen Nachdruck zu verleihen. Ein Vorgehen, welches mir eigentlich zuwider ist. Dies ist die eine Hälfte der Geschichte.

Die andere Hälfte ist leider nur geringgradig erfreulicher. Der Beamte schloss die Glastür und wenig später kam eine junge Polizeibeamtin und bat uns in ein Büro, in dem sie sehr sorgfältig und bemüht die Anzeige aufnahm. Sie war offensichtlich in der Lage, die Aufregung der „Anzeigenerstatterin" zu erfassen und versuchte zwischendurch, beruhigend auf sie einzugehen. So erklärte sie: „Machen Sie sich keine Sorgen, wir haben noch jeden Vermissten gefunden".

Etwa nach zehn Minuten in diesem Büro hörte(n) ich(wir) während der Anzeigenaufnahme grölende, betrunken und/oder streitend wirkende laute Stimmen, die örtlich nicht sofort von mir zuzuordnen waren. Ich dachte zunächst, diese kämen von außerhalb der Polizeiwache und sagte in wohlmeinender Absicht, die belastende Atmosphäre zu entspannen: „Da bringen die Kollegen ja wohl einige Randalierer in die Wache. Ich habe übrigens meinen Wagen vor der Polizeiwache geparkt, dieser steht hoffentlich nicht im Wege oder ist in Gefahr!"

Die Antwort der jungen Beamtin hat mich vollständig „verdattert". Ich hoffe, dieser Begriff ist Ihnen nicht unbekannt. Sie sagte: „Nein, nein, machen Sie sich keine Sorgen. Es ist heute Schichtwechsel und die Kollegen, die jetzt frei haben, die freuen sich so, dass sie ein bisschen feiern!"

Tja, was sollte ich vor drei Jahren – immerhin acht Jahre nach meiner Tätigkeit an der Fachhochschule für öffentliche Verwaltung im Fachbereich Polizei – zu diesem Geschehen, welches mir aus den Schilderungen der Studierenden sehr wohl bekannt war, sagen bzw. mitteilen! Ich war an dieser Stelle – aus Behördensicht – lediglich eine Begleiterin, die nach (menschlichem) polizeilichen Ermessen von den internen Strukturen der Polizei keine Ahnung hatte.

Meine Aufgabe war in der Tat an dieser Stelle die Unterstützung einer hilflosen Familienangehörigen und nicht die Beobachtung und Analyse des Verhaltens der MitarbeiterInnen einer Polizeiwache. Beschäftigt hat mich diese Erfahrung, wie auch einige andere, gleichwohl.

Da wurde im Keller des Hauses ganz offensichtlich „Abtrinken" durchgeführt und dies gehörte anscheinend immer noch zu den gebräuchlichen Ritualen. Kein Wunder, dass unser Erscheinen verbunden mit dem Anliegen einer Anzeigenaufnahme wenig erwünscht war.

Ich habe mich zum einen gefragt, wie die junge Polizistin, die sich sehr freundlich verhielt, mit diesen Begleiterscheinungen des Arbeitsalltags zurechtkommen mag und zum anderen, wie die Reaktion seitens der deutlich als alkoholisiert einzuschätzenden Mitarbeiter in dieser Nacht aussehen könnte, wenn jemand mit einem Anliegen zur Wache käme und möglicherweise aufgrund falscher Ausdrucksweise oder -fähigkeit den Unmut eines der Beamten erregen könnte. Das war keine sehr angenehme Vorstellung.

Die Schilderung dieses Ereignisses mag eine skeptische Antwort auf Ihre Frage sein und ich will meine Enttäuschung darüber auch nicht schönreden. Gehen wir davon aus, dass dies ein Einzelfall war. Grundsätzlich bin ich nämlich Optimist, ansonsten hätte ich das Buch auch nicht schreiben können. Ich hoffe nach wie vor, dass Ausbildung und Berufsausübung sich dahingehend verändern, dass revisionistische Kräfte sich nicht durchsetzen und eine partnerschaftliche und sozial kompetente Vorgehensweise auch bei schwierigen polizeilichen Interventionen zu erlernen und durchzuführen möglich ist.

Frau Maibach, vom Strafrecht, Zivilrecht, dem Verkehrsrecht und der Einsatzlehre einmal abgesehen – welche Ausbildungselemente müssen nach Ihrer Meinung in der Aus- und Fortbildung der Polizei vertreten oder stärker gewichtet sein?

Die Polizeiausbildung in Deutschland hat hinsichtlich der von Ihnen genannten Fächer vermutlich nach wie vor ein sehr hohes Niveau. Ich hoffe, dass dies auch nach Einführung der „Bachelor-Studiengänge" so bleibt. Stärker als bisher sollte die Geschichte der Polizei Eingang in die Aus- und Fortbildung finden. Dabei darf insbesondere die Zeit des Nationalsozialismus nicht ausgeblendet werden, in der Polizeibeamte erhebliche Hilfestellung bei der Umsetzung unmenschlicher Gesetze geleistet haben. Ich bin verwundert darüber, wie leicht heute – besonders leitenden – Polizeibeamten Worte wie „Vorbeugegewahrsam" und „Verbrechensbekämpfung" über die Lippen kommen, wissen wir doch, dass die Polizei

Kriminalität nicht bekämpfen kann. Politische Verrohung verrät sich auch in der Sprache!

Dahinter verbergen sich – so glaube ich – unrealistische Ideen ebenso wie Wünsche nach größeren Machtbefugnissen der Organisationsverantwortlichen unserer Exekutivorgane nur mühsam. Die Gründerväter und -mütter unserer Republik hatten nach meiner Einschätzung ein anderes Verständnis von der freiheitlich-demokratischen Grundordnung, zu dem Sie sich mit der Verabschiedung unseres Grundgesetzes bekannten.

Zu der aktuellen Studienordnung bzw. der Durchführung hinsichtlich sozialwissenschaftlicher Lehrpläne und psychologischer Konzepte kann ich mich nicht äußern. Die Erörterung und Analyse unserer Gesellschaftsordnung und die Betrachtung möglicher Einflussfaktoren auf Sozialkonflikte während des Studiums sind mit Sicherheit ein notwendiger Baustein, um die Ausbildung eigenständiger, kritischer und selbstbewusster PolizeibeamtInnen zu unterstützen. Nur auf diese Weise können Respekt und Reflexion von Mitarbeitern begünstigt werden, die individuelle und auch fremde Verhaltensweisen bzw. Andersartigkeit akzeptieren.

Ein besonderes Augenmerk müsste auch auf das Auswahlverfahren der Polizei gerichtet werden. Physische Leistungsfähigkeit, Durchsetzungsfähigkeit und Schulnoten mögen eine wichtige Grundlage sein. Sozialkompetenz im Sinne von Empathie, Fähigkeit zur Distanz und Abgrenzung von ungünstigen gruppendynamischen Prozessen kann auch bei jungen Menschen schon dem Grunde nach erkannt werden. Ich weiß allerdings nicht, ob dieses gewünschte Eigenschaften sind, die der aktuellen Mentalität von Polizeiplanern bzw. deren Konzepten entsprechen.

Die Implementierung von Stressbewältigungs- und Verhaltenstrainings war zu meiner Zeit eine Farce, die wohl der Beruhigung von PolitikerInnen und Öffentlichkeit gleichermaßen dienen sollte. Nicht die individuelle Stärkung der verschiedenen Persönlichkeiten, sondern eine schematische Einübung verhaltenskonformer stereotyper Reaktionsmuster war gefragt. Schlauer sind die BeamtInnen dadurch allemal geworden, nicht aber introspektionsfähiger im Sinne von Reife und Souveränität.

Frau Maibach, die Polizeiorganisationsreformen der letzten Zeit werden durchgängig unter anderem mit dem Ziel begründet, mehr Polizeibeamtinnen und –beamte „auf die Straße zu bringen" – der Dienst auf der Straße, besonders die Fußstreife, scheinen jedoch – resümiert man viele Aussagen in Ihrem Buch – ein geradezu angstbesetzter Raum für Polizisten zu sein, warum?

Die jungen PolizistInnen wurden bis vor einigen Jahren in kasernenartigen Ausbildungsstätten auf den Berufsalltag vorbereitet. Dort wurde Ihnen zum einen vermutlich ein Bild vom Bürger (dem polizeilichen Gegenüber) und der eigenen zukünftigen Rolle vermittelt, das mit ihrer vorherigen Lebenswelt als Kind, Jugendliche/r Mitbewohner/in, Schüler/in, Familienmitglied, Partner/in Freund/in wenig gemein hatte. Der behördeninterne Arbeitsauftrag lautete, grob formuliert, dass PolizeibeamtInnen jedwede schwierige Situation schnell erfassen müssen und zeitnah eine juristisch zweifelsfreie, kompetente Lösung zu präsentieren ist. Zum anderen erleben sie als Neuling mit 20/21 Jahren im realen Polizeidienst auf der Straße teilweise unübersichtlich anmutende Geschehnisse, die weder im Rahmen der theoretischen Ausbildungsinhalte ausreichend ausgeleuchtet werden konnten, noch ihren bisherigen Erfahrungen und Kompetenzen entsprechen.

Der Sozialisationsprozess der meisten PolizistInnen ist meines Erachtens überwiegend anders verlaufen als der jener Menschen, denen sie insbesondere in problematischen bzw. konfliktbelasteten Einsätzen im Streifendienst begegnen. Bedenken Sie zudem, dass vor allem in Großstadtrevieren kaum noch ältere bzw. erfahrene Bedienstete die Arbeit im Wach- und Wechseldienst vor Ort ausüben. Ausgerechnet dort gibt es aber eine Vielzahl von schwierigen Begegnungen, die im Rahmen der zur Verfügung stehenden Zeit eher „effizient" denn kompetent durchgeführt werden müssen.

Nehmen wir einmal den Bezirk der Innenstadt von Düsseldorf. Dort treffen Sie auf der Kö in der Hauptsache die exklusive Gruppe wirtschaftlich potenter und von ihren Ansprüchen und Rechten überzeugter bzw. wissender Menschen. In der unmittelbar angrenzenden Altstadt sehen sie am Abend eine sehr bunt gemischte, teilweise aufgeregt-aufregende Population von Menschen aus verschiedensten Kulturen und sozialen Gruppen, deren Alkoholpegel zu später Stunde selten bei 0 Promille anzusiedeln ist. Die Polizei wird hier wie dort in den seltensten Fällen gerufen, wenn alles harmonisch verläuft.

Begegnungen mit Fremden in entspannter, partnerschaftlich gestalteter Atmosphäre können interessant sein und Wissensdurst und Neugier befriedigen. Begegnung mit Fremden (im weitestem Sinne, es können auch die neuen Nachbarn sein) in angespannter und zudem asymmetrischer Interaktion macht unsicher und kann auch Angst erzeugen.

Es gibt die verschiedensten Möglichkeiten, Ängste zu bewältigen. Eine der schlechtesten ist die Verleugnung, ein Mechanismus, der nach meiner Einschätzung in der Polizeiarbeit – vermutlich der Not des zuvor beschriebenen Alltags folgend – zu häufig geschieht. Dies kann zur Ausbildung inädaquater Reaktionsweisen führen, wie z.B.: „Ich vermeide den persönlichen Kontakt, so es mir möglich ist (Fußstreife)." oder „Wenn es denn nun sein muss (der Kontakt), dann sollte dies bitte mit möglichst ausreichender kollegialer Unterstützung schnell über die Bühne gehen".

Verkehrsunfälle mit schwerverletzten oder zu Tode gekommenen Menschen, plötzlicher Kindstod, Familienstreitigkeiten, Überbringung von Todesnachrichten. Dies wird von allen AnfängerInnen im Polizeidienst als ausgesprochen belastend erlebt.

Es ist auch ein Unterschied, ob sie in der Lehrveranstaltung oder im Ausbildungsinstitut über das Thema „Gewalt in seinen verschiedenen Auswirkungen" referieren, diskutieren oder ob sie diese „in vivo" erleben. Übereinstimmend erklären alle mir bekannten PolizistInnen; „mit 30 oder 35 Jahren fühlte ich mich erheblich sicherer!" Das bedeutet bei näherer Betrachtungsweise unter Umständen 14 Jahre Unsicherheit, Hilflosigkeit, Erleben von Wut, Zorn und Ohnmacht und gleichzeitig keine Unterstützung durch sinnvolle Maßnahmen seitens der Organisationsverantwortlichen.

Nun wurden offensichtlich wieder einmal in Arbeitskreisen, auf politischer Ebene, genauer gesagt an grünen Tischen, Änderungen beschlossen, die im Zusammenhang mit Ihrer Frage bedeuten: „Erfolgreiche Polizeiarbeit findet dort statt, wo ein Vertrauensverhältnis auf der Basis direkter, persönlicher Kontakte entstehen kann."

Da möchte ich doch rheinisch antworten: „Ach nääh, wer hätte dat jedacht!"

Verzeihen Sie mir den Ausbruch, aber wenn es zur Erfassung und Umsetzung dieser eher trivialen Erkenntnisse – die erfahrene Praktiker angesichts der vorherigen Umstrukturierungsprozesse in Richtung Feuerwehrpolizei seit Jahren angemahnt haben – einer wie stets sehr kostenintensiven Neuorganisation bedarf, deren Protagonisten ihren Tätigkeitsnachweis in der Verbreitung eben dieser scheinbar mühsam erarbeiteten und als neu ausgerufenen Ergebnisse sehen, dann verspüre ich eine spontan auftretende Übelkeit!

Die Installation angemessener Lern- und Arbeitsbedingungen für unsere zukünftigen Polizeibediensteten, die schwierige Herausforderungen in Ihrer täglichen Arbeit bewältigen müssen, kann ich auch derzeit wenig erkennen.

Die BeamtInnen im Streifendienst werden mit ihren Sorgen, Nöten und Ängsten alleine gelassen. Es gibt weder eine hilfreiche Innenrevision, d.h. einen polizeiunabhängigen Juristen, der den Dienst auf der Wache unterstützt, noch die Akzeptanz einer Supervision, die nicht als Installation von Überwachungskameras verstanden wird. Zu den juristisch sinnvollen Hilfestellungen mögen sich die entsprechenden Experten äußern. Aus psychologischer Sicht ist kompetente Polizeiarbeit ohne Supervision durch unabhängige ExpertInnen von „außen" kaum nachvollziehbar und gehört in vergleichbaren „Zuwendungsberufen" längst zum Standard.

Scherzhaft wird das Zusammensitzen nach Dienstende beim Bier von den Polizisten Supervision genannt. Dabei wird aber über vorhandene Unsicherheiten und belastende Einsätze hinweggeredet und es werden spektakuläre, eindrucksvolle Erlebnisse, aber auch illegale eigene Handlungen glorifiziert dargestellt und ausgetauscht. Dies dient im Einzelfall einem notwendigen narzistischem Bedürfnis nach Bestätigung, hilft allerdings wenig bei der Be- und Verarbeitung belastender Ereignisse.

Mein Fazit sieht aktuell leider wenig anders aus, als vor elf Jahren: eine sinnvolle Unterstützung von PolizeibeamtInnen in Ihrer Arbeit geschieht nicht in ausreichendem Maße. Die Verantwortung dafür trägt nicht nur die Politik.

Polizeiarbeit – immer noch Männersache? Tradition, Hegemonie und die Folgen der Geschlechterdebatte in der Polizei

Rafael Behr

Der Kern des polizeilichen Handlungsrepertoires ist die Gewalt, genauer gesagt, die Ausübung legaler (staats-)Gewalt. Ihre Bewerkstelligung, also die konkrete Umsetzung war lange Zeit gekoppelt mit einer in der Polizei dominierenden Vorstellung von „aggressiver Maskulinität". Mit der Zunahme neuer Funktionen und Tätigkeiten nimmt die Sichtbarkeit und die Notwendigkeit von aggressiver Maskulinität etwas ab, sie wirkt aber subkutan weiter und dominiert die Kultur der sog. handarbeitenden Polizisten (Cop Culture). Es mag anachronistisch klingen, in Zeiten, in denen *Systeme* und *Strukturen* dominieren und in denen mehr von *Dienstleistung* und/oder *Gouvernementalität* gesprochen wird als von Staats*gewalt*, etwas über *Männlichkeit* oder *Geschlecht* in der Polizei zu schreiben und dies auch noch mit Gewalt in Zusammenhang zu bringen. Und in der Tat wird dies aus der Polizei heraus auch so formuliert.

Dass die Polizei reine Männersache ist, gehört für die meisten Männer offiziell auf den Müllhaufen der Geschichte. Und doch halte ich daran fest, in eine Organisationsanalyse auch *basale anthropologische Kategorien* zu verorten, die sowohl die Strukturen, vor allem aber die Handlungszusammenhänge beeinflussen. Zu ihnen gehören Geschlecht, aber auch das Alter und Ethnizität. Dagegen gehören zu den wichtigen sozialen Kategorien der Organisationsanalyse die Stellung in der *Hierarchie* sowie das Verhältnis von *Professionalität und Bürokratie* (vgl. Klatetzki/Tacke 2005). Auch mögliche Weiblichkeitsmodelle in der Polizei, die sowohl Einfluss auf das Innenleben der Organisation, als auch auf das polizeiliche Handeln haben, müssten besser und perspektivenreicher beschrieben werden. Ich werde dies hier nicht leisten können, sondern es bei einigen Anmerkungen belassen, die die Strukturebene betreffen. Ich argumentiere im zweiten Teil des Aufsatzes, dass sich mit dem zunehmenden Einfluss des Themas „Frauen" in der Polizei auch eine Art Paradigmenverschiebung der polizeilichen Zuständigkeit vollzogen hat, nämlich von der *Gerechtigkeit zur Fürsorge*. Über weibliche Rollenmuster in der Polizei und deren Veränderung etwas zu forschen, kann ich allerdings hier nur anregen.

1 Maskulinität im Alltag des Gewaltmonopols

Das Gewaltmonopol wird nach wie vor durch *Maskulinität* repräsentiert, und es ermöglicht, fordert und fördert Maskulinitäts*präsentationen*. Die nun folgenden Männlichkeitsmodelle sollen den Einblick in die kulturellen Rahmenbedingungen der Polizeiarbeit ermöglichen, sie sind keine Porträts real existierender Männer. Die Beschreibung und Interpretation von Polizeiarbeit unter dem Eindruck einer Männlichkeitskultur ermöglicht einen anderen Blick auf das Gewaltmonopol, und zwar sowohl auf das Binnenverhältnis als auch auf das Verhältnis zur meist männlichen Klientel der Polizei, die oft als „*das* polizeiliche Gegenüber" apostrophiert wird. In Wirklichkeit sind sich beide Männlichkeiten nicht gänzlich *gegenüber*, zumindest nicht ganz entfernt voneinander. *Männlichkeit* kann man vielmehr als das verbindende Element im Interaktions- und Arbeitsbündnis zwischen Polizisten und ihrer Klientel bezeichnen. „Das Gegenüber" muss angesehen, erkannt und in den eigenen Sinnhorizont einbezogen werden. Insofern wirkt der gegenüberstehende Mann oft auch als Spiegel bzw. als Projektionsfläche des eigenen Ich.

1.1 Das hegemoniale Geschlechtsmodell der Polizei: Maskulinität

Die individuelle, aber auch die kollektive Vorstellung vom Beruf wird notwendigerweise mitkonstituiert durch die Bilder, die in der Öffentlichkeit über Polizei transportiert und in ihr informell weitergegeben werden. So würde ich nach wie vor als das *hegemoniale Männlichkeitsmodell* der Polizei die *aggressive Maskulinität* bezeichnen[1]. Die damit verbundenen Konnotationen beziehen sich nur in geringem Ausmaß auf die realen Tätigkeiten, in weit größerem Umfang dagegen auf die Phantasien und medialen Konstruktionen, die z.B. mit dem Begriff *Verbrechensbekämpfung* assoziiert werden. Mit ihnen benennen Polizisten ihre

---

[1] In früheren Arbeiten, z.B. Behr 2000, habe ich dies „Krieger-Männlichkeit" genannt. Die „Krieger-Metapher" ist vielleicht etwas missverständlich gewesen, deshalb würde ich heute die aggressive Maskulinität bevorzugen. Inhaltlich benutzte ich aber beide Begriffe synonym. „Aggressiv" bezieht sich auf den Idealtypus eines Rollenmodells, nicht auf eine anthropologische Qualität. Das heißt beileibe nicht, dass alle Polizisten und Polizistinnen stets aggressiv sein müssen, um ihren Beruf ausüben zu können. Aber als kollektives Rollenspezifikum gehört die Aggressionsbereitschaft genuin zur polizeilichen Rolle, die sich stets aktualisieren lassen muss. Wie ich später noch zeigen werde, muss ein gewisses Aggressionspotential gleichzeitig (jederzeit) bereit stehen und gezügelt werden. In den legalen Rahmungen muss sie auch eingesetzt werden, darf aber nicht überschüssig oder unkontrolliert sein. Es gehört zu der Kunst der Personalauswahl, eine Vielzahl von Personen zu rekrutieren, die genau diese Eigenschaften aufweisen, zumal in Zeiten, in denen die *physische Aggression des Staates* von der Öffentlichkeit sensibel verfolgt und kommentiert wird.

Vorstellungen einer Polizeiarbeit, die beispielsweise von Manning (1997, 296) als „cops and robber game" bezeichnet wird.

Die Übertragung des Hegemonie-Konzeptes auf die Polizei bedarf einer kurzen Erläuterung. Der Terminus *hegemoniale Männlichkeit* wird von dem vielleicht einflussreichsten Männlichkeitsforscher der Gegenwart, Robert W. Connell (besonders 1995 bzw. 2000), in die Geschlechterdebatte eingeführt und umschließt drei Aspekte:

1) die strukturelle Dominanz von Männern gegenüber Frauen (intergeschlechtliche Dominanz- und Subordinationsverhältnisse, von denen auch diejenigen Männer partizipieren, die nicht an der Dominanz teilnehmen wollen oder können),
2) die Vielfältigkeit von Männlichkeiten, die
3) jedoch nicht unverbindlich nebeneinander existieren, sondern in einem hierarchischen Verhältnis stehen (intrageschlechtliche Dominanz- Subordinationsverhältnisse).

Die doppelte Relation (Vielfalt und Subordination), in der Männlichkeit konzeptualisiert wird, bezieht sich also wesentlich auch auf das eigene (männliche) Geschlecht. Connell findet einen theoretischen Zugang über Praxisverhältnisse, mit dem man einen „Begriff der *Macht* unter voller Berücksichtigung der *Politik* entwickeln kann." (Connell 1986, 339, Hervorhebung im Original). Er will damit „die Verstrickungen des persönlichen Lebens mit der Gesellschaftsstruktur erfassen können, ohne in den Voluntarismus und gestaltlosen Pluralismus auf der einen Seite oder den Kategorialismus und den biologischen Determinismus auf der anderen Seite zu verfallen." (ebd.)

Mit dem Begriff hegemoniale Männlichkeit ist

„eine Konfiguration von Geschlechtspraktiken gemeint, welche insgesamt die dominante Position des Mannes im Geschlechterverhältnis garantieren. Hegemoniale Maskulinität ist keine feste Charaktereigenschaft, sondern kulturelles Ideal, Orientierungsmuster, das dem doing gender der meisten Männer zugrunde liegt." (Meuser 1998, 98, übersetzt aus Connell 1995a, 77)

Zwei zentrale Implikationen, die Connell zur Beschreibung der Beziehungen unter Männlichkeiten benutzt, sind *Hegemonie und Subordination*.

Zum Begriff der *Hegemonie* führt Connell die Betonung des Einverständnisses, also die Zustimmung der subordinierten Männer und der unterlegenen Frauen zu ihrer jeweiligen Position innerhalb der Geschlechterordnung. Er bezieht sich hierbei auf das Konzept der *Kulturellen Hegemonie* von Antonio Gramsci. Dieser benutzte es für die Analyse von Macht- und Herrschaftsprozessen und wies insbesondere auf die Fähigkeit der herrschenden Klasse bzw. ihrer dominanten Fraktion hin, sich die beherrschten Klassen im Konsens unterzuordnen, also ohne direkt auf Gewaltmittel zurückgreifen zu müssen (vgl. Leggewie 1987). Connell appliziert den Hegemoniebegriff auf das Geschlechterverhältnis. In beiden Analysefeldern geht es ihm darum, dass über Ideologie und kulturelle Deutungsmuster die Menschen konsensuell und entscheidungsbewusst in Verhältnisse einwilligen, die die eigenen Unterlegenheit festschreiben, wenn dies auch des öfteren vermittels dieser Ideologien verschleiert werden kann. „Connell fasst zusätzlich zu anderen Faktoren der Sozialstruktur (Klasse/Ethnie), in denen 'Grenzlinien zwischen Herrschaftsanwendung und Herrschaftsunterworfenheit' (Fritz Sack) verlaufen, das Machtverhältnis zwischen den Geschlechtern als prägenden Machtfaktor auf" (Kersten 1997, 7). Ich halte das Konzept für die Polizei insofern für hilfreich, als es auf die Divergenz von kulturellem Einfluss (Dominanz) und statistischer Verteilung (Repräsentanz) im Organisationsgefüge aufmerksam macht.

Aggressive Maskulinität ist nicht nur Bestandteil, sondern Grundlage der Handlungsmuster in der Cop Culture. Ihre Hegemonie besteht darin, dass sie, obwohl sie gar nicht von den meisten Angehörigen der Polizei praktiziert wird, die Alltagshandlungen und die Haltungen der Polizisten und die der Polizei kulturell determiniert bzw. jederzeit determinieren kann (es ist durchaus *situationsabhängig*, ob die Organisation ihre kriegerische oder die bürgerfreundliche Seite zeigt). Sie durchdringt die Diskurse um Polizei und die mit ihrem Handeln verbundenen Bilder, die in zahlreichen Geschichten auftauchen. Sie kann jederzeit als wirkungsmächtig aktiviert und legitimiert werden, und zwar im Alltagshandeln, besonders aber bei polizeilichen Großereignissen. So demonstrierte die deutsche Polizei bei den letzten Castor-Transporten nach einigen *ruhigen* Jahren wieder einmal, was sie an Personal und Material aufzubieten hat – dies hatte nichts mehr mit *Community Policing* oder *Dienstleistungsagentur* zu tun, sondern ziemlich dezidiert mit Herrschaftsdemonstration. Dass dieser Wechsel von der Bürgerpolizei zur Truppenpolizei so schnell funktioniert, liegt an der nach wie vor hegemonial wirksamen *kriegerischen Maskulinitätskultur* in der Polizei, die sich am reinsten in ihrer quasi militärischen Organisierbarkeit zeigt.

Die kulturelle Dominanz der aggressiven Maskulinität ist nicht unumstößlich, immerhin konkurrieren mindestens die *Schutz-Männlichkeiten* und auch die eher bürokratischen Männlichkeiten in der Polizei mit ihr. Ich gehe aber davon aus, dass Maskulinität weiterhin als das *kulturelle Leitbild* innerhalb der Cop Culture anzusehen ist.

Aggressive Maskulinität zeichnet sich durch ihre Gewaltaffinität[2] aus. Im polizeilichen Kontext kommt hinzu, dass sie *Recht* mit *Macht* verbindet und beides nutzt, um die eigenen Interessen durchzusetzen. Ihr muss man die Lust am Kampf nicht mit bürokratischen Mitteln beibringen, sie ist bereits motiviert. Was durch die Organisation aber geleistet werden muss, ist die Disziplinierung der Krieger, insbesondere ihre Verpflichtung auf normative Bindungen (Gesetze) und die Motivation derjenigen Polizisten (und hier auch: der Polizistinnen), die wenig oder keine Lust zum Kampf haben[3]. Recht ist die notwendige Ermöglichung für das eigene (polizeiliche) Handeln, nicht dessen Begrenzung (wie es die Juristen sehen und wie es in der Theorie gelehrt wird). Die „Krieger" unter den Polizisten hätten gern eine größere Ermächtigung (d.h. mehr Rechte), um ihre Auftrag (der in den Redewendungen der Polizisten häufig als *Kampf an einer oft unsichtbaren Front* bezeichnet wird) besser machen zu können. Deshalb bevorzugen sie Einsätze, in denen die formale Rechtslage (nach dem Versammlungsgesetz, dem sog. Polizeigesetz oder der Strafprozessordnung) einigermaßen klar und eindeutig ist und sie nicht *verhandeln*, das heißt ja vor allem: *reden* müssen.

Die aggressive Männlichkeit benutzt Sprache nicht als Chance zur Verhinderung von Gewalt (und baut sie deshalb in die Alltagsroutine ein), sondern als notwendiges Übel, da man eben erst eine *Maßnahme* androhen muss, bevor man sie *durchziehen* darf. Am *Normalbürger* hat die aggressive Maskulinität deshalb auch wenig Interesse, sie bevorzugt Einsätze, bei denen die Fronten relativ klar verteilt sind. Dies führt zu einer klare Freund- Feind-Konstellation. Es führt aber auch dazu, dass sich individuelle Präferenzen zu einem Arbeitsbündnis mit institutionellen Interessen verweben. Die Polizei braucht noch „harte Männer", nicht mehr so zahlreich und so oft wie früher, aber nach wie vor als Reserve für gewaltvolle Auseinandersetzungen. Nur weil es die gibt, kann es auch die „smartere" Polizei geben[4].

---

[2] Im Gegensatz zu dem auf eine psychische Disposition abzielenden Begriff der „Aggression" ist Gewalt ein soziales Verhältnis. Sie ist ausdrücklich gewordene Interaktion, d.h. die „Chance, innerhalb einer sozialen Beziehung den eigenen Willen gegen Widerstreben durchzusetzen, gleichviel worauf diese Chance beruht" (Weber 1985, 28).

[3] Natürlich greifen nicht alle Polizisten in gleichem Ausmaß auf die Männlichkeitsdarstellungen des Kriegers zu. Es gibt diejenigen, die Angst haben vor solchen Einsätzen oder zumindest keine Lust, sich auf diese Weise zu gefährden. Im Unterschied zu ihren Gegnern, die das Risiko der Gesundheitsbeschädigung mehr oder weniger internalisiert haben, werden Polizisten aber weder nach ihrer Lust noch nach ihrer Angst gefragt, und meistens auch nicht danach, ob sie am Samstag Zeit für eine Schlägerei haben oder lieber etwas anderes täten.

[4] Man wird auf der Suche nach der stringenten Beziehung zwischen psychischer Gewaltlust oder Rigidität und der Entscheidung für den Polizeiberuf immer unbefriedigt bleiben, zumindest ist mir keine empirisch und theoretisch vernünftige Untersuchung bekannt, die einen solchen Zusammenhang belegen würde. Ich halte dies auch für zu simplifizierend. Es gibt durchaus eine

In Bezug auf die Klientel kommt es zu einer Art Austauschverhältnis: Die (jugendlichen) Polizisten mit kriegerischer Mentalität gehen – oft freiwillig und offensiv – auf das aggressive Beziehungsangebot der Gegenseite[5] ein, sie nehmen Körperkontakt auf, halten es aus mit ihnen, und weisen den einen oder anderen in die Schranken (vgl. Meuser 1999, 58). Beide Parteien wissen, dass sie etwas voneinander haben, mehr noch: dass sie aufeinander angewiesen sind, wenn sie etwas *für sich* tun wollen. Es ist ein fast symbiotisches Verhältnis zwischen Spätadoleszenten, die vielleicht mehr Gemeinsamkeiten als Trennendes haben, die, nur durch den normativen Kontext unterschieden, auf zwei verschiedenen Seiten ein und desselben Handlungszusammenhangs stehen, dabei um ihre Ehre kämpfen und beide ihre Körper bzw. ihre Gesundheit riskieren. Beide befinden sich im Normenzusammenhang des „doing masculinity" (Meuser 1999, 58).

Die Institution Sicherheit und Ordnung wird durch die Kriegertugenden entlastet, sie muss nicht umständlich von Fall zu Fall nachweisen, warum es notwendig ist, die eigene Gesundheit zu riskieren, das besorgen die jungen Krieger selbst, und zwar mit ziemlicher Begeisterung. Die Organisation *peitscht* die jungen Polizisten nicht ideologisch ein. Die Disziplinierungstechniken sind „bürokratischer" Natur, nicht „militärischer". Sie schleifen sich durch Berufsarbeit in einer bürokratischen Organisation ein, nicht durch Aufnahmerituale in temporären Zwangsgemeinschaften (wie ich das Militär heute noch nennen würde, zumindest insoweit es sich um die Mischung von Freiwilligen [Zeit- und Berufssoldaten] sowie Wehrdienstleistenden handelt). Da sich in der Polizei eine *Berufskultur* entwickelt hat, die einen sich selbst (durch Alltagserfahrung) motivierenden Charakter und eine gewisse Stetigkeit besitzt, braucht es keine symbolischen Verstärker, die die Legitimität und/oder die affektive Bindung an die Organisation erst herstellen bzw. unterstreichen müssten. Die Erlebnisdimension im Berufsalltag scheint zumindest so intensiv zu wirken, dass es einer „Traditionspflege-Symbolik" (z.B. einer Parade oder eines „Großen Zapfenstreichs") nicht bedarf.

---

gewisse Varianz bei den Bewerberinnen und Bewerbern, was die Bereitschaft zur Unterordnung, zur Durchsetzung von Interessen, zur Gewaltanwendung etc. anbetrifft und auch die politische Verortung mag mehrheitlich als „konservativ" eingestuft werden: damit ist aber keine Aussage zur Etablierung etwa eines „autoritären Charakters" (vgl. Adorno 1973) in der Polizei abzuleiten. Aus gegenwärtigen Beobachtungen von Einstellungsverfahren kann man das Gegenteil empirisch besser belegen: diejenigen, die aus ihrer autoritären, gewaltverherrlichenden oder extrem unterwürfigen Neigung keinen Hehl machen, werden schon hier abgewiesen. Allerdings auch diejenigen Bewerber und Bewerberinnen, die als zu emphatisch und normativ indifferent auffallen.

[5] Dabei handelt es sich in der Regel auch um (meist: junge) Männer, ich denke beispielhaft an die sog. Hooligan-Szene.

Die Krieger ermöglichen durch ihre Bereitschaft zu Disziplin und Gehorsam (die sie noch verbinden mit der Suche nach dem persönlichen Erlebnis), dass sich die Vorgesetzten auf ihre eingeübten Konfliktstrategien verlassen können, die mehr oder weniger polarisierend ist. Nach dieser Auffassung muss die Polizei stets als Sieger aus dem Konflikt hervorgehen, der möglicherweise erst durch ihr Auftreten und die Art und Weise der Bearbeitung zum Null-Summen-Konflikt wird[6]. Indem die Polizisten vor allem besser als ihre Gegner sein wollen, erkennen sie das Regelwerk des *more of the same* an und dem dient folgerichtig die körperliche und technische Aufrüstung. Dass sie damit zum ausführenden Organ der autoritären Variante des staatlichen Gewaltanspruchs werden, können sie aus dieser Haltung heraus nicht erkennen (vgl. Steinert 1994, 103 ff.).

Krieger wollen aktiv schützen, und zwar den nicht-kriegerischen Teil der Gesellschaft: „anständige Bürger", Frauen, Kinder, alte Menschen. Durch die Verfolgung der „Bösen" erhöht sich nach seinem Empfinden das Sicherheitsgefühl der Menschen. Das verschafft dem Krieger die ethische Legitimation für sein Handeln: Er schützt die oft abwesende Bevölkerung gegen meist sehr anwesende Feinde.

Die hegemoniale Männlichkeit bezieht ihre normative Legitimation aus der Berufung auf den Schutz der Gemeinschaft, auf die Verteidigung der (Rechts-) Ordnung und die Abwehr von drohenden Gefahren. Diese Position wurde und wird in allen staatlich verfassten Gesellschaften mit Spezialisten besetzt. Mit der Herausbildung des Gewaltmonopols wurde diese Funktion stringent auf Männer übertragen, nach innen der Polizisten, nach außen den Soldaten. Beide Gruppen führten und führen unterschiedliche *Kriege* gegen die Feinde der Gesellschaft. Der Schutz spielt sich also strukturell in der Triade *Beschützer – Beschützter – Feind* ab. Auf der Handlungsebene wird daraus aber eine dyadische Beziehung: das *Gute* und das *Böse* stehen sich szenisch und habituell unversöhnlich gegenüber. Dazwischen gibt es nichts, zumindest nichts Befriedigendes[7].

---

[6] Diese Form der Konfliktbearbeitung findet sich relativ häufig in Interaktionen unter Männern. Meistens, besonders im polizeilichen Alltagshandeln, sind die (männlichen) Polizisten selbst erheblich an der Konflikteskalation beteiligt. Etwas pointiert könnte man sagen, dass die Männer Teil des Problems sind, das sie zu lösen haben. Es könnte durchaus eine Haltung von Polizistinnen sein, dass sie die Suppe, die ihnen ihre männlichen Streifenpartner oft eingebrockt haben, nicht auslöffeln wollen. Empirische Arbeiten, etwa zu geschlechtsspezifischen Konfliktstrategien im Polizeialltag, könnten zu diesem Komplex mehr Aufschluss geben.

[7] „Die Gesellschaft" oder „der anständige Bürger" ist ja meistens nicht da, wenn Polizisten in Aktion treten. „Die Gesellschaft" ist aber meist abwesend, d.h. es handelt sich um eine abstrakte Kategorie. In vielen Deliktsbereichen, in denen Polizei aktiv wird, fehlt die zu schützende Bevölkerung fast ganz (z.B. bei der Drogenkriminalität). Anders im Bereich der Eigentums- und der Gewaltkriminalität: Hier haben es Polizisten oft mit realen Opfern und weniger realen bzw. abwesenden Tätern zu tun.

Die Kriegermännlichkeit beharrt auf ihre Autonomie und verweigert sich, wenn es darum geht, Probleme kommunikativ zu lösen. Das geflügelte Wort vieler Polizisten, man könne als Polizei die gesellschaftlichen Probleme nicht lösen, lässt sich vor allem als nachträgliche oder immunisierende Rationalisierung lesen: Mindestens die Krieger wollen das gar nicht. Das geduldige Kleinarbeiten von Konflikten in langwierigen Interaktionen hat keine Bedeutung für die Selbstkonstitution des Kriegers, sondern die Verfügbarkeit für riskante *Abenteuer*.

Krieger konzentrieren sich auf die dramatischen Störungen des gesellschaftlichen Friedens. Sie interessieren sich nicht für die Alltagskonflikte, sondern halten sich bereit für die große Herausforderung. Dies kommt statistisch nicht so oft vor, wie medial suggeriert wird und so stellen die Krieger nur in Ausnahmefällen ihre Fähigkeiten unter Beweis, ansonsten sind sie einfach präsent (und üben)[8].

Der Krieger muss in besonderem Maße seine Angst bearbeiten, weil er öfter in angstmachende Situationen kommt als der *normale* Polizist und sich in ihnen besser bewähren muss (für ihn reicht es nicht, sie einfach zu überstehen). Angst, sonst ein Mechanismus, der als Warnsignal dient und vor Gefahr schützt, wird zum Störfaktor, da der Ort der Gefahr ja gerade aufgesucht werden soll. Während beispielsweise der Wissenschaftler, während seines Feldaufenthalts, mit seiner Angst anders umgehen kann, da er nicht handeln *muss* (er kann beispielsweise die Szene verlassen oder sich im Hintergrund halten), unterdrückt sie der (jugendliche) Polizist, um aktionsfähig zu bleiben.

Den Novizen wird von der Organisation Erfahrungswissen als Handlungsressource angeboten, allerdings unter der Bedingung, dass sie psychische und physische Risiken eingehen: Angst, Kränkungen, Verletzungen. Bedingung ist nicht, dass sie solche Erfahrungen unbedingt machen *wollen,* sie müssen sie jedoch mindestens in Kauf nehmen. Bei der Bearbeitung der damit verbundenen Gefühle helfen die anderen Kollegen: so werden aus Arbeitskollegen Kameraden, es werden gute Leute, mit denen man gemeinsam durch dick und dünn gehen kann. Letztlich wird zwar die Last der persönlichen Verarbeitung dadurch nicht genommen, aber sie erscheint jetzt geringer. Angst ist für den Krieger nicht unverständlich, auch nicht unmännlich. Sie wird es, wenn man ihr freien Lauf lassen würde. Mit der Unterdrückung zeigt er seine Funktionsbereitschaft und

---

[8] Die Bereitschaftspolizei wurde als Verbandspolizei konzipiert, die sich für alle möglichen Einsatzlagen *bereit* hält. Sie konnte bislang in die tägliche Polizeiarbeit nur mit größeren Reibungsverlusten integriert werden. Mit der Umstrukturierung der Bereitschaftspolizei ist deren Selbstverständnis prekär geworden, da aus einer Unterstützungs- bzw. *Subsidiär*-Polizei nun eine Organisation geformt werden soll, die mit der Alltagsarbeit der Schutzpolizei kompatibel ist, was nur schwer vermittelt werden kann (zumal die Beamten dort subjektiv natürlich voll ausgelastet sind). In einigen Bundesländern führte das bereits zur Auflösung der Bereitschaftspolizei bzw. der Eingliederung in die Organisationsstruktur des polizeilichen Einzeldienstes.

seine Selbstdisziplin, was wiederum als männlich gilt. Immerhin bieten Angsterlebnisse das Material an, das den vielen Storys, Geschichten und Mythen in der Polizei zugrunde liegt. Meistens fließen sie über den psychischen Abwehrmodus der *Verkehrung ins Gegenteil* als Abenteuergeschichten in den Alltagsdiskurs der Cop Culture ein.

Die mit der Kriegermetapher verbundene aggressive Komponente wirkt sich in Abstufungen auf alle Polizei-Männlichkeiten aus. Die Aggressive Maskulinität muss gar nicht in Vollendung angeeignet werden, um ihre kulturelle Wirkung zu entfalten. Im Gegenteil: je mehr sie sich dem beschriebenen Idealtypus[9] nähert, umso suspekter wird sie der Polizeiführung und um so mehr wirkt sie für die Alltagsarbeit der Organisation kontraproduktiv. Dies gilt in gleicher Weise für die Organisation: Wenn auch die Polizei keine Kriegsorganisation ist, so verfügt sie dennoch über aggressive Anteile, die auch jederzeit aktivierbar sind, und zwar auf institutioneller wir auf habitueller Ebene.

Ich möchte diesem Modell einen Antagonisten gegenüberstellen: Ich bezeichne ihn als den „reflektierten Praktiker", der für mich in der Metapher des Schutzmanns an besten zum Ausdruck kommt.

1.2 Der Schutzmann als reflektierter Praktiker

Im Idealtypus des „Schutzmanns"[10] amalgamieren sozusagen die offizielle Polizeikultur und die informelle Cop Culture. Ich sehe diesen Typus auch im Zent-

---

[9] In Max Webers Aufsatz „Die 'Objektivität' sozialwissenschaftlicher Erkenntnis" findet sich folgende Beschreibung des Idealtypus: „Er wird gewonnen durch einseitige *Steigerung eines* oder *einiger* Gesichtspunkte und durch Zusammenschluss einer Fülle von diffus und diskret, hier mehr, dort weniger, stellenweise gar nicht, vorhandenen *Einzel*erscheinungen, die sich jenen herausgehobenen Gesichtspunkten fügen, zu einem in sich einheitlichen *Gedanken*gebilde. In seiner begrifflichen Reinheit ist dieses Gedankenbild nirgends in der Wirklichkeit empirisch vorfindbar .... Er ist ein Gedankenbild, welches nicht die historische Wirklichkeit oder gar die 'eigentliche' Wirklichkeit *ist*, welches noch viel weniger dazu da ist, als ein Schema zu dienen, *in* welches die Wirklichkeit als *Exemplar* eingeordnet werden sollte, sondern welches die Bedeutung eines rein idealen *Grenz*begriffs hat, an welchem die Wirklichkeit zur Verdeutlichung bestimmter bedeutsamer Bestandteile ihres empirischen Gehaltes *gemessen*, mit dem sie *verglichen* wird" (Weber 1956, 186-262, Zitate S. 235 und 238f.). Mit dem Begriff der „idealtypischen Konstruktionen" beschreibt Max Weber also ein Modell, das darstellt, „wie ein bestimmt geartetes, menschliches Handeln ablaufen w ü r d e , w e n n es streng zweckrational, durch Irrtum und Affekte ungestört, und w e n n es ferner ganz eindeutig nur an seinem Zweck (...) orientiert wäre. Das reale Handeln verläuft nur in seltenen Fällen (...) und auch dann nur annäherungsweise so, wie im Idealtypus konstruiert" (Weber 1985, 4; Hervorhebung im Original).

[10] In früheren Auseinandersetzungen bin ich von Männlichkeitsmustern als Koordinatensystem für eine Erklärung der Polizei ausgegangen, die ich allerdings auch als heuristische Modelle, nicht als Beschreibung einer real vorfindbaren Eigenschaft verstanden habe. Dabei ist es auch heute

rum einer zivilgesellschaftlichen „Bürgerpolizei", obwohl oder gerade weil er nur für den Alltag taugt, nicht für die prekären Großereignisse.

Das Geschlecht des „Schutzmann" ist immer noch männlich, es kommen aber mehr und mehr „Schutzfrauen" in die Nähe dieses Idealtypus. Beide beziehen sich affirmativ auf den Schutz der (mehr oder weniger konkreten) Gemeinde. Der Schutzmann verteidigt nicht primär die Rechtsordnung, den Bestand des Staates oder kämpft für eine gerechte, aber abstrakte Sache, sondern hat seinen genuinen Bezug in der lokalen (Wohn-) Gemeinde. Das Lokale bildet den normativen Rahmen seiner Arbeit. Er kümmert sich nicht in erster Linie um seine Karriere, sondern sucht nach sozialer Geborgenheit. Er ist der etwas biedere, auf jeden Fall unprätentiöse Teil der Polizei. Er setzt sich von der *harten* Männlichkeit der street cops dadurch ab, als für ihn der Auftrag als *Friedensstifter* in Alltagssituationen wichtig ist.

Der Schutzmann bezieht sich auf andere Werte als der Krieger, Alter und Erfahrung spielen dabei ein wichtige Rolle. Ganz junge Schutzmänner gibt es nicht. Dazu gehört eine Kompetenz, die sich über Praxis und Lebenserfahrung gleichermaßen vermittelt und die über einen längeren Zeitraum angesammelt wurde, und zwar in einem Handlungsfeld, in dem er noch Kontakt zur Gemeinde hat, das kann als Ermittlungsbeamter im Tagesdienst eines Polizeireviers sein.

Der älter gewordene Polizist, der als Sachbearbeiter in der Personalstelle des Polizeipräsidiums beschäftigt ist, kann sich hingegen nur noch im weiteren Wortsinn als *Schutzmann* bezeichnen, und zwar dann, wenn er seine frühere Praxiserfahrung noch beruflich umsetzen kann.

Der junge Polizist ist in erster Linie Novize, und dort entweder Krieger oder unauffälliger Aufsteiger. Der junge Leitungsbeamte ist Manager oder Bürokrat, keiner von ihnen ist *Schutzmann*. Alle können sich gleichwohl auf eine Tradition berufen, in der Schutz-Männlichkeiten produziert und gepflegt werden. In diesem weiten Verständnis kann jeder von sich sagen, er sei *Schutzmann*. Distinktiv wirkt das Merkmal erst durch die reale Tätigkeit, also durch Handeln, nicht durch kollektive Zugehörigkeit (der Sachbearbeiter *ist* kein Schutzmann, er partizipiert allenfalls an der weitverbreiteten Verwendung des Wortes)[11].

---

noch geblieben: ich nutze das Bild des „Schutzmanns" als Idealtypus im Sinne Max Webers, man kann auch *idealtypische Konstruktion* sagen, man sollte nicht an eine konkrete Charaktertypologie denken, obwohl einige Personen diesem Idealtypus schon nahe kommen.

[11] Der *Schutzmann* steht im Statusgefüge der Polizei ziemlich weit unten und ist in seinem Zuständigkeitsradius stark begrenzt. Gleichwohl nennen sich viele Polizisten *Schutzmänner*, sie meinen dies aber nicht als Funktionsbeschreibung, sondern als Affirmation ihres Berufsstandes: sie wollen tatsächlich *schützen*. Dies betrifft gerade diejenigen, die später in Führungspositionen übergewechselt sind, denn sie zeigen mit dieser Selbstzuschreibung, dass sie bodenständig geblieben sind, und dass sie weder zu Managern noch zu Bürokraten wurden.

Schutzmänner können älter gewordene Krieger sein, deren Lust an der unmittelbaren Körperpräsentation geringer geworden und in *abgekühlte Erfahrung* übergegangen ist, die vielleicht *weiser* geworden sind (sie sagen dann meistens, dass sie heute *ruhiger* seien als früher). Es müssen aber nie ausgesprochene Krieger-Männlichkeiten gewesen sein. Auch der weniger aggressive junge Mann reift heran, er sammelt Erfahrungen, die ihm den Status eines *Schutzmanns* geben können.

Die Auseinandersetzung mit der Rolle der Polizei in gesellschaftlichen Konflikten ist für ihn nicht einfach. Er kann sich nicht mit allen Aufgaben und Tätigkeiten der Polizei identifizieren und muss sich manchmal argumentative Nischen suchen, um seine Integrität und Loyalität auf eine nicht all zu harte Probe zu stellen.

Wertekonflikte löst er häufig durch prozedurale Rationalität: Ausschlaggebend ist der Gesetzesvollzug, persönliche Motive haben dabei keine Rolle zu spielen[12]. Wer sich diese Formel nicht zu eigen machen kann, weil sie seinen Gerechtigkeitsvorstellungen zuwiderläuft, muss entweder rebellieren, sich entziehen oder seine Kompromissbildung aushalten. Die Verschiebung normativer Konflikte auf Verfahrensfragen ist ein für bürokratische Herrschaft konstitutives Merkmal. Zwischen den Polen *Unterwerfung* und *Widerstand* liegt für viele eine mehr oder weniger große Bandbreite von individuellen Bewältigungsstrategien[13].

Der Schutzmann ist erklärtermaßen kein Pazifist. Gewalt als Ressource kennt er wohl und setzt sie ein, z.B. wenn er empfindlich getroffen wird oder aus *erzieherischen Gründen*. Wichtig für ihn ist, dass er dabei *über den Dingen* steht, sich nicht in die Spirale von Provokations- und Beleidigungsritualen verstricken lässt, und dass er weiß, *was* er *wann* machen muss. Diese Erfahrung des Praktikers ist nicht unbedingt in Übereinstimmung zu bringen mit der Theorie der Dienstvorgesetzten oder mit den Vorschriften des Gesetzes. Es ist ein *praxiserprobtes* Wissen, das sich durch eigene und kommunizierte Erfahrung speist. Er schlägt nicht blindlings zu, nicht aus Aggressivität oder im Affekt, sondern *an Vaters statt,* erzieherisch. So legitimiert er seine Gewaltsamkeit.

---

[12] Dieses Muster ist bezeichnend für den polizeilichen Umgang mit gesellschaftlichen Konflikten. Die Organisation wacht vor allem über die Einhaltung der Verfahren. Das gedankliche Gegenstück wäre die „intentionale Rationalität", die eher an den Inhalten, an den Begründungen und an den Diskursstrategien der Beteiligten ansetzen würde. Ein Polizist mit „intentionaler Rationalität" stellt sich die Frage: *warum will oder muss ich etwas tun?* Der Kollege mit prozeduraler Rationalität fragt hingegen: *wie mache ich es (rechtlich) richtig?*

[13] Ein gestandener „PHM" (Polizeihauptmeister) mit mehreren Jahrzehnten Berufserfahrung erwähnte in einem Interview die Praktiken zur Reduzierung von Einsatzstress beim Bau der Startbahn-West. Es sei üblich gewesen, dass jeder in der Dienstschicht im Umlaufverfahren nach einigen Wochen Dienst auch einige Zeit „krank" machte. Er nannte dies seinen privaten Widerstand gegen die Startbahn „mit dem gelben Zettel".

Der Schutzmann packt zu, wenn Gefahr droht, er hat pragmatische Lösungen, wenn etwas aus dem Lot geraten ist, er hat nicht nur das *Herz am rechten Fleck*, sondern auch die Beherztheit, seine Hände einzusetzen.

Man kann den Schutzmann einen pragmatisch denkenden, nicht zum Fanatismus neigenden, in der Regel wertkonservativen Menschen beschreiben, der durch die Praxis der Polizeiarbeit geprägt ist. Die hegemonialen Handlungsmuster (z.b. sich aufeinander verlassen zu müssen) hat er internalisiert, er kann sie aber auch für sich nutzen. Vorgesetzte sind dann ein Problem, wenn sie – im Gegensatz zu ihm – nicht mit offenen Karten spielen und ihn wegen seiner Geradlinigkeit ausgrenzen wollen.

Souverän fühlt er sich in Situationen, die er selbst beeinflussen kann, in denen er den Verlauf der Interaktion (mit)bestimmen kann. Im geschlossenen Einsatz dagegen fühlt er sich als ausführendes Organ reduziert, er möchte nicht für etwas *verheizt* werden, was er nicht überblicken kann[14].

Sein Konflikthandeln zentriert er um den Aspekt des *Überzeugens* (vielleicht auch des Überredens), er will Probleme *vernünftig* (d.h. pragmatisch) lösen, was die Einsicht beim Konfliktgegner einschließt. Seiner Rolle als Verwalter des Gewaltmonopols ist er sich durchaus bewusst, er stellt sein Gewalthandeln in einen höheren Sinnzusammenhang. Er hat eine für ihn schlüssige und ausreichend genaue Vorstellung davon, wann er Gewalt in welcher Form einsetzt und unterscheidet dies von *entgrenzter* Gewalt. Auf diese Weise gelingt es ihm, sein eigenes Handeln zu legitimieren, ohne das Handeln der Polizei als Organisation (z.B. beim Flughafenausbau) politisch rechtfertigen zu müssen. Er identifi-

---

[14] Deshalb taugten bzw. taugen die im sog. „Besonderen Sicherheits- und Ordnungsdienst" (BSOD), auch eingesetzten sog. „Alarm-Hundertschaften" oder auch „Einzeldienst-Hundertschaften" für den geschlossenen Einsatz nur bedingt: Hier werden im Notfall Beamte des Einzeldienstes (oft: aus dem Tages-, d.h. dem Ermittlungsdienst) zu einer geschlossenen Gruppe zusammengefasst, d.h. von den Polizeirevieren abgezogen. Nun sind aber die meisten der dort versammelten Individualisten auf das unmittelbare und schnelle Ausführen von Befehlen nicht vorbereitet, sondern bringen auch in diesen Gruppen ihre individuellen Haltungen, Problemlösungen und Erfahrungen ein, nicht immer zur Freude und vollkommenen Zufriedenheit der Einsatzleitung. Andererseits, und davon konnte ich mich bei einem Streik an der Frankfurter Universität im Jahr 2004 noch selbst überzeugen, wirken die (meist älteren und meist auch nicht mehr sportlich so durchtrainierten) Einzeldienstbeamten, die z.B. einen Eingang zu einem Uni-Gebäude abriegeln sollen, auch auf das studentische Protestpublikum erfolgreich deeskalierend. Sie ließen sich auch durch die hitzigsten Parolen nicht mehr aus der Ruhe bringen und mancher Jungaktivist hat sich an diesen „älteren Herren" erfolglos zu profilieren versucht. Einer der Einzeldienstkollegen (den ich noch persönlich von früher kannte), meinte im breitesten Hessisch: „Ei, die Buube, die werrn aach emol ruischer". Er meinte damit allerdings noch nicht einmal die Studierenden, sondern vor allem seine Kollegen einer Wiesbadener Beweissicherungs- und Festnahmeeinheit, die auf der anderen Seite des Gebäudes eingesetzt waren und sehr viel martialischer auftraten.

ziert sich nicht mit der Gesamtorganisation, sondern mit seinem engeren Arbeitsbereich, mit seinem direkten Tätigkeitszusammenhang.

Im Konflikt unter Privatpersonen, zu dem er gerufen wird, ist der Schutzmann in erster Linie *Schiedsmann*. Er hört sich (immer wieder) die Parteien an, entscheidet nach seinem Ermessen und versucht dafür die Einsicht beider Parteien zu bekommen. Allerdings ist er weder *Friedenstaube* noch *Gut- oder Geduldsmensch*. Er hat ein Augenmaß dafür, wann die Zeit des Redens und wann die Zeit des Handelns ist. Findet er für sein Vorgehen keine Zustimmung, kann er durchaus alle Register des polizeilichen Maßnahmenkatalogs ziehen[15].

Der Schutzmann ist eine *Nischen-Männlichkeit*. Er kennt die Mechanismen des bürokratischen Apparates, hat gelernt, sich in ihm einzurichten, er hat erkannt, dass er nicht viel verändern kann. Er weiß auch, wie er die Strukturen für seine eigenen Ziele nutzen kann. Der *Schutzmann* erscheint als Mann, der (die Gemeinde) schützt, der oft auch aus dieser Gemeinde kommt und/oder sich zu ihr bekennt, der aber gleichzeitig einer Organisation angehört, die der Gemeinde deutlich entrückt ist. Er verkörpert die konservativen Werte des Erhalts einer gemeindlichen Ordnung und steht gleichzeitig vor der Aufgabe, sich im Apparat einzurichten, die bürokratischen Vorgaben zu beachten. Neben der aktiven Form des Schützens, so eine zweite Lesart, lebt dieser Männlichkeitstypus aber selbst im Schutz der Normalität. Diese muss er sich manchmal konstruieren, und er muss dafür Kompromisse eingehen. Er lebt aber vor allem im Schutz der Strukturen, die eine gewisse Unauffälligkeit voraussetzen und dafür einen *sicheren Platz in der Organisation* anbieten. Der *Schutzmann* ist nicht nur ein Mann, der schützt, sondern auch ein *geschützter Mann*. Dieser Männlichkeitstypus arbeitet im weniger spektakulären Alltag des Gewaltmonopols. Dabei hat er durchaus eine Vorstellung von der Bedrohung dieses Friedens. Er fühlt sich für den Frieden in dieser Gemeinde (seinem Revier) zuständig, nicht für die Verbrecherjagd.

Der Schutzmann tut im Ergebnis Dinge, die verfahrenskonform, korrekt (legitim) und rechtlich legal sind, er bestätigt damit die Werte der Polizeikultur und des first code. Er begründet sie aber nicht notwendigerweise bürokratisch.

So setzt der Schutzmann beispielsweise gegen das Jagdfieber vieler junger Kollegen seine Routine und seine Erfahrung ein, nicht aber die Polizeidienstvorschrift. Bei einer Verfolgung eines flüchtigen Autos durch eine Innenstadt mahnt

---

[15] Eine Episode aus vergangenen Tagen: Mir imponierte mein erster „Bärenführer" (etwa um 1980) in einem Frankfurter Innenstadtrevier dann am meisten, wenn wir zu „Ruhestörendem Lärm" gerufen wurden. Er wusste immer, was wir zu tun hatten – ich lag mit meiner Einschätzung oft daneben. Er konnte jovial sein, streng ermahnen und wieder gehen, freundlich ermahnen und wieder gehen, sofort die Musikanlage mitnehmen oder Verstärkung rufen, weil er wusste, dass wir das alleine nicht schaffen würden. Er tat das aus seiner „Schutzmannserfahrung" heraus. Er hat mir nie theoretisch fundiert sagen können (oder wollen), *warum* er *wann was* tat.

er seinen jungen Kollegen am Steuer, nicht zu viel zu riskieren. Er handelt damit ganz im Sinne der Verwaltungsvorschrift, die stets die Verhältnismäßigkeit der Mittel im Auge hat. Aber er begründet es damit, dass ihm seine eigene Gesundheit mehr wert sei als alles andere. Oder er setzt seine Erfahrung ein und sagt: „Wenn Du einen Unfall baust, schreibst Du Dich dumm und dämlich". Er kann das sagen, weil er genügend Erfahrungen gemacht hat. Und wenn er noch engagiert ist, fügt er hinzu: „Irgendwann geht uns der schon ins Netz"[16].

Man kann durchaus sagen, dass der „Schutzmann" erfolgreich zwischen Cop Culture und Polizeikultur vermittelt bzw. den gemeinsamen Nenner zwischen beiden am besten auslotet. Er beherrscht den „first" und den „second code" gleichermaßen, identifiziert sich mit beiden aber nur partiell.

1.3 Der männliche Blick auf die Kollegin

Eine gründliche Erforschung des Geschlechterverhältnisses in der Polizei ist lange überfällig, schon um andere als die Opfer- oder Defizitdiskurse zu ermöglichen. Schließlich haben Frauen erheblich dazu beigetragen, das Thema Männlichkeit als *prekär gewordene Männlichkeit* weiterzuschreiben[17]. Eine Auseinandersetzung mit Männlichkeit ist gerade wegen des zunehmenden Frauenanteils in der Polizei gut zu analysieren, weil diese Thematik erst zu einem Zeitpunkt als Problem artikuliert wurde, als zunächst außerhalb der Polizei die Frauenbewe-

---

[16] Es gibt im übrigen eine ganze Reihe von Redewendungen, die die vielen kleinen und großen Kränkungen (ein Pkw flüchtet, weil das Fahrzeug mehr PS als der Dienstwagen und der Fahrer mehr Todesverachtung hat als die Polizeibeamten) bearbeiten: „Diese Schlacht haben wir verloren, aber noch nicht den Krieg", „Irgendwann kriegen wir sie alle", „Die Netze sind gespannt", „Der stirbt auch nicht im Bett, wenn er so weiter macht" etc. – es würde sich durchaus lohnen, solche *Alltagsregeln* einmal zu sammeln und zu systematisieren. Ich glaube, sie stehen im Dienste einer kollektiven *Ökonomie der Arbeitskraft und der Arbeitsmoral*. Selbstredend würden wir solche Alltagsweisheiten nicht in der Polizeikultur finden.

[17] Die Polizei-Führungsakademie ermittelte in einer Bund-Länder-Umfrage im Jahr 1994 einen prozentualen Frauenanteil am Gesamtpersonal der deutschen Polizei von 7,3%, wobei der Anteil für die Schutzpolizei mit 6,7% und der bei der Kriminalpolizei mit 11,7% angegeben wurde (vgl. Murck/Werdes 1996, 1267 f.). In Hessen ergibt sich fünf Jahre später (Stichtag: 10.8.1999) eine davon deutlich abweichende Verteilung: Der Frauenanteil in der Vollzugspolizei (N = 14227) lag bei 10,6 %, in der Ausbildung bei 38%. In der Schutzpolizei betrug die Quote etwa 10,1 %, in der Kriminalpolizei 12,8 % (diese und die Zahlen für Hessen wurden mir vom Personalreferat im Hessischen Innenministerium zur Verfügung gestellt [Schreiben vom 20.10.99 Az. III A 44-15h-]). Mittlerweile dürfte sich der Frauenanteil im Vollzugsdienst der Polizei (also ohne Ausbildungsstellen bzw. Fachhochschulen) bei etwa 15% eingependelt haben. Zwar gibt das Statistische Bundesamt für 2003 23% Frauenanteil in der Polizei an, jedoch sind damit alle Dienststellen und Einrichtungen gemeint, also auch die relativ frauenstarken Ausbildungsstationen http://www.destatis.de/presse /deutsch/pm2005/p0930061.htm, Zugriff am 7.1.07)

gung die Geschlechterfrage problematisierte und später innerhalb der Polizei über Frauen als Kolleginnen gesprochen wurde, denn dies löste eine Welle von Aversionen und Bedenken aus, die auf eine tief sitzende Verunsicherung der Männer schließen lässt. Die Männlichkeit der Polizei wurde sozusagen in einer Phase der Verunsicherung und Prekariät erst verteidigt.

Der *männliche Blick auf die Kollegin* ist ambivalent. Aus zahlreichen Interviews und den Eindrücken während des Feldaufenthaltes kristallisierten sich für mich einige dominierende Perspektiven auf die Kolleginnen heraus: *Nützlichkeit, Entbehrlichkeit* und *Begehrlichkeit*. Die *Nützlichkeit* von Frauen wird oft mit der Vorstellung einer pazifizierenden Wirkung auf Männer (auch Kollegen) und eines größeren Einfühlungsvermögens in Opfer assoziiert. Dem gegenüber steht die Haltung, dass sie eigentlich entbehrlich sind, verdeutlicht an der körperlichen Unterlegenheit und der Schutzbedürftigkeit der Kolleginnen. Die Tatsache, dass sie der Organisation nicht im gleichen Ausmaß wie die Männer zur Verfügung stehen, wird oft erwähnt, vor allem über das Thema Schwangerschaft. Sie stehen nicht in gleicher Weise der Organisation und dem Team zur Verfügung, das macht sie suspekt. Schließlich werden Frauen unter der Perspektive der Begehrlichkeit, d.h. ihrer *erotischen Attraktivität* gesehen, was allerdings besonders verklausuliert erfolgt, vermutlich, weil es erhebliche Irritationen unter den Männern auslöst[18].

Die Wahrnehmung von Frauen bezieht sich hoch häufig auf die Kriterien (*Aus-)Nutzbarkeit* (als Mutter und Haus- oder Putzfrau, Dienstleisterin, Gefühlsmanagerin) und *Begehren* (Attraktivität). Frauen stehen für alle möglichen Fälle zur Verfügung, bleiben allerdings prinzipiell außen vor.

Für viele Männer bedeutet der Zugang von Frauen in ihren Bereich auch ein invasives Besetzen eines zuvor von ihnen monopolisierten Bereichs. Die Irritation bezieht sich darauf, dass Frauen das Gleiche tun wie die Männer, aber mit weniger Aufwand (bzw. „besseren" Gründen, z.B. über den Mutterschutz wieder gehen können, d.h. dass sie zwischen Produktionssphäre und Reproduktionsar-

---

[18] Es scheint für männliche Polizisten gar kein Widerspruch zu sein, die Frauen als Ziel ihrer libidinösen Wünsche zu umwerben, sie aber gleichzeitig als Kolleginnen abzulehnen. Manifest wird diese Ambivalenz regelmäßig bei kleineren und größeren Festen. In meinen Untersuchungen von Beweissicherungs- und Festnahmeeinheiten (BFE) ist mir aufgefallen, dass gerade dort, wo Frauen nach wie vor unterrepräsentiert sind, besondere „Kontingente" von „Kolleginnen", z.B. aus benachbarten Einsatzzügen, eingeladen werden, wenn es ans Feste feiern geht, um mehr Stimmung in den Abend zu bringen. Es wird dann geflirtet, gebalzt und vielleicht mehr noch praktiziert. Bewirbt sich eine dieser Kolleginnen allerdings später für diese BF-Einheit, wird sie häufig unter fadenscheinigen Argumenten abgewiesen. Begehren und Abwehr gehen hier Hand in Hand und das ist vor allem mit der Funktionsweise homosozialer Verbände zu erklären.

beit switchen können[19]. Männer dagegen müssen bleiben (oder krank werden, um gehen zu können). Hier schimmert etwas Neid auf die Frauen durch, die mit der Berufsarbeit anders umgehen, als es Männer gemeinhin tun. Die Ressentiments gegen Frauen in der Polizei fokussieren sich auffällig oft auf das Thema *Schwangerschaft*[20]. Dies hat als Verdichtungssymbol mindestens zwei Bedeutungen: Die Fähigkeit zur Schwangerschaft ist der kategoriale Unterschied zwischen Männern und Frauen (im Berufsleben). Ansonsten gibt es wenig, was sie, bezogen auf die Berufsausübung, grundsätzlich voneinander unterscheidet (vielleicht noch die physische Überlegenheit). Frauen können alles, was die Männer können, und zusätzlich noch schwanger werden. Sie zeigen, dass sie nicht nur in der männlichen *Produktionssphäre* (hier: Erwerbsarbeit) aktiv werden können, sondern gleichzeitig weiterhin für die Reproduktion verantwortlich bleiben. Aus der Sicht der Männer gibt das den Frauen eine Macht, die sie ängstigen muss, denn ihre Kolleginnen können darüber entscheiden, ob sie den Beruf ausüben wollen, wie lange und unter welchen Bedingungen, und sie können (bzw. müssen) zusätzlich noch Kinder bekommen, d.h., sie beherrschen sowohl die Produktionssphäre als auch Reproduktionssphäre. Schwangerschaft führt andererseits im Betriebsablauf der Organisation auch objektiv zu einer Störung. Die Männer, die sich im Gespräch mit mir mit dem Thema *schwangere Frauen* befassten, taten das nicht im rationalen Diskurs über organisatorische Probleme (sie tun das sicher, wenn sie vom Vorgesetzten dazu beauftragt werden), sondern sie *benutzten* das Thema, um zu sagen, dass Frauen ein Unsicherheitsfaktor sind, z.B., weil man sich auf sie nicht so verlassen kann wie auf Männer.

Die Vorstellungen, dass Frauen sich besser in andere einfühlen könnten, dass sie sensibler im Umgang mit schwierigen Menschen in schwierigen Situation sein könnten, sich gegenüber Kindern und misshandelten Frauen menschlicher verhalten und ansonsten noch für ein angenehmeres Betriebsklima sorgen könnten, sind fast ausschließlich von Männern kommuniziert worden, und zwar zu einer Zeit, in der Frauen noch gar nicht in der Schutzpolizei waren bzw. kurz

---

[19] Dass sie auch zwischen beiden Sphären vermitteln *müssen*, und dass dies gleichzeitig ein manifestes Karrierehemmnis ist, nimmt in der Wahrnehmung der Männer nicht den gleichen Raum ein wie in der von betroffenen Frauen.

[20] Natürlich gilt dies wiederum nicht nur für die Polizei. Das Argument von Schwangerschaft war und ist ein Topos, um die Frau allgemein zum *Risikofaktor* in der Berufswelt zu erklären (in den weniger reflektierten Formen kommt noch die eingeschränkte Verwendbarkeit wegen Menstruationsbeschwerden hinzu). Es gibt bislang offenbar kein Zahlenmaterial zu den *Fehlzeiten* von Männern und Frauen in der Vollzugspolizei (eine „Ausfallstatistik" wird im Ministerium nicht geführt). Dagegen liegen Zahlen für Mutterschutz/Erziehungsurlaub vor: 165 Polizeibeamtinnen und 11 Polizeibeamte machten 1999 in Hessen davon Gebrauch, wobei sie nicht gänzlich ausfallen, weil für sie sog. „Leerstellen" zur Verfügung stehen, d.h. diese Stellen können prinzipiell wieder besetzt werden.

nach ihrem Eintritt (für Hessen: 1981). Mittlerweile sind weit mehr als 25 Jahre vergangen und in dieser Zeit ist eine gewisse Varianz von Erfahrungen möglich geworden. Männer und Frauen haben in dieser Zeit andere Erfahrungen miteinander gemacht, sie haben zur Kenntnis genommen, dass es neben den Vorzeigefrauen und Anstandsdamen auch die burschikosen, weniger adretten, weniger sensiblen, die weniger netten und überlegenen Polizistinnen gibt. Für einige Männer ist das eine Bestätigung ihrer Vorurteile, für die anderen macht das den Weg zu einer weniger affektiven Bewertung frei.

Das Männlichkeitsideal bzw. die Selbstkonstitution einer *Polizeimännlichkeit* ergibt sich durch die Markierung von Differenz zur Frau bzw. zur sozialen Kategorie Weiblichkeit.

Frauen haben in einem verbreiteten Verständnis von Polizisten einen anderen Platz in der Organisation als Männer. Sie gehören in einige berufliche Nischen oder in die Etappe, dort wo Beziehungsarbeit und „Emotionsmanagement" (Hochschild 1985) geleistet wird. Der Ort der körperlichen Auseinandersetzung ist nach wie vor ein Ort aggressiver Männlichkeit, hier kann man Frauen eher nicht gebrauchen.

In Arbeitszusammenhängen, in denen Frauen die Minderheit bilden, wird die *Asymmetrie von Verhandlungsressourcen* (Meuser 1998, 69) besonders augenfällig.

„Die Analyse der Interaktionen zwischen den sog. 'token' (Kanter 1987), den wegen ihres Minderheitenstatus als Mitglieder einer Geschlechtskategorie wahrgenommenen Frauen, und den männlichen Kollegen lässt den Mechanismus der Reproduktion einer männerdominierten Geschlechterordnung und einer maskulin geprägten Organisationskultur sichtbar werden. ... Entgegen naheliegenden Annahmen – bzw. tatsächlicher Befürchtungen der 'betroffenen Männer' – stellen die in rein männlich geprägte Arbeitsplätze 'eindringenden' Frauen keine Gefahr für den männlichen Zusammenhalt dar. Die Anwesenheit einer Frau stellt vielmehr eine Gelegenheit dar, um Maskulinität zu bestätigen. Für die Männer ist dies zwar kein willkommener, faktisch jedoch ein genutzter Anlass, die Geschlechterdifferenz zu betonen. Die eigene Männlichkeit kann zugleich demonstriert und geklärt werden, und das nicht nur gegenüber den Frauen, sondern insbesondere auch gegenüber den männlichen Kollegen (...). *Die Anwesenheit weniger Frauen unterminiert in keiner Weise die Interaktionskultur der Männer; diese Frauen werden vielmehr 'instrumentalisiert', um die Majoritätskultur zu unterstreichen*" (Meuser 1998, 69, meine Hervorhebung).

Frauen in Männerberufen werden, anders als ihre männlichen Kollegen, nach wie vor als Geschlechtskategorie wahrgenommen (vgl. Kanter 1987 passim). Sie werden deshalb genauer beobachtet als Männer, ihre Aktivitäten haben Konsequenzen, die sich auf ihren geschlechtlichen Status beziehen. Auf diese Weise deuten Männer eine für sie potentiell bedrohliche Situation um in eine Gelegenheit, „die Gültigkeit der dominanten Kultur zu bekräftigen. Den Frauen bleiben nur zwei Reaktionsformen: Entweder sie ziehen sich zurück oder sie werden Insider, 'one of the boys', indem sie sich als Ausnahmen ihrer eigenen sozialen Kategorie definieren. In beiden Fällen bestätigen sie die dominierende Geschlechterordnung" (Meuser 1998, 69).

Allerdings ist auch zu beobachten, dass sich zunehmend viele Frauen von den männlich geprägten Handlungsmustern nicht mehr nachhaltig beeindrucken lassen und mit dieser traditionskritischen Haltung auch männliche Kollegen dazu ermuntern, es ihnen gleichzutun[21]. Dies geschieht jedoch nicht konfrontativ, sondern durch eine eher *diskursive Infragestellung* der gängigen Vorstellungen von Stärke und Schwäche, von sinnvollen und weniger sinnvollen Interventionen, von den Aufgabe der Polizei etc. Sie sind jedenfalls nicht die *Anstandsdamen*, für die sie von einigen Männern ausgegeben und wahrgenommen werden. Vermutlich müssen Männer ihre *chauvinistischen Anteile* vor allem gegenüber anderen Männern und öffentlich beweisen, hingegen nicht gegenüber den Frauen, schon gar nicht, wenn keine männliche Konkurrenz in der Nähe ist. Weiterhin wäre zu prognostizieren, dass sich mit zunehmender Frauenpräsenz nicht nur die Umgangsformen, sondern auch die Selbstbilder der Männer ändern. Diese Prognosen und Vermutungen müssten jedoch systematisiert und vertieft werden.

1.4 Zusammenfassung: Männlichkeit im Polizeialltag

Die vorgestellten Männlichkeitsmodelle müssen von einigen Komplikationen der Wirklichkeit notgedrungen absehen: Gerade für die höheren Positionen lässt sich eine Gleichzeitigkeit von *Autonomie* und *Abhängigkeit* beobachten, wobei das Maß an Selbstverwirklichung und Gestaltungsmacht nach oben sicher zunimmt.

Darüber hinaus wollen nicht alle jungen Leute in der Polizei Krieger sein, und nicht alle älteren Polizisten werden zu Schutzmännern. Verständlich werden die Modelle dann, wenn man sie als idealtypische (Re-)Konstruktionen der

---

[21] Das hat z.T. schon praktische Folgen: zwar beklagen sich die Männer nicht unerheblich über teilzeitarbeitende Frauen oder solche im Erziehungsurlaub, aber diese führen ihnen auch vor, dass es eine gewisse Varianz in den Arbeitszeitmodellen gibt und dass das Beamtengesetz mehr Spielraum lässt, als die meisten Männer wussten (Urlaub ohne Dienstbezüge mit oder ohne Betreuung eines Kindes können gleichermaßen Männer in Anspruch nehmen, tun es aber äußerst selten). Auch Teilzeitarbeit kannte man vorher kaum. Mittlerweile nehmen immerhin einige Männer diese Möglichkeiten wahr. Zum Stichtag 10.8.99 befanden sich in Hessen 271 Beamtinnen und Beamte in einem Teilzeitarbeitsverhältnis, davon 177 Frauen und 94 Männer. Auf eigenen Antrag beurlaubt waren 72 Beamte und Beamtinnen (21 Frauen und 51 Männer). Der hohe Anteil der teilzeitarbeitenden Frauen könnte ein Hinweis auf differente Lebensentwürfe sein, die vermutlich mit familialer Reproduktion zusammenhängen.

Wirklichkeit auffasst und weiterhin, wenn man sie nicht auf biologisch vorhandene Männer umstandslos zu übertragen geneigt ist. Wahrscheinlich würden sich bei einer repräsentativen Umfrage unter Polizisten die meisten Männer dem Typus des Schutzmanns zuordnen. Doch obwohl diese Männlichkeitsform wahrscheinlich weiter verbreitet ist als das Modell des Kriegers, wirkt sie nicht hegemonial. Die Unterscheidung zwischen vorherrschender Lebensweise und Hegemonie zeigt, dass zwischen den idealisierten Vorstellungen eines *richtigen Polizisten* und der im Alltag praktizierten (und oft einzig praktizier*baren*) Form erhebliche Differenzen bestehen.

Wenigstens zwei Erscheinungsformen von Männlichkeit fehlen in meiner Typologie, nämlich die *bürokratische* und die *manageriale* Männlichkeit. Ich nehme an, dass es sich dabei nicht um „reine" Typen handelt, sondern um Mischformen: Die bürokratische Männlichkeit (typisiert im *Sachbearbeiter*) wird starke Anteile des (ehemaligen) Kriegers und des Schutzmanns aufweisen. Die Manager-Variante wird mehr Anteile eines unauffälligen Aufsteigers zeigen vielleicht auch mehr charismatische Anteile verwirklichen. Es lassen sich vielleicht noch andere Muster ableiten, aber dies ist weiterer Arbeit vorbehalten.

Durch die allgemeine Überzeugung, Frauen seien im Kampf den Männern nicht ebenbürtig, und dass man im Zweifel auf sie mit aufpassen müsse, wird die Kategorie Weiblichkeit mit *Schwäche* und *Schutzbedürftigkeit* gleichgesetzt. Dadurch wird nicht nur die friedensstiftende Funktion der Polizeiarbeit verhüllt, sondern auch die Auseinandersetzung um *schwache Männer* vermieden. Die gibt es (in absoluten Zahlen gesprochen) viel häufiger als schwache Polizistinnen.

2   Der Einfluss des Geschlechts auf die Polizeiarbeit

Das *Geschlechterverhältnis* wurde, beginnend etwa Ende der 70er Jahre, vor allem *vor* dem Eintritt von Frauen in die Polizei thematisiert, und zwar ausschließlich von Männern[22]. Daran schloss sich ein „Betroffenheitsdiskurs" an,

---

[22]   Die Bundesländer begannen zu unterschiedlichen Zeiten damit, Frauen in die uniformierte Polizei einzustellen (vgl. Hempel 1989, 6; Murck/Werdes (1996, 1269): Hamburg 1979, Berlin 1980, Hessen und Niedersachsen 1981, Nordrhein-Westfalen 1982, Saarland und Schleswig-Holstein 1986, Baden-Württemberg, Bremen, der Bundesgrenzschutz und Rheinland-Pfalz 1987, Bayern 1990. Hier sind nur die alten Bundesländer aufgeführt, in den neuen Bundesländern wurden generell mit der Aufstellung der Landespolizei Frauen in den Dienst eingestellt, vielfach wurden auch Polizistinnen aus der Volkspolizei (VP) übernommen, manchmal unabhängig davon, ob sie dort als Vollzugspolizistinnen gearbeitet hatten oder in der Verwaltung. Murck/Werdes (1996, 1269) berichten, dass in Berlin bereits 1978 Frauen in die Polizei eingestellt wurden, und zwar über eine Umschulung von Politessen zu Schutzpolizistinnen und mit einer Tätigkeitsbeschränkung auf *frauenspezifische Bereiche*.

und zwar überwiegend in den Polizei-Fachzeitschriften (die wiederum überwiegend von Männern gelesen wurden). Hier klagen (sich) Männer und Frauen ihr Leid und das jeweils andere Geschlecht an, dass entweder etwas verloren geht (so die männlichen Schwerpunkte) oder man sich nicht ernst genommen fühlt (so der Tenor der betroffenen Frauen[beauftragten]). Ein kleine Illustration dazu: Die Auseinandersetzung beginnt mit relativ unbefangener Aversion: Ein Bereitschaftspolizist macht mit einem weitgehend konsensfähigen Titel auf sich aufmerksam: „Männermeinung. Brauchen wir Frauen in der Schutzpolizei? Eine keineswegs objektive Betrachtung" (in: Bereitschaftspolizei – heute – 22. Jg., 1993, Nr. 4, S. 164f); der Autor steht stellvertretend für die dominierende Anzahl der Männer, die zur Anwesenheit von Frauen im *Männerbund* nach einem politisch korrekten, aber deutlich zögernden „ja" ein ausgiebiges „aber" setzen und die keinen Hehl daraus machen, dass ihnen Frauen als Kolleginnen suspekt sind. In dieser Auseinandersetzung wird eine Argumentationsfigur benutzt, die später auch zur Frage von Migranten in der Polizei auftaucht: Frauen werden akzeptiert, wenn sie so sind (arbeiten), wie Männer. Die Unterschiedlichkeit und die größere Vielfalt werden zunächst nicht als Chance gesehen, sondern als Bedrohung. Dementsprechend wird eine positive Wirkung von Differenz tendenziell geleugnet. Komplementär dazu ist Abwehrdiskurs der wenigen (schreibenden) Frauen. Eine Frauenbeauftragte, Cordula Albrecht (1993, 4) schreibt zum Thema *Sexualobjekt Kollegin* und über *Sexuelle Belästigung am Arbeitsplatz Polizei* (Albrecht 1996, 15-18). Hier werden vor allem die Schwierigkeiten und Konflikte geschildert, die Frauen hinsichtlich ihrer psychischen und physischen Integrität mit den männlichen Kollegen haben. Waltraud Müller-Franke (1996, 38-42) thematisiert unter der Überschrift *Frauen der Polizei – Maskottchen oder Partnerinnen?* den Dauerkonflikt innerhalb der Polizei, ob Frauen nämlich gleichwertige oder gar bessere Polizistinnen sein können. Aber auch die Replik und Kritik der Männervorbehalte zielt darauf ab, zu zeigen, dass Frauen nach den Maßstäben der Männer gute Kolleginnen sein können. Frauen orientieren sich mehrheitlich an den Standards der Männer und definieren sich demnach auch aus der Position der (nicht vorhandenen) *Gleichheit* heraus, nicht aus der einer (selbstverständlichen) *Differenz*. Auch dort, wo das männliche Verhaltensrepertoire explizit abgelehnt wird, bleibt es bis auf weiteres hegemonial, d.h. es stellt immer noch das dominierende Muster dar, an dem Frauen sich abarbeiten müssen.

Wie eingangs bemerkt, gibt nach wie vor keine empirisch oder theoretisch befriedigende Forschung, über Frauen und Männer in der Polizei, über das Geschlechterarrangement, über dessen Auswirkung auf die Organisationsstruktur und die Veränderung von Policing-Strategien[23]. Sicher wird man sagen können, dass sich die Situation der Frauen in der Polizei nach ca. 25 Jahren positiv verändert hat. Mittlerweile gibt es nicht mehr nur *junge Frauen*, die sich sowohl beruflich als auch auf der Beziehungsebene in einer besonders beobachteten Situation befinden, sondern es gibt zunehmend auch weibliche Vorgesetzte, die etabliert und anerkannt sind. Metaphorisch könnte man sagen, dass es nunmehr neben den vielen Vätern in der Polizei auch *Mütter* gibt, und zwar nicht biologische, sondern im übertragenen Sinn als Führungs- und Leitungsmodelle. Die Zugführerin, die ein besonderes Auge auf die stilleren Beamten und besonders die weniger auffälligen Beamtinnen hat, die auch eher merkt, wann jemand in der Polizeikette überreagiert und ihn frühzeitig herauslöst; die Dienstgruppenleiterin, die zu „Privatstreitigkeiten" nicht die Kollegen mit der größten Körperkraft schickt, sondern die mit mehr Geduld und Ruhe; die Revierleiterin, die verfügt, dass die Kalender mit den Pin-Up-Girls aus dem Sozialraum verschwinden. Diese Beispiele mehren sich. Ich weiß, dass durch diese Aufzählung ein dichotomes Bild bedient werden könnte: Sie sind nicht per se die einfühlsameren Vorgesetzten, warum sollten sie es auch sein? Aber sie können in den Vorgesetztenrollen neue Akzente setzen. Wer hätte 1980 geglaubt, dass im Jahre 2006 ganz selbstverständlich zwei Frauen im Streifenwagen ihre Einsätze fahren? Oder im Wasserwerfer den Joystick bedienen? Der Zwang der Verhältnisse schlug so manchem männlichen Hardliner ein Schnippchen. Im Polizeiboot, als Fahrradstreife, als Fahrerin oder Werferin eines WaWe9, in der Reiterstaffel natürlich, als Hundeführerin, in der Einsatzgruppe sind die Frauen schon angekommen. In den Führungsfunktionen noch nicht in gleichem Maße.

Noch immer werden aber Frauen in Männerberufen, anders als ihre männlichen Kollegen, vornehmlich als Geschlechtskategorie wahrgenommen (Kanter 1987, Wilz 2003). Sie werden deshalb noch immer genauer beobachtet als Männer, und ihre Aktivitäten haben oft Konsequenzen, die sich auf ihren geschlechtlichen Status beziehen.

Polizistinnen müssen weiterhin gegen stereotype Zuschreibungen angehen. Sie können sich auf ihre Weiblichkeitsrolle berufen und diese ausfüllen, müssen dann aber auf andere Rollen verzichten (sie können dann nicht mehr „hart" sein, leistungs- und karriereorientiert etc.). Oder sie lehnen die Berufung auf ihren Minoritätenstatus ab, dann müssen sie die Konkurrenz mit den Dominanzphantasien der Männer aufnehmen und jede Unterlegenheit auch als persönliche Kränkung erfahren. Es zeigt sich: man und frau kann nicht einfach nur „sein". Man

---

[23] Ein DFG-Forschungsbericht „Geschlechterkonstruktionen im Organisationswandel am Beispiel Polizei" unter der Leitung von Prof. Dr. Ursula Müller, Universität Bielefeld, und Prof. Dr. Waltraud Müller-Franke, FHPOL Villingen-Schwenningen, steht offenbar kurz vor der Veröffentlichung.

„ist" immer auch in seinem Geschlecht. Man kann sich seines Geschlechts nicht entkleiden, ebenso wenig wie man sich seiner Hautfarbe, seinem Alter oder seinem Aussehen entziehen kann. Man kann sich aber sehr wohl dafür entscheiden, Herkunft, sexuelle Präferenz, Religion, soziale Lage, politische Ambition etc. für sich zu behalten und nicht dem Scheinwerferlicht der Organisation preiszugeben.

Möglicherweise zeichnet sich gerade eine stärkere Ausdifferenzierung von Handlungsmustern und eine Diskussion um „weibliche" (manchmal auch „weiche") Strategien in der Polizeiarbeit ab. Zumindest kann man an der sich entwickelnden Kommunikation unter Polizistinnen ablesen, dass sie sich von der Dominanz des Männlichkeitswahns abzusetzen beginnen. So bekommt das „European Network of Policewomen" (ENP), das seinen Sitz in Holland hat, in Deutschland mehr und mehr Gewicht und die dortigen Diskussionen gehen schon heute weit über Betroffenheitsdiskurse hinaus[24].

Auch kann man sagen, dass für Frauen der zweiten und dritten Einstellungsgeneration die Wege schon vorbereitet sind, und dass sich auch Männer von stereotypen Zuschreibungen lösen. Alles in allem kann man, was Frauen in der Polizei anbetrifft, von einem höheren Maß an Normalisierung sprechen.

Die Frage, ob Frauen ebenso gute Polizisten sein können wie Männer (oder gar bessere, aber das wird, weil die Lobby dazu fehlt, selten thematisiert), provoziert die Frage nach den Kriterien für einen guten Polizisten. Auf der einen Seite des Kontinuums hört man allenthalben Antworten wie: Recht und Gesetz durchsetzen, für Sicherheit und Ordnung sorgen, die Kriminalität ausrotten, Straftaten verhindern und aufklären, die Gesellschaft vor Kriminalität schützen etc. Am anderen Ende des Kontinuums stehen eher einfühlende Kategorien: Zuhören können, sich in den anderen hineinversetzen, den Menschen helfen wollen, Leute zufrieden stellen, Konflikte schlichten, mit Menschen arbeiten wollen etc.

Die Funktion der Polizei hat sich, unter anderem auch durch die verstärkte Präsenz von Frauen, deutlich in Richtung Friedenssicherungsinstanz verändert. Deren Dienste und deren Präsenz werden zunehmend auch im konkreten Konflikt stärker unter der Perspektive einer *Parteilichkeit für die jeweils Schwächere Partei* und nicht unter der alleinigen Perspektive der Durchsetzung von Recht und Ordnung wahrgenommen.

2.1 Geschlechterkonstruktionen und die Arbeit der Polizei

„Frauen sehen Unterschiede, wo man bisher vor allem Gleichheit sah." Seyla Benhabib (1995, 193) gab diesen Befund im Zusammenhang mit der philosophi-

---

[24] Zur Information über das ENP vgl. http://www.enp.nl/, Zugriff am 27.7.06

schen Debatte um eine universelle bzw. partikulare Moral und in Bezug auf die spezifischen Erkenntnisperspektiven von Forscher*innen* ab. Der Satz hat mich inspiriert, einige neue Fragen an die Polizei zu stellen, denn die Kategorie Geschlecht wird in der deutschen Polizeiforschung noch weitgehend ausgeklammert. Veröffentlichungen gibt es allenfalls unter dem Gesichtspunkt „Frauen und Männer in der Polizei" (Beermann 1993, Franzke 1997, Polizeipräsidium München 1997, Würz 1993), nicht aber zu den grundlegenden institutionellen Implikationen dieser Veränderung.

Grundlage meiner Überlegungen ist die Debatte um eine geschlechtsspezifische Moral, die in Deutschland insbesondere durch Carol Gilligan (1984) und Getrud Nunner-Winkler (1991) einige Prominenz erfuhr (zusammenfassend vgl. Horster 1998). Zusammengefasst geht es um die Frage einer geschlechtsspezifischen Moral: während die Gerechtigkeitsperspektive eher mit Männlichkeit konnotiert ist, gilt der Fürsorgegedanke als typisch weibliche Eigenschaft. Übersetzt man dieses Konzept auf staatliche Sozialkontrolle, so kann man einerseits eine affirmative Haltung gegenüber dem Herstellen und Verfestigen einer allgemeinen Gerechtigkeit erkennen. In jüngster Zeit scheint sich das Kontrollhandeln mehr und mehr auf den Interessenausgleich unter Konfliktparteien mit unterschiedlichen Rechts- und Durchsetzungsansprüchen zu verschieben. Außerdem gewinnt unter dem Stichwort „Prävention" das Fernhalten von Schadensereignissen eine größere Bedeutung für das professionelle Profil einer modernen Polizei.

Prävention (*Vorsorge)* ist hier durchaus als Bestandteil von *Fürsorge* zu verstehen, in der das Helfen und Kompensieren, das Mediatisieren und Begrenzen von Konflikteskalationen im Vordergrund stehen, nicht das Verfolgen und Bestrafen.

Gleichzeitig wird der Beruf auch für immer mehr Frauen attraktiv, weil zunehmend die Reservate aggressiver Männlichkeit aufgegeben werden. Die Optionserweiterung ist zwar nicht von Frauen initiiert worden, sie könnten aber gleichwohl zu den Trägerinnen der neuen Handlungsmuster zählen bzw. den Transformationsprozess nachhaltig beeinflussen.

2.2 Gerechtigkeit vs. Fürsorge in der Genderdebatte

Auslöser für die Diskussion einer geschlechtsspezifischen Moral waren die Untersuchungen zur kindlichen Moralentwicklung von Lawrence Kohlberg (1997), der seinerseits frühere Untersuchungen von Piaget (1954) weiter führte. Durch die Annahme einer Gerechtigkeitsperspektive auf der höchsten Entwicklungsstufe (Kohlberg explorierte 1955/56 ausschließlich Jungen) kam man überhaupt erst darauf, dass der Gerechtigkeitsstandpunkt einer männlichen Perspektive entspringt. Als Kritik und Weiterführung der Kohlbergschen Annahme formulierte dessen Mitarbeiterin, Carol Gilligan, die These, dass Frauen in der Auseinandersetzung mit moralischen Dilemmata häufiger auf Eigenschaften wie Rücksichtnahme und Hilfeleistung setzten und nicht auf Gerechtigkeit. Außerdem waren die meisten Frauen nicht bereit, eine Entscheidung des Konflikts ohne zusätzliche Informationen über den Kontext der Fallgeschichte zu treffen (Horster 1998, 8).

Auf dieser (der dritten) Stufe, auf der die Konfliktlösungsstrategien der Frauen angesetzt werden, stehen die interpersonellen Beziehungen im Vordergrund.

> „Diese Stufe ist durch das bewusste Eingehen auf die Mitmenschen charakterisiert. Die Reflexion geht (..) auf die vermuteten bzw. unterstellten Erwartungen der anderen ein und versucht, sie einvernehmlich zu erfüllen. Den Bezugspunkt für diese Form der Moralität bildet die umgebende Primärgruppe....“ (Garz, 1996, 50, zit. nach Horster 1998, 9).

Auf der vierten Stufe, auf der männliche Konfliktlösungen angesiedelt werden, orientiert man sich an der Erhaltung des sozialen Systems, also am Erhalt des *Großen und Ganzen*.

> „Gesetze und ihre Einhaltung, sowie generell ein bewußtes Verhältnis zur sozialen Ordnung bilden den zentralen Punkt dieser Orientierung. Staatliche Institutionen, aber auch beispielsweise religiöse, bilden die Richtschnur moralischer Vorstellungen“ (Garz, 1996, 59, zit. nach Horster 1998, 10).

Gilligan zog daraus den Schluss, dass es zwischen Männern und Frauen unterschiedliche moralische Orientierungsmuster geben müsse: Als *weiblich* gilt bei ihr die Fürsorglichkeitsperspektive, als *männlich* die Gerechtigkeitsperspektive. Bei der Fürsorglichkeit geht es stärker darum, *individuelles Leid zu verhindern* oder zu beheben (lindern), bei der Gerechtigkeitsorientierung geht es eher um die *Wahrung von Rechten und die Erfüllung von Pflichten*.

> „Während eine Ethik der Gerechtigkeit von der Prämisse der Gleichberechtigung ausgeht, daß alle gleich behandelt werden sollten, basiert eine Ethik der Anteilnahme/Zuwendung/Fürsorge auf der Prämisse der Gewaltlosigkeit, daß niemand Schaden erleiden sollte“ (Horster 1998, 10).

Die Betonung von Rechten und Pflichten führt zu einer eher rigiden Haltung, wohingegen die Fürsorgemoral als flexibel gilt[25]. Gilligan vertritt eine Position der Komplementarität, bei der sich Gerechtigkeitsaspekte mit Fürsorglichkeit zu einer komplexeren Moralität verbinden.

> „Die moralische Domäne erfährt eine [...] Ausweitung durch die Einbeziehung von Verantwortung und gegenseitiger Fürsorge *(care)* in Beziehungen" (Gilligan 1984, 211).

Diese Moralauffassung beruht auf der *Einsicht in die Notwendigkeit der Anteilnahme* (Gilligan 1984, 43) und ist nicht etwa lediglich emotional und emphatisch distanzlos, sondern basiert auf Wissen, allerdings einem anderen Wissen von der Welt als die um Gerechtigkeit zentrierte Moralauffassung.

> „Moralische Dilemmata bestehen hier vor allem in miteinander konkurrierenden Verantwortlichkeiten innerhalb eines komplexen Geflechts sozialer Beziehungen, und ihre Lösung liegt in der Klärung wechselseitiger Verantwortlichkeit sowie in der Aufrechterhaltung des sozialen Zusammenhangs .... Während in der Gerechtigkeitsethik moralisches Urteilen in einer *deduktiven* Anwendung von Regeln/ universellen Prinzipien besteht, ist in der Fürsorgeethik moralisches Urteilen eher ein *induktives* Suchen nach der für alle Beteiligten besten Lösung" (Maihofer 1989, 103).

Dieses Modell einer *interpersonellen* (weiblichen) vs. einer *öffentlichen* (männlichen) Moral wurde und wird heftig kritisiert, in Deutschland vielleicht am prominentesten von Getrud Nunner-Winkler. Sie argumentiert, dass man von einem geschlechtsspezifisch unterschiedlichen Expertentum nicht reden kann, ohne auf die konkreten Sozialisationsbedingungen von Mädchen und Jungen zu achten. Im übrigen ergebe sich aus ihren sozialisationstheoretischen Forschungen, dass der Erwerb moralischer Orientierungen über eine Vielfalt von Faktoren vermittelt werde, die den potentiellen Einfluss geschlechtsspezifischer Dispositionen überlagere, neutralisiere, verstärke oder auch umkehren könne. Man müsse also die konkreten situativen Bedingungen berücksichtigen, in denen es unterschiedliche Grade von Betroffenheit gebe, so Nunner-Winkler. Die Lösung moralischer Dilemmata hänge vom *Grad der persönlichen Betroffenheit* ab. Dabei entscheiden Männer und Frauen entsprechend ihrer Nähe oder Ferne zum Problem (so werden beispielsweise Abtreibungsfragen und das Problem der Kriegsdienstverweigerung geschlechtsspezifisch unterschiedlich behandelt), nicht aber katego-

---

[25] Vgl. dazu auch die Gegenüberstellung eines polarisierenden vs. eines integrierenden Konfliktmodells bei jungen Polizisten von Ute Volmerg (1986).

risch nach Geschlecht. Eine spezifisch weibliche Moral gibt es für Nunner-Winkler nicht.

Trotz der berechtigten Einwände gegenüber der individuellen moralischen Dispositionen scheint mir die Übertragung auf einen institutionellen Kontext nützlich zu sein. Während individuelle Verhaltensweisen differenzierter analysiert werden müssen und sich auch schneller verändern, scheint es auch für Institutionen überpersönliche „männliche" und „weibliche" Zuschreibungen zu geben. Ich will diese Diskussion zum Ausgangspunkt meiner Fragestellung nehmen, die eine geschlechtssoziologische mit einer institutionstheoretischen Perspektive verbindet.

2.3 Gerechtigkeit plus Fürsorge als neue Policing-Strategie

Die Sorge und die Zuständigkeit für die Herstellung einer allgemeinen Gerechtigkeit ließ habituell eine Abgrenzung gegenüber privaten Gefühlen, Verwicklungen und Verstrickungen besser zu. Zu der spezifischen Berufserfahrung von Polizisten gehört aber seit jeher, dass sie tagtäglich mit einer Fülle von belastenden Erfahrungen aus dem Umgang mit ihrer Klientel zu tun haben und gleichzeitig institutionell für die dauerhafte Beschäftigung mit ihr nicht zuständig sind.

Der Gesetzgeber verlangt geradezu das Auseinanderhalten von Tat und Täter, also von Handlung und Person. Diese Kultur der Distanzierung hilft dabei, hinter den Geschichten, die sich um die Klienten ranken, nicht deren individuelle Geschichte zu sehen. Distanzierungskultur drückt sich in vielen geflügelten Worten aus, z.B. darin, dass man für dies und das letztlich nicht zuständig sei (weder für die Regelung von Beziehungsgewalt, noch für Jugendliche noch für den Gewaltanstieg in der Gesellschaft etc.). Sie ist tendenziell immunisierend und bewahrt die Polizisten vor zu viel Engagement und Infragestellung.

Während der berufskulturelle Bezug von Polizisten früher vor allem auf Distanz und die Verteidigung und Durchsetzung des staatlichen Gewaltmonopols gerichtet war, bestimmen heute vermehrt Kategorien der individuellen Konfliktschlichtung und einer Einzelfallberücksichtigung den offiziellen Diskurs der Polizei.

Wie kann man das Spannungsfeld von Staat und Gesellschaft für das Selbstverständnis der Polizei beschreiben? Wir kennen die bekannten kritischen Positionen, die zwar von einem Formenwandel, nicht aber von einem wirklichen Paradigmenwechsel sprechen (für andere: Brusten, 1985, 1992; Busch u.a. 1987). Es gibt auch eine eher euphemistische Haltung, die von einem neuen Bezug der Polizeiarbeit spricht und das staatliche Gewaltmonopol vollständig im Engagement für zivilgesellschaftliche Werte (Bürgerpolizei) aufgehen lässt (Gintzel/ Möllers 1987).

Schließlich wäre aber auf eine fundiertere Position zu verweisen, die der Hamburger Kriminologe Werner Lehne (1992, 1993) so auslotet: Weder ist die Polizei bloßes Herrschaftsinstrument noch ist sie ein neutrales staatliches Dienstleistungsunternehmen. Vielmehr sind beide Aspekte Teil des Repertoires des modernen Staatshandelns (vgl. zu dieser Diskussion auch Riehle 1992). Diese *neue Nüchternheit* setzt sich nach meinem Eindruck in den späten 90er Jahren durch und erklärt das nach außen etwas gebrochene Bild einer Polizei, die einerseits die Strategie der aktiven Fürsorge für das Gemeinwohl bzw. das Wohl des Einzelnen aktiv einsetzt (Gewaltschutzgesetz, Stalking-Gesetz etc.), die andererseits aber auch jederzeit einen Castor-Transport durch Deutschland eskortieren kann.

Der oben beschriebene Wechsel der Policing-Strategien lässt sich an zwei Beispielen verdeutlichen: Die Funktion der Polizei im Zusammenhang mit Beziehungsgewalt und ihre Reaktion auf den Topos „Jugendkriminalität".

Das Thema „Beziehungsgewalt" ist für Polizisten traditionell ein unbeliebtes Einsatzfeld. Hier prallen am heftigsten die lebensweltlichen Probleme und der Lösungsversuche mit der justiziellen Ohnmacht, diese Konflikte angemessen zu bearbeiten, aufeinander (zudem ist es dann meistens Nacht, Wochenende, oft ist Alkohol im Spiel, wenn Kinder dabei sind, ist es besonders unangenehm). Früher konnte (bzw. musste) sich die Polizei und konnten (bzw. mussten) sich die Polizisten weitgehend aus dem Komplex heraushalten, weil es sich dabei um sog. *Privatstreitigkeiten* handelte, für die es keine befriedigende Handhabe im Polizeigesetz bzw. im Strafgesetzbuch und der Strafprozessordnung gab. Wenn nicht eine unmittelbar bevorstehende Gefahr für Leib oder Leben zu begründen war, wurde das Opfer (in der Regel die Frau) auf den Rechtsweg hingewiesen oder maximal noch aus der Wohnung geleitet. Der Hinweis auf ein Frauenhaus war mehr oder weniger ins Belieben der Beamten gestellt und abhängig von der Existenz eines solchen (zusammenfassend Steffen 1991).

Mittlerweile hat man der Polizei in diesem Bereich andere Interventionsmöglichkeiten nicht nur zugestanden, sondern sie der Polizei auch aufgetragen, und zwar auf Druck von Frauenverbänden und anderen Interessengruppen (vgl. „Polizei geht 'sensibel, aber konsequent' gegen prügelnde Männer vor", in Frankfurter Rundschau (FR) vom 26.1.1998 – behandelt wird eine neue Dienstanweisung für die Polizei in Nordrhein-Westfalen – und „Mehr Schutz vor Gewalt in der Familie", FR vom 6.2.1998 – Bericht über das „Berliner Interventionsprojekt gegen häusliche Gewalt").

Die (fach-) öffentliche Meinung zu diesem Konfliktzusammenhang hat sich also nachdrücklich verändert und mit ihr auch die Anforderung an die Polizei im

Konflikt[26]: Mit dem Inkrafttreten des Gewaltschutzgesetzes (Gesetz zum zivil-rechtlichen Schutz vor Gewalttaten und Nachstellungen vom 11.12.2001, BGBl I 2001, 3513) steht für die Polizei nunmehr nicht mehr allein die Sicherung des rechtlichen Verfahrens im Vordergrund, sondern die aktive Intervention zum Schutz vor physischen Übergriffen, aber auch zum Schutz der weitergehenden Interessen der (meist weiblichen) Opfern von Beziehungsgewalt. Dazu sind z.b. die meisten Polizeigesetze um diverse Handlungsoptionen erweitert worden[27]. Das neue Motto der Polizei heißt jetzt „Einmischen statt Raushalten", so z.B. die offizielle Diktion der Hessischen Polizei[28]. Nun muss nicht mehr (unbedingt) die Frau – und mit ihre vielleicht die Kinder – aus der Wohnung flüchten, sondern der Aggressor kann per Platzverweis aufgefordert werden, den Ort zu verlassen. Die Rolle der Polizei hat sich in diesem Einsatzgebiet sehr deutlich von der all-gemeinen *Gerechtigkeitsüberwachung* (diese Frage kann vor Ort selten geklärt werden) zum konkreten Schutz, nicht nur vor der unmittelbaren Lebensgefahr, verändert. Dies ist ein deutliches Zeichen von staatlicher *Fürsorge*. Der Staat überwacht nicht nur das Verfahren, und die Polizei sichert nicht nur dessen Strafverfolgungsanspruch, vielmehr sorgt sie dafür, dass die Interessen der of-fensichtlich Benachteiligten geschützt werden. Dienste und Präsenz der Polizei werden zunehmend auch im konkreten Konflikt stärker unter der Perspektive einer *Parteilichkeit für die jeweils Schwächere Partei* und nicht unter der alleini-gen Perspektive der Durchsetzung von Recht und Ordnung wahrgenommen.

Für die Organisation heißt das, für das neue Aufgabenprofil auch neue Hal-tungen zu entwickeln bzw. zu fordern, z.B. Parteilichkeit und Engagement. Ehe-mals dominante Tugenden wie z.B. Nichteinmischung müssen modifiziert bzw. ergänzt werden. Sie sind ja keineswegs obsolet, sie sind nur nicht mehr in allen Fällen gültig und taugen mithin nicht mehr als Generaltugend. Gerechtigkeit und Fürsorge gehen nun im Alltagshandeln und im Alltagsdiskurs eine komplementä-re Verbindung ein, und zwar nicht geknüpft an das biologische Geschlecht.

---

[26] Wesentlich dazu beigetragen hat die „Berliner Initiative gegen Gewalt gegen Frauen" (BIG), die zu diesem Komplex drei Broschüren herausgegeben hat. Heft 1 trägt den Titel „Gewalt gegen Frauen im häuslichen Bereich. Alte Ziele neue Wege" von Heidrun Brandau und Karin Ronge, Heft 2 heißt „Jetzt erst Recht. Rechte für mißhandelte Frauen – Konsequenzen für die Täter", von Susanne Baer und Birgit Schweikert. Zu beziehen sind die Texte und weitere Informationen über die *Koordinationsstelle des Berliner Interventionsprojekts gegen häusliche Gewalt*, Paul-Lincke-Ufer 7, 10999 Berlin.

[27] Das Gewaltschutzgesetz selbst gibt der Polizei keine genuine Eingriffsermächtigung. Dies wird aber durch zusätzliche Regelungen in den sog. Polizeigesetzen der Länder erreicht – in Hessen z.B. vom sog. Sicherheits- und Ordnungsgesetz (HSOG). Nach § 31, Abs. 2 ist z.B. eine sog. Wegweisung (Platzverweis) für den Aggressor vorgesehen sowie ein Annäherungs- und Kon-taktverbot (§11 HSOG).

[28] Nachzulesen unter (www.polizei.hessen.de/internetzentral → Häusliche Gewalt → Handlungs-richtlinien Häusliche Gewalt 15-12-04Internet.pdf)

Männer und Frauen können gleichermaßen auf beide Handlungsstrategien zugreifen.

3 Fazit

Mi der Geschlechterdebatte und mit der zunehmenden Präsenz von Frauen im Polizeidienst hat implizit eine Veränderung der Policing-Strategien stattgefunden, die das Spektrum der Eingriffsformen und der Zuständigkeiten erweitert haben. Ich halte das nicht für einen Zufall und auch nicht nur für eine Folge von Diskursen oder sozialer Konstruktion, sondern führe es zurück auf die stärkere Präsenz und Bedeutung von Frauen und von Weiblichkeit innerhalb der Organisation. Man kann resümieren, dass Frauen bzw. „Weiblichkeit" zu einer „organisationskulturellen Faktizität" geworden sind und das Thema „Gender" als echtes Thema einer Geschlechterrelation etabliert ist. Dies hat auch die oben angedeuteten Auswirkungen auf die Fragen von Zuständigkeit und Aufgabenwahrnehmung der Polizei. Damit ist Männlichkeit endgültig prekär geworden. Funktional ist sie von der dominanten Position in eine marginale abgeglitten. Man braucht immer weniger starke Männer, dafür haben die Technik und die Aufgabenveränderung der Polizei gesorgt. Empathie, Disziplin und stärkere Einzelfallorientierung sind von Frauen mindestens genau so gut, wenn nicht besser zu bewerkstelligen. Frauen sind aber, setzt man als Vergleichsmaßstab einmal Migranten in der Polizei an, deutlich besser assimiliert. In diesem Vergleich gelingt ihnen ein spürbarer Schritt in Richtung „Normalisierung". Das gelingt den Migranten schon deshalb nicht, weil deren Zahl seit 1993 nicht signifikant angestiegen ist und sich ihre Anzahl im Jahr 2006 immer noch zwischen 0 und 1,5% bewegt (vgl. zu diesem Thema zusammenfassend Bloom 2005 und Hunold/Behr 2007).

Gleichwohl erstaunt, dass Frauen im Gefüge der Polizei relativ unauffällig bleiben. Weder in den Leitungsfunktionen noch in den prestigeträchtigen Positionen befinden sich Frauen proportional zu ihrem Gesamtanteil in der Polizei. Man wird gespannt sein dürfen, ob sich diese Situation signifikant ändern wird oder ob Frauen weiterhin „zur Unauffälligkeit verurteilt" sein werden. Die Männerdominanz jedenfalls besteht noch fort.

Literatur

Adorno, Theodor W. (1973): Studien zum autoritären Charakter, Frankfurt/M.
Albrecht, Cordula (1993): Sexualobjekt Kollegin, in: Deutsche Polizei 42. Jg., Nr. 4, S. 4
Albrecht, Cordula (1996): Sexuelle Belästigung am Arbeitsplatz Polizei, in: Unbequem Nr. 25, S. 15-18

Beermann, Beate (1993). Frauen und Männer im Wechselschichtdienst. Universität Oldenburg: Dissertation

Behr, Rafael (2000): Cop Culture. Der Alltag des Gewaltmonopols, Opladen

Benhabib, Seyla (1993): Der Streit um Differenz: Feminismus und Postmoderne in der Gegenwart, Frankfurt/M.

Blom, Herman (2005): 'Anders sein' bei der Polizei in Deutschland. Zur Position von allochthonen Polizisten an ihrem Arbeitsplatz, vor dem Hintergrund ihrer Rolle als Minderheit und der Tatsache, dass sie als 'anders' wahrgenommen werden, Frankfurt am Main (Verlag für Polizeiwissenschaft), gleichzeitig Dissertation Universität Oldenburg (2004)

Brusten, Manfred (1985). Eine „politisch neutrale" Polizei? Ergebnisse einer empirischen Untersuchung zum politischen Bewußtsein von Polizeibeamten. Kriminologisches Journal 17, S. 203-219

Brusten, Manfred (1992): Polizei-Politik – Streitfragen, Kritische Analysen und Zukunftsperspektiven (Kriminologisches Journal, 4. Beiheft). Weinheim

Busch, Heiner, Albrecht Funk, Udo Knauß, Wolf-Dieter Narr und Falco Werkentin (1987): Die Polizei in der Bundesrepublik. Frankfurt/New York

Connell, Bob (1986): Zur Theorie der Geschlechterverhältnisse, in: Das Argument 28/1986, S. 330-344)

Connell, Robert W. (1995): Masculinities, Cambridge (Politiy Press)

Connell, R.W. (2000): Der gemachte Mann, Opaden

Franzke, Bettina (1997). Was Polizisten über Polizistinnen denken: ein Beitrag zur geschlechterspezifischen Polizeiforschung. Bielefeld

Gilligan, Carol (1984): Die andere Stimme. Lebenskonflikte und Moral der Frau, München

Gintzel, K./Möllers, H. (1987): Das Berufsbild der Polizei zwischen Sein und Sollen – was nicht im Saarbrücker Gutachten steht, in: Die Polizei 1/1987

Hempel, Dieter (1989): Frauen in der Schutzpolizei, in: Bereitschaftspolizei – heute – 1, S. 4-7

Hochschild. Arlie R. (1985): Emotion work, Feeling Rules and Social Structure, American Journal of Sociology, 1985, 551-575

Horster, Detlef (1998): Weibliche Moral – ein Mythos?, Frankfurt/M.

Hunold, Daniela/Rafael Behr (2007): Fremde in den eigenen Reihen. Migranten im Polizeidienst und die Auswirkungen auf Polizeikultur und Cop Culture – Bericht aus einem laufenden Forschungsprojekt, in: Ohlemacher, Thomas/Anja Mensching/Jochen-Thomas Werner (Hrsg.) (2007): Polizei im Wandel? Organisationskultur(en) und Organisationsreform, Empirische Polizeiforschung VIII, erscheint im Frühjahr 2007

Kanter, Rosabeth M. (1987): Some Effects of Proportions on Group Life: Skewed Sex Rations and Responses to Token Women, in: Deegan, Mary/Michael Hill (1987) (eds.): Women and Symbolic Interaction, Boston, S. 277-301

Kersten, J./Steinert, H. (1997): Kriminalität als Bewerkstelligung von Geschlecht – „Starke Typen" mit Risiken und Nebenwirkungen, in: Kersten, J/Steinert, H. (Hg.): Jahrbuch für Rechts- und Kriminalsoziologie, Baden-Baden (Nomos), S. 1-7

Klatetzki, Thomas/Veronika Tacke (Hrsg.) (2005): Organisation und Profession, Wiesbaden

Kohlberg, Lawrence (1997): Die Psychologie der Moralentwicklung (2. Auflage), Frankfurt am Main

Leggewie, Klaus (1987): Kulturelle Hegemonie – Gramsci und die Folgen, in: Leviathan 16. Jg. 1987, S. 285-304

Lehne, Werner (1992): Die Polizei – Dienstleistungsbetrieb oder Institution staatlicher Herrschaftssicherung?, in: Kriminologisches Journal, 4. Beiheft 1992, S. 34-45

Lehne, Werner (1993): Polizeiforschung, in: Kaiser, G./H.-J. Kerner/F. Sack/H. Schellhoss (Hg.): Kleines kriminologisches Wörterbuch, Heidelberg, S. 392-401

Manning Peter K. (1997): Police Work. The Social Organization of Policing, Illinois (zuerst 1977)

Maihofer Andrea (1989): Zu Carol Gilligans Thesen einer „weiblichen" Moralauffassung, Frankfurt

Maihofer, Andrea (1995): Geschlecht als Existenzweise. Macht, Moral, Recht und Geschlechterdifferenz, Frankfurt/M. (Helmer)

Meuser, Michael (1998): Geschlecht und Männlichkeit, Opladen

Meuser, M. (1999): Gewalt, hegemoniale Männlichkeit und „doing masculinity", in: Kriminologisches Journal, 7. Beiheft 1999, S. 49-65

Müller-Franke, Waltraud (1996): Frauen in der Polizei – Maskottchen oder Partnerinnen? in: Neue Kriminalpolitik 8. Jg., 1996, Heft 4, S. 38-42

Murck, Manfred/Werdes, Bärbel (1996): Veränderungen in der Personalstruktur der Polizei. Altersaufbau – Frauenanteil – Ethnische Minderheiten, in: Kniesel, M./Kube, E./Murck, M. (Hrsg.), Handbuch für Führungskräfte der Polizei – Wissenschaft und Praxis, Lübeck, S. 1255-1303

Nunner-Winkler, Gertrud (1991) (Hg.): Weibliche Moral, Frankfurt am Main

Piaget, Jean (1954): Das moralische Urteil beim Kinde, Zürich

Polizeipräsidium München (1997): Frauen in der uniformierten Polizei. eine explorative Studie, München (Eigenverlag Zentraler Psychologischer Dienst)

Riehle, Eckart (1992): Die Polizei – Dienstleistungsbetrieb oder Institution staatlicher Herrschaftssicherung?, in: Kriminologisches Journal, 4. Beiheft, 1992, 34-45

Scheerer, Sebastian/Herrnkind, Martin (Hg.): Die Polizei als Organisation mit Gewaltlizenz. Möglichkeiten und Grenzen der Kontrolle, Hamburg 2001 (Hamburger Studien zur Kriminologie, Bd. 25)

Steinert, Heinz (1994): Über Gewalt reden, in: Bergmann W./R. Erb (1994) (Hg.): Neonazismus und rechte Subkultur, Berlin, S. 99-124

Volmerg, Ute (1986): Zwischen den Fronten – Bereitschaftspolizisten in der Krise: Eine politisch – psychologische Untersuchung, Hessische Stiftung für Friedens- und Konfliktforschung, HSFK-Report 2/1986, Frankfurt/M.

Weber, Max (1956, zuerst 1904): Die „Objektivität" sozialwissenschaftlicher Erkenntnis, in: ders.: Soziologie, Weltgeschichtliche Analysen, Politik, Stuttgart, S. 186-262

Weber, Max (1985): Wirtschaft und Gesellschaft, 5. Auflage (Studienausgabe), Tübingen

Wilz, S. M. (2003): Polizei und 'Gender'. Bilder von Männern, Frauen und Polizei, in: Scheerer/Herrnkind (Hrsg.), S. 195-206

Würtz, Jochen (1993): Frauen im Vollzugsdienst der Schutzpolizei, Frankfurt/M.

Politische Bildung durch Geschichtsarbeit: Das Projekt „Sozialgeschichte der Polizei in Gelsenkirchen"

Stefan Goch

Moderne sozialwissenschaftliche Stadtforschung oder Stadtgeschichtsforschung beschäftigt sich nach allgemeiner Übereinkunft mit dem Phänomen „Stadt" in der Zeit seit dem Beginn des Industriezeitalters und betrachtet Urbanisierung als einen selbständigen, allerdings von der Industrialisierung abhängigen Prozess des umfassenden gesellschaftlichen Wandels im 19. und 20. Jahrhundert.[1]

Im politischen und sozialen Handlungsraum Stadt ist die Polizei ein zentraler Akteur, die Aufrechterhaltung und Gestaltung von „Sicherheit und Ordnung" ein zentrales Politikfeld, das zudem in den letzten Jahren auch in der öffentlichen Diskussion ist. So ist auch die Polizei nicht nur insgesamt in jüngerer Zeit verstärkt in den Blick der historisch-sozialwissenschaftlichen Forschung gelangt, sondern – oft übersehen – mindestens als ein Akteur auch bei der Analyse lokaler Politik berücksichtigt worden. Neben anderen Themen wurde dabei die Beteiligung der Polizei an den Verbrechen des Nationalsozialismus bald ein inhaltlicher Schwerpunkt.

So sind in Gelsenkirchen beispielsweise Ende der 1990er Jahre die polizeilichen Strukturen und handelnden Personen aus dem Polizeiapparat identifiziert worden, die an der Verfolgung und Ermordung der Sinti und Roma beteiligt waren.[2] Und notwendig tauchten bei Forschungen zur Stadtgeschichte im Nationalsozialismus immer wieder „die Polizei" oder einzelne Polizeibeamte als Akteure auf.

---

[1] Horst Matzerath, Lokalgeschichte, Stadtgeschichte, Historische Urbanisierungsforschung, in: GuG 15, 1989, S. 64; auch Horst Matzerath, Stand und Leistung der modernen Stadtgeschichtsforschung, in: Joachim Jens Hesse (Hrsg.), Kommunalwissenschaften in der Bundesrepublik Deutschland, Baden-Baden 1989 (Schriften zur kommunalen Wissenschaft und Praxis, Bd. 2), S. 39.

[2] Stefan Goch, „Mit einer Rückkehr nach hier ist nicht mehr zu rechnen", Verfolgung und Ermordung von Sinti und Roma während des „Dritten Reiches" im Raum Gelsenkirchen, Essen 1999 (Schriftenreihe des Instituts für Stadtgeschichte, Beiträge, Bd. 8).

Den Anstoß zu einer „Polizeigeschichte" als Sozialgeschichte der Institution und der in ihr handelnden Menschen[3] gab in Gelsenkirchen eine Veranstaltung des Instituts für Stadtgeschichte in der Dokumentationsstätte „Gelsenkirchen im Nationalsozialismus". Zu den Zuhörern des Vortrags „Rheinisch-Westfälische Ordnungspolizei im 'Dritten Reich' – Von Schreibtischtätern und 'Männern fürs Grobe" von Dr. Alfons Kenkmann, Leiter des „Geschichtsorts Villa Ten Hompel" in Münster[4], am 24. Februar 1999 gehörten viele Polizeibeamte des Polizeipräsidiums Gelsenkirchen und der Polizeipräsident. Der Polizeipräsident Gelsenkirchen regte nach dieser Veranstaltung eine weitere Kooperation zwischen Polizei und Stadtgeschichtsforschung sowie die weitere Erforschung der Gelsenkirchener Polizei im Nationalsozialismus an. In Zusammenarbeit mit dem Institut für Stadtgeschichte wurden zunächst weitere Veranstaltungen zur historischen und politischen Bildung der Mitarbeiterinnen und Mitarbeiter der Polizei in Gelsenkirchen durchgeführt. Vor allem ging es auch darum, den Polizeibeamtinnen und Polizeibeamten, die durch Personalwechsel nach Gelsenkirchen kamen und die Stadt nur ungenügend kannten, einen Eindruck von den sozialen Strukturen in der Stadt zu vermitteln. Daher wurden z.B. mit den neu nach Gelsenkirchen versetzten Mitarbeitern Stadtrundfahrten durchgeführt, die – hervorgegangen aus den bekannten „antifaschistischen Stadtrundfahrten" der 1970er Jahre – die historische Entwicklung und die gegenwärtige Situation der Stadt vermitteln sollten.[5]

Neben den Beamten der Gelsenkirchener Polizeibehörde, die „von außen" und z.T. nur vorübergehend nach Gelsenkirchen kamen und kommen, gab und gibt es einen durchaus bedeutsamen Anteil von Polizistinnen und Polizisten, die schon länger in Gelsenkirchen arbeiten und leben und mit der Stadt durchaus

---

[3] Vgl. auch Darstellung des Projektes in: Stefan Goch, Das Projekt zur Sozialgeschichte der Polizei in Gelsenkirchen, in: Stefan Goch (Hrsg.), Städtische Gesellschaft und Polizei – Beiträge zur Sozialgeschichte der Polizei in Gelsenkirchen, Essen 2005 (Schriftenreihe des Instituts für Stadtgeschichte, Beiträge, Bd. 12), S. 7-23.

[4] Vgl. zum Inhalt: Alfons Kenkmann (Hrsg.), Villa ten Hompel, Sitz der Ordnungspolizei im Dritten Reich, Vom „Tatort Schreibtisch" zur Erinnerungsstätte?, Münster 1996; Alfons Kenkmann, Christoph Spieker, Die nationalsozialistische Ordnungspolizei als Konstrukt zwischen Wunschbild und Weltanschauung, in: Alfons Kenkmann, Christoph Spieker (Hrsg.), Im Auftrag, Polizei, Verwaltung und Verantwortung, Begleitband zur gleichnamigen Dauerausstellung, Geschichtsort Villa ten Hompel, Essen 2001 (Geschichtsort Villa ten Hompel, Schriften, Bd. 1), S. 17-37.

[5] Vgl. zu Bildungsveranstaltungen des Instituts für Stadtgeschichte im Umfeld der Dokumentationsstätte „Gelsenkirchen im Nationalsozialismus" Stefan Goch, Auseinandersetzung mit dem Nationalsozialismus in der Dokumentationsstätte „Gelsenkirchen im Nationalsozialismus", in: Arbeitskreis Gedenkstätten NW e.V. (Hrsg.), Forschen – Lernen – Gedenken, Bildungsangebote für Jugendliche und Erwachsene in den Gedenkstätten für die Opfer des Nationalsozialismus in Nordrhein-Westfalen, Düsseldorf 1999, S. 19-31, Düsseldorf 2002, 2. überarbeitete und erweiterte Auflage, S. 74-86.

verbunden sind. Bei ihnen ist oft ein gewisser Lokalpatriotismus zu beobachten. Hier bestand also auch durchaus ein Interesse an Stadtgeschichte und „wie bei jedem Verein" ein Interesse an der eigenen „Vereinsgeschichte". Bezeichnenderweise interessierten sich auch rasch einige „Polizeipensionäre" für ein Geschichtsprojekt und trugen später z.b. Bildmaterial für die Publikation zusammen.

Bei den Kontakten und in folgenden Gesprächen zwischen Polizei und Institut für Stadtgeschichte entstand so der Gedanke, die Geschichte der Gelsenkirchener Polizei zu erforschen und dabei für die Stadt Gelsenkirchen mit ihrer besonderen durch die Montanindustrie geprägten Industrialisierung und ihren besonderen Urbanisierungsmustern nicht nur den Nationalsozialismus in den Blick zu nehmen, sondern gewissermaßen die „ganze" Geschichte der Gelsenkirchener Polizei seit dem Beginn der Industrialisierung zu behandeln. Eine derartig fokussierte Untersuchung sollte die Geschichte einer Polizeibehörde und die gesellschaftlichen und politischen Prozesse, die deren Entwicklung beeinflussten, exemplarisch bearbeiten. Diese Überlegungen wurden weiter konkretisiert und eine erste Konzeption wurde erarbeitet. Die Bemühungen bleiben jedoch im ersten Anlauf stecken, da sich, wie so oft in ähnlich gelagerten Fällen, Unterstützer, aber keine Geldgeber fanden.

Im Sommer 2001 wurde die Idee, eine Gelsenkirchener Polizeigeschichte zu erarbeiten erneut aufgegriffen, wohl auch, weil die Polizei das Vorhaben im Rahmen ihrer Öffentlichkeitsarbeit nutzen wollte. In diesen Jahren bemühte sich die Polizei verstärkt um Öffentlichkeitsarbeit, strebte Ordnungspartnerschaften an und versuchte, durch verstärkte Aktivitäten in der lokalen Gesellschaft immaterielle Ressourcen und zivilgesellschaftliches Engagement für eine Verbesserung der Polizeiarbeit zu gewinnen. Ende 2001 war dann eine erweiterte Konzeption zu Erforschung und Präsentation einer Sozialgeschichte der Polizei im Raum Gelsenkirchen „100 Jahre Großstadt-Polizei in Gelsenkirchen" erarbeitet, die nun zur Einwerbung von Mitteln für das Projekt benutzt werden konnte. Auch eine feste Kooperation mit der Villa Ten Hompel in Münster, wo man sich mit der Verwaltungsgeschichte und insbesondere auch mit der modernen Polizeigeschichte beschäftigt, wurde vereinbart. Es fanden sich schließlich private und öffentliche Sponsoren, die das Projekt materiell zu unterstützen bereit waren. Erst durch diese Unterstützung wurde das Geschichtsprojekt, in das die Polizeibehörde und das Institut für Stadtgeschichte ihre personellen Ressourcen einbrachten, möglich.

Ziel des Geschichtsprojektes war die Untersuchung der mit dem Begriff der Sozialgeschichte beschriebenen Zusammenhänge zwischen der Entwicklung der lokalen Gesellschaft Gelsenkirchens und den sich wandelnden Strukturen und Vorgehensweisen der Polizei im Raum Gelsenkirchen. Die Geschichte der Gelsenkirchener Polizei sollte also als Teil der Geschichte der Stadt und des nördlichen Ruhrgebiets untersucht werden. Bei der Erforschung und Darstellung der lokalen Polizeigeschichte mussten die übergreifenden (regionalen und nationalen) Rahmenbedingungen und Strukturen notwendigerweise eine besondere Rolle spielen, denn schon auf den ersten Blick wird erkennbar, dass der Wechsel politischer Systeme in Deutschland ganz wesentlich nicht nur die städtische Gesellschaft beeinflusste, sondern für die Ausgestaltung, die Praxis und das Selbstverständnis der Polizei als Ordnungsmacht von zentraler Bedeutung war. Bei dem Geschichtsprojekt musste der Polizeibehörde vor dem Hintergrund der deutschen Geschichte und der Funktion der Polizei als Ordnungsmacht der jeweiligen Obrigkeiten mindestens prinzipiell klar sein, dass große Teile der zu erforschenden Geschichte keine „schönen Geschichten" sein konnten. Insofern erforderte der anstehende Forschungsprozess auch ein bedeutsames Maß an Fähigkeiten zur Selbstkritik. Der Forschungsprozess wurde dann auch nicht behindert, im Gegenteil durchaus gefördert. Kritik an den Zumutungen des Projektes für aktive Polizeibeamtinnen und -beamte oder aus anderen Zusammenhängen bekannte Vermutungen über „Nestbeschmutzung" wurden jedenfalls nicht öffentlich. Eher wurde ein Interesse an „Aufklärung" artikuliert.

Ausgangspunkt des Geschichtsprojektes wurden mehrere Jahrestage: Im Jahr 2002 jährte sich zum 75. Male die Einweihung des Dienstgebäudes des heutigen Polizeipräsidiums in Gelsenkirchen Buer am Rathausplatz. Im Jahr 2003 folgte der 100. Jahrestag der Schaffung der Großstadt Gelsenkirchen – sie wurde zusammengesetzt aus der Stadt Gelsenkirchen, die 1875 Stadtrechte erhalten hatte, und den umliegenden Gemeinden im heutigen Gelsenkirchener Süden. Damit erhielt Gelsenkirchen gleichzeitig eine eigene (kommunale) nunmehr großstädtische Polizei. 1909 wurde in Gelsenkirchen eine (staatliche) Königliche Polizei eingeführt. Ebenfalls im Jahr 2003 jährte sich dann zum 50. Male der Übergang der Polizeihoheit an die Länder der Bundesrepublik und damit – nach einer erneuten Phase einer kommunalen Polizei nach der Befreiung vom Nationalsozialismus – die Schaffung des heutigen Polizeipräsidiums Gelsenkirchen für das Stadtgebiet, das 1928 durch Zusammenlegung der Stadt Gelsenkirchen, der Stadt Buer und des Amtes Horst entstanden war.

Nach der Sicherstellung der Projektfinanzierung konnte daran gegangen werden, zwischen den Jahrestagen öffentliche Veranstaltungen zur Polizeigeschichte vorzubereiten, wobei aus der Sammlung der Beiträge einer Veranstaltungsreihe und weiterer Forschungen ein Sammelband zur Sozialgeschichte der Polizei im Raum Gelsenkirchen erwachsen sollte.

Auftakt einer Veranstaltungsreihe wurde die feierliche Erinnerung an den 75. Jahrestag der Einweihung des Polizeigebäudes in Gelsenkirchen-Buer am 7. Oktober 2002. Hier wurde nun das Geschichtsprojekt „Städtische Gesellschaft und Polizei" der Öffentlichkeit vorgestellt und auch ein erster Überblick über 100 Jahre Gelsenkirchener Polizeigeschichte gegeben. Einen auch heute noch sichtbaren, architektonisch geradezu greifbaren Hinweis auf die Verflechtung der lokalen Polizeigeschichte mit der Geschichte der Kommune bietet das nur zum Teil verwirklichte und in der Gegenwart nur mit Hilfen zu erkennende „Buersche Forum". Der Bau des Polizeigebäudes ordnete sich ein in die städtebaulichen Planungen der damaligen Stadt Buer. Mit Rathaus (1910/12), Finanzamt (1925) und Polizeigebäude entstand hier ein Verwaltungszentrum, das „Forum" Buer. Die weiteren Planungen sahen für das Ensemble eine Stadthalle, ein Hotel und die räumliche Verbindung zu den Gebäuden von Gymnasien vor. Mit zahlreichen weiteren repräsentativen Gebäuden in der Buerschen Innenstadt erfolgte hier in den 1920er Jahren eine nachholende Urbanisierung. Beim Polizeigebäude entstanden außer dem Polizeiamt eine große Polizeiunterkunft der kasernierten Polizei, Wohngebäude für ältere Beamte, eine Kraftwagenhalle mit Turnhalle, ein Stallgebäude für die Pferde der berittenen Polizei und ein Exerzierplatz. Man sprach hier von einer eigenen „Polizeistadt". Das „Forum" von Gelsenkirchen-Buer war der Versuch der früheren Stadt Buer, sich eine attraktive urbane Mitte zu schaffen, und das Polizeigebäude war als dessen wesentlicher Bestandteil geplant worden.[6] Die Auftaktveranstaltung des Gelsenkirchener Geschichtsprojektes, die nicht nur im Saale stattfand, sondern mit Ortsbegehungen verbunden war, fand großen Anklang, wohl auch, weil sie materiell Geschichte präsentieren konnte.

Nach der Veranstaltung anlässlich des Jubiläums der Einweihung des Gebäudes des Gelsenkirchener Polizeipräsidiums folgte eine Reihe von Bildungsveranstaltungen zu den zentralen Phasen der Sozialgeschichte der Gelsenkirchener Polizei. Im November 2002 ging es um die Stellung der Gelsenkirchener Polizei in der Gelsenkirchener Gesellschaft im Urbanisierungsprozess, wobei naheliegenderweise das Verhältnis zwischen Polizei und Arbeiterschaft einen Schwerpunkt bildete. Anschließend wurden die Bemühungen um Reformierung und Demokratisierung der Polizei zur Zeit der Weimarer Republik behandelt. Zahlreiche neue Forschungsergebnisse konnten auch zur Gelsenkirchener Schutzpolizei im „Dritten Reich" und zu den Polizei-Bataillonen als Instrumenten der Besatzungsherrschaft des Nazi-Regimes in Europa vorgestellt werden. Des weiteren beschäftigte sich ein Vortrag mit der Gelsenkirchener Polizei nach dem Ende der nationalsozialistischen Gewaltherrschaft und der Frage, wie man mit der Notwendigkeit von Entnazifizierung und Demokratisierung des Polizeiapparates umging. Der lange, nun nicht von Systembrüchen, aber doch gravie-

---

[6]   Vgl. Lutz Heidemann, Das 1927 eingeweihte „Polizeiamt Buer" als Bauwerk und Dokument der Stadtgeschichte, in: S. Goch, Städtische Gesellschaft a.a.O, S. 172-211.

rendem gesellschaftlichen Wandel gekennzeichnete Zeitraum Gelsenkirchener Polizeigeschichte seit den 1960er Jahre wurde in Zeitzeugengesprächen mit zwei früheren und dem gegenwärtigen Polizeipräsidenten diskutiert. Schließlich ging es in der letzten Gesprächsrunde um die Ausbildung der Polizei für den Dienst in einer modernen Gesellschaft.[7]

Die verschiedenen Vortragsveranstaltungen fanden bis Ende März 2003 jeweils an „passenden" Orten statt – auf der Zeche Consol, im alten Rathaus Buer, in der Dokumentationsstätte „Gelsenkirchen im Nationalsozialismus", im Polizeipräsidium, in der Polizeiinspektion Gelsenkirchen-Süd, in der Fachhochschule für öffentliche Verwaltung NRW. Der Besuch der Veranstaltungen hielt sich in Grenzen, was auf ein verbreitetes „Job-Denken" der (jüngeren) bei der Polizei Beschäftigten zurückgeführt wurde.

Neben der Vortragsreihe führten das Polizeipräsidium Gelsenkirchen und das Institut für Stadtgeschichte am 13. Dezember 2002 ein Symposion zum Thema „Sicherheit und Ordnung als öffentliche Aufgabe von gestern bis heute" durch, an dem neben anderen der Inspekteur der Polizei NRW, Dieter Wehe, als Diskutant teilnahm. Prof. Dr. Alf Lüdtke (Uni Erfurt) und Dr. Alfons Kenkmann (Villa Ten Hompel, Münster) näherten sich der Thematik aus historischer Sicht mit längsschnittartigen Einordnungen der Polizeigeschichte in die deutsche Sozialgeschichte.

Das Projekt zur Sozialgeschichte der Polizei im Raum Gelsenkirchen folgt nicht einem bloß institutionengeschichtlichen Ansatz und einer Perspektive auf den vermeintlich vorwiegend instrumentellen Charakter der Polizei. Polizeiarbeit ist zwar unmittelbar verknüpft mit staatlicher Herrschaft und Gewalt, historisch jeweils aber nicht nur ausführendes Organ, sondern selbst Akteur mit eigenen Denk- und Verhaltensmustern, mit eigenen Motivationen und einem mehr oder weniger großen Ermessensspielraum, der von Individuen, den Polizisten, genutzt wird. Polizeiliches Handeln ist auch Verhandeln mit anderen Akteuren und nicht nur Exekution von politischen Entscheidungen mit staatlicher Macht. Eine Polizeigeschichte, die sich sinnvoller und erkenntnisschaffender Weise mit der Polizei beschäftigen soll, hat die Institution, das Personal und die konkrete polizeiliche Praxis im gesellschaftspolitischen Zusammenhang zu betrachten.

Wie alle staatlichen oder öffentlichen Institutionen sah und sieht sich die Polizei im Zeitablauf der ständigen Herausforderung ökonomischen, sozialen und kulturellen bzw. politisch-kulturellen Wandels ausgesetzt. Solche Wandlungsprozesse und vor allem die Friktionen des Modernisierungsprozesses, also Konflikte und Fehlentwicklungen, werden zuerst „vor Ort", in Städten und Gemeinden erfahrbar und artikuliert. In den städtischen Gesellschaften wurden und

---

[7] In überarbeiteter Form finden sich die Vorträge in: S. Goch, Städtische Gesellschaft a.a.O.

werden die Probleme umfassender Wandlungsprozesse zuerst angegangen. So waren es die Städte, die seit dem Beginn des Industriezeitalters den Ausbau der Daseinsfürsorge und der Leistungsverwaltung vor dem Hintergrund widerstreitender Interessengruppen vorantrieben.[8]

So kommt es auch nicht von ungefähr, dass in der Geschichte der Polizei des Industriezeitalters, nicht nur im westlichen Ruhrgebiet zunächst die kommunalen Gebilde – wenn auch im staatlichen „Auftrag" – die Aufgabe hatten, Sicherheit, Ordnung und Gefahrenabwehr zu gewährleisten. Bis zur Gegenwart sind ordnungspolizeiliche Aufgaben – etwas vereinfacht gesagt – zwischen Staat und Kommunen aufgeteilt. Im Raum Gelsenkirchen wurden viele polizeiliche Aufgaben im Süden bis 1909 und im Norden bis zum Beginn der 1920er Jahre von den Kommunen erledigt, bevor eine erste „Verstaatlichung" der Polizei erfolgte. Bezeichnenderweise folgte dann auch nach der Befreiung vom Nationalsozialismus, der die Polizei als Repressionsinstrument des Staates geführt hatte, nochmals eine Phase einer doch wesentlich kommunal getragenen Polizei, um deren Demokratisierung sich die Städte bemühten. 1953 erfolgte in Nordrhein-Westfalen wiederum die Zuordnung der zentralen polizeilichen Aufgaben zur Landesebene. Es ist zu unterstellen, dass die Gewährleistung von „Sicherheit und Ordnung" in den Augen der Bürgerinnen und Bürger eine Aufgabe der öffentlichen Daseinsfürsorge insgesamt ist, und eben nicht nur eine Aufgabe im Rahmen des staatlichen Monopols legitimer physischer Gewaltsamkeit. Insofern wird auch eine Polizei als Landesbehörde in einer Stadt immer als städtische Polizei oder Polizei in der Stadt wahrgenommen.

Indem stadtgeschichtliche Forschung eine vergleichende und integrative Geschichtsschreibung im kleinräumigen Rahmen betreibt, erlaubt sie es, differenziertere Ergebnisse als die die nationale Ebene in den Blick nehmende Geschichtsforschung zutage zu fördern. Der Exekutor des staatlichen Gewaltmonopols, die Polizei, wird durch das Abgreifen des Handlungsrepertoires, auch der Handlungsspielräume der Polizei auf lokaler Ebene als Institution bildhafter und greifbarer. Das Individuum, das in der Institution arbeitet, wird nicht ausgeblendet, der biografische Aspekt aufgewertet. Vorteil der Beschränkung auf Stadtgeschichte ist eine „größere Genauigkeit in der Erfassung des Strukturellen"[9], und

---

[8] Dieter Langewiesche, „Staat" und „Kommune", Zum Wandel der Staatsaufgaben in Deutschland im 19. Jahrhundert, in: HZ 248, 1989, S. 621-635, bes. S. 633 f. Vgl. Horst Matzerath, Urbanisierung in Preußen, Stuttgart 1985 (Schriften des Deutschen Instituts für Urbanistik, 72), S. 335-346.

[9] Wolfgang Köllmann, Zur Bedeutung der Regionalgeschichte im Rahmen struktur- und sozialgeschichtlicher Konzeptionen, in: AfS 15, 1975, S. 45. Vgl. Klaus Tenfelde, Wege zur Sozialgeschichte der Arbeiterschaft und Arbeiterbewegung, Regional- und lokalgeschichtliche Forschung (1945-1975) zur deutschen Arbeiterbewegung bis 1914, in: Hans-Ulrich Wehler (Hrsg.), Die

damit letztlich auch Voraussetzung der Darstellung und Interpretation einer Gesamtentwicklung. Die Untersuchung der lokalen Entstehung und Ausprägung moderner Gesellschaften erhält ihre Berechtigung und Notwendigkeit also dadurch, dass erst die regionalen Differenzierungen innerhalb allgemeiner Prozesse die Identifizierung von Bedingungsfaktoren ermöglichen.[10] Die Gemeinde oder Stadt ist der Ort, an dem sozioökonomische Prozesse entstehen und in direkter Weise erfahrbar werden. Eine der Sozialgeschichte verpflichtete Stadtgeschichts- und Regionalforschung setzt dabei aber voraus, dass die Region nicht als autonom im Sinne romantisierend verformter Heimatgeschichtsschreibung oder eines neuen lokalpatriotischen Regionalismus betrachtet wird, sondern als in eine Gesamtentwicklung eingebettet. Sie ist daher auch von dieser Perspektive aus zu analysieren.[11]

Dabei ist Polizeigeschichte erst in den letzten Jahren ein intensiver bearbeitetes Feld der Forschung. Längsschnittartige Untersuchungen zur Polizeigeschichte über mehrere politische Zäsuren hinweg sind insgesamt relativ selten. Selten wurden einzelne Polizeipräsidien zum Gegenstand. Häufiger werden Polizeiorganisationen auf Staats- oder Landesebene untersucht.

Die Quellenlage für eine Gelsenkirchener Polizeigeschichte ist ausgesprochen schwierig. Im Süden der Stadt wurden die Akten bei Erstürmungen des Polizeigebäudes durch aufgebrachte Arbeiter während der „Märzrevolution" 1920 vernichtet. Auch bei Unruhen im Mai 1923 während der Ruhrbesetzung konnte die Ersatzpolizei nicht die Erstürmung des Polizeipräsidiums verhindern. Das Polizeipräsidium wurde bei diesen Aktionen in Brand gesetzt und die noch oder wieder vorhandenen Akten vernichtet. Zuvor hatten in Gelsenkirchen schon französische Truppen die Polizeiunterkunft besetzt, dort wurden von den Besatzungstruppen auch die nicht mehr in Sicherheit gebrachten Personalakten der Polizei-Offiziere und -Wachtmeister verbrannt. Im März/April 1945 wurde dann auf Eigeninitiative der Polizeiführung der vorhandene Aktenbestand zu großen Teilen beseitigt. Die Karteien der Kriminalpolizei und wahrscheinlich mit ihnen auch die Generalakten der Kriminalpolizei wurden so 1945 vernichtet. Im Norden fehlten lange eigene Behörden, die Schriftgut hinterließen, und die kommunalen Akten wurden in der Boomzeit des industriellen Aufstiegs lückenhaft geführt. Die jeweiligen vorgesetzten Behörden hinterließen zu Entwicklungen im

---

moderne deutsche Geschichte in der internationalen Forschung 1945-1975 (GuG, Sonderheft, 4), Göttingen 1978, S. 252.

[10] Vgl. W. Köllmann, Bedeutung a.a.O., S. 46. Vgl. Hans-Jürgen Teuteberg, Die Industrialisierung Westfalens im 19. Jahrhundert, Probleme und Forschungsstand, in: Hans-Jürgen Teuteberg (Hrsg.), Westfalens Wirtschaft am Beginn des „Maschinenzeitalters", Dortmund 1988 (Untersuchungen zur Wirtschafts-, Sozial- und Technikgeschichte, Bd. 6), S. 1.

[11] W. Köllmann, Bedeutung a.a.O., S. 49. Vgl. Otto Dann, Die Region als Gegenstand der Geschichtswissenschaft, in: AfS 23, 1983, S. 654.

Raum Gelsenkirchen nur wenig Quellen. Auch bei der Polizei in Recklinghausen, die für Buer und Horst im gegenwärtigen Raum Gelsenkirchen zuständig war, wurden wesentliche Aktenbestände während der belgisch-französischen Ruhrbesetzung 1923 vernichtet. Vor allem für die Zeit des Kaiserreichs fehlen originäre Quellen. So ist es schwierig, die Organisationsentwicklung der Gelsenkirchener Polizei im Längsschnitt zu verfolgen.

Im Übrigen ist die Geschichte der Struktur der Polizeibehörden etwa so verwirrend wie die Geschichte der Stadtbildung und Urbanisierung in Gelsenkirchen als auch im nördlichen Ruhrgebiet insgesamt.[12] Während Organisationsbzw. Generalakten vielfach fehlen, existieren sowohl beim Nordrhein-Westfälischen Staatsarchiv in Münster als auch noch in der Polizeibehörde umfangreiche Bestände an Personalakten. Diese Akten geben neben der Berufsbiographie der jeweiligen Polizeibeamtem indirekt auch Auskunft über Organisation und Inhalt der Polizeiarbeit. Mit den Mitteln des Projektes zur Gelsenkirchener Polizeigeschichte war eine vollständige und systematische Auswertung der Personalakten nicht möglich. In verschiedenen Teilbereichen der Forschungsarbeiten wurden zahlreiche Personalakten allerdings selektiv herangezogen.

Für die Geschichte seit der Befreiung vom Nationalsozialismus zeigt der Gelsenkirchener Fall die fast erstaunliche Tatsache, dass die Unterlagen und Protokolle des seit 1953 bestehenden Polizeibeirates offensichtlich nicht gesammelt wurden, sondern jeweils nach Ablauf der Wahlperioden mehr oder weniger schnell, bedingt auch durch den raschen Wechsel der zuständigen Beamten, vernichtet wurden. Jahresberichte, die wahrscheinlich in den 1970er Jahren noch existierten, liegen nach Recherchen des Polizeipräsidiums nicht mehr vor. Hier zeigt sich die Polizei über einen langen Zeitraum als eine öffentliche Einrichtung mit besonderer Geschichtsvergessenheit, auch die Ablieferungspraxis bei den Staatsarchiven bestätigt diese Vermutung über Gelsenkirchen hinaus.

Die mittlerweile etablierte Methode der Befragung von Zeitzeugen stößt bei der Polizeigeschichte rasch an Grenzen. Es liegt an der Personalfluktuation in einer Polizeibehörde, dass Themen der jüngeren Vergangenheit, für die es doch zahlreiche Zeitzeugen geben müsste, recht schwierig zu bearbeiten sind. Zahlreiche Stellen werden personell häufig umbesetzt, vor allem bei Beamten aus der aktiven Polizeiarbeit, wohl etwas weniger im Bereich der Verwaltung. So gibt es nur wenige Beamte, die über längere Zeiträume bestimmte Arbeitsfelder „betreut" haben und so den Wandel der Polizeiarbeit konkreter darstellen könnten. Ortswechsel erschweren zudem konkrete Stadtgeschichtsarbeit. Nach aller Erfahrung schlägt sich hier auch ein Aspekt deutscher Beamten- und Verwaltungstra-

---

[12] Vgl. Stefan Goch, Strukturen der Polizei in Gelsenkirchen während des Kaiserreiches, in: S. Goch, Städtische Gesellschaft a.a.O., S. 54-77.

dition nieder, der den äußeren Anschein der Geschichtslosigkeit der öffentlichen Verwaltung bewirkt: das Wissen, nicht lange an einem Ort und in einem bestimmten Tätigkeitsbereich zu bleiben, vermindert die Identifikation mit den Arbeitszusammenhängen. Zudem würde eine zu intensive, gar zu Kontroversen anregende Auseinandersetzung mit der eigenen Tätigkeit die eigene Karriere eher behindern.

Hilfreiche, aber jeweils kritisch zu lesende Sekundärquellen zur Gelsenkirchener Polizeigeschichte waren zwei historische Selbstdarstellungen der Gelsenkirchener Polizeibehörden, die das Wissen von Beteiligten reflektieren und zur Zeit der Erstellung dieser Behördengeschichten noch vorhandene Quellen zitieren. Zur Geschichte der Gelsenkirchener Polizei liegt eine vervielfältigte Darstellung über den Zeitraum von 1905 bis 1936 vom Herbst 1936 vor.[13] Diese Darstellung, die aufgrund eines Erlasses der Innenministerien des Reiches und Preußens von 1936 zur „Schaffung einer Tradition der Schutzpolizei" erstellt wurde, ist gut mit Fotografien ausgestattet, enthält viele Namen von in Gelsenkirchen aktiven Polizeibeamten und hat einen Dokumentenanhang, in dem sich Abschriften unterschiedlicher Texte befinden, die aus der Zeit der Weimarer Republik stammen. Die Darstellung ist naturgemäß von der herrschenden Ideologie des „Dritten Reiches" geprägt. Eine vergleichbare Darstellung gibt es für die Schutzpolizei in Recklinghausen, die für den Raum Gelsenkirchen Buer und Horst erfasste.[14] Diese behandelt aber nur den Zeitraum nach dem Ende des Ersten Weltkrieges. Als man beim Gelsenkirchener Polizeipräsidium 1977 anlässlich des 50. Jahrestages der Übergabe des Polizeigebäudes des heutigen Polizeipräsidiums in Buer eine interne, nicht publizierte Chronik zur Polizeigeschichte zusammenstellte, setzte die Darstellung der Historie unter der Begründung, dass Überlieferung fehle, erst mit dem Zeitraum nach 1945 ein. Für die Zeit bis 1936 wurde auf die ältere Zusammenstellung zurückgegriffen. Bei der Zusammenstellung von Aspekten der Polizeigeschichte seit 1945 standen heute nicht mehr vorhandene „Jahresberichte und andere Schriftstücke" der Kreispolizeibehörde Gelsenkirchen sowie Pressenotizen zur Verfügung".[15]

Zu der schlechten Überlieferung hat sicherlich auch beigetragen, dass die Polizei sehr lange Zeit und wohl zum Teil bis zur Gegenwart eine „hermetische Institution"[16] war, die von sich aus erst in jüngerer Zeit, im Rahmen der Öffentlichkeitsarbeit, Informationen über ihre Vorgehensweisen herausgibt. Bis in die

---

[13] Hermann Marhenke, Die Geschichte der Gelsenkirchener Polizei (von 1905 bis 1936), Gelsenkirchen 1936 (masch.).

[14] Standortgeschichte der Schutzpolizei Recklinghausen, Recklinghausen 1936 (masch.).

[15] Roland Brehm, Chronik der Polizei Gelsenkirchen, Gelsenkirchen 1977, 2 Bde (masch.).

[16] Heiner Busch, Albrecht Funk, Udo Kauß, Wolf -Dieter Narr, Falco Werkentin, Die Polizei in der Bundesrepublik Deutschland, Frankfurt a.M. 1988, S. 23.

Gegenwart erweist es sich als schwierig, die Polizeiarbeit von außen zu erforschen, was einerseits auf gegenseitigen Vorurteilen vor allem zwischen universitärer Forschung und den Polizeibehörden beruht, andererseits aber auch Ursachen in der wenig auf Öffentlichkeit gerichteten Arbeitsweise der Polizei hat, auch wenn es seit den 1970er Jahren eine verstärkte und jüngerer Zeit nochmals intensivierte Öffentlichkeitsarbeit der Polizei gibt. So ist es einerseits schwierig, Polizei „von außen" darzustellen und andererseits produziert Polizei wenig für die Öffentlichkeit unmittelbar zugängliche Quellen, die Einblick in die Polizeiarbeit geben, oder für eine Öffentlichkeit bestimmte Materialien zur Arbeitsbeschreibung und Selbstdarstellung. Es war ausgesprochen bedauerlich, dass bei dem konkreten Gelsenkirchener Projekt der Beiträger aus der Gelsenkirchener Polizeibehörde, der sich mit den langen Jahren der Polizeigeschichte seit der erneuten Verstaatlichung 1953 bis zu den jüngeren Organisationsänderungen befassen wollte, nach einer Versetzung und der daraus sich ergebenden Einbindung in andere Tätigkeitsfelder ausfiel.

Alltägliche, unspektakuläre Aspekte der Polizeiarbeit sind in einem Projekt zur Polizeigeschichte schwer zu erfassen und zu präsentieren. Es spiegelt sich hier wider, dass die Geschichte der Gelsenkirchener Polizei in der zweiten Hälfte des 20. Jahrhunderts ganz im Unterschied zu der ersten Hälfte des 20. Jahrhunderts vergleichsweise friedlich war. Gelsenkirchen ist zwar eine Großstadt, war aber in den letzten Jahrzehnten nicht einer der zentralen Orte der insgesamt recht „friedlichen" Geschichte der Bundesrepublik, sieht man von der Zeit des „Zechensterbens" in Gelsenkirchen und den anderen Ruhrgebietsstädten Anfang der 1960er Jahre einmal ab. Viele gesellschaftliche Veränderungen, die die frühe Bundesrepublik erschütterten, liefen in der Stadt konfliktfreier ab. Und schließlich war Gelsenkirchen kein Brennpunkt der Kriminalität. Zu Schusswaffengebrauch kam es nur beim Ausbruch von Rindern bei Viehtransporten, die in der Industriestadt jedoch recht selten sind.

In der alltäglichen Polizeiarbeit und dann in den vielen Gesprächen im Rahmen des Geschichtsprojektes trat auch die Problematik generationsspezifischer Prägungen der Polizeibeamten hervor.[17] Im Gelsenkirchener Projekt konnten die durch die Zugehörigkeit zu verschiedenen Generationen bedingten Unterschiede in Habitus, kulturellen Orientierungen und Mitteilungsbereitschaft nur begrenzt berücksichtigt werden, von der Schwierigkeit abgesehen, dass den Sozialwissenschaften ein schlüssiges Konzept zur empirischen Analyse generationsspezifischer Prägungen noch weitgehend fehlt. In einer lokalen Polizeibehörde mischen sich generationelle Erfahrungen noch dazu mit den unterschiedlich

---

[17]   Zum Einstieg Reulecke, Jürgen, Müller-Luckner, Elisabeth (Hrsg.), Generationalität und Lebensgeschichte im 20. Jahrhundert, München 2003; Jureit, Ulrike, Wildt, Michael (Hrsg.), Generationen, Zur Relevanz eines wissenschaftlichen Grundbegriffs, Hamburg 2005.

ausgeprägten Bezügen zum Dienstort. So gab es eine größere Gruppe meist älterer oder bereits pensionierter Polizeibeamter, die ihren Beruf als ihre Berufung darstellten, am Dienstort wohnten und durchaus auch gerne als örtliche Polizeibeamte bekannt waren. Hingegen wollten vor allem jüngere Beamte, die über den Weg der Versetzung oder Zuweisung in die Stadt gekommen waren, in ihrer Freizeit „in Ruhe" gelassen und als „normale" Arbeitnehmer gesehen werden, wohnten also nicht unbedingt in der Stadt oder in einer Umgebung, in der ihr Beruf keine Rolle spielte.

Urteile und Vorurteile prägten die informellen Gespräche zwischen den nicht trennscharf von einander geschiedenen Gruppen Polizeibeschäftigter: Da gibt es gegenüber den Jüngeren oder Heutigen den Vorwurf des „Jobdenkens" oder auch des als falsch empfundenen Nichtgebrauchs der Uniform-Mütze, während den „Alten" zu „hemdsärmeliges" Verhalten vorgehalten wird. Damit reflektieren die „Jüngeren" ein seit den 1970er Jahren wesentlich polizeikritischeres Verhalten von Öffentlichkeit und Justiz. Die relative Autonomie der Ermittlungsarbeit und Handlungs- und Ermessensspielräume der Polizeibeamten sind erheblich verkleinert worden, der von der Behördenleitung vorgegebene Anspruch, polizeiliches Verhalten auch öffentlich erklären zu müssen, ist deutlicher präsent. Die Inhaber der beim Staat monopolisierten Zwangsgewalt sind darauf verpflichtet, nach Recht und Gesetz zu arbeiten – diese nicht unwesentliche Errungenschaft der rechtsstaatlich verfassten Demokratie nach dem Zivilisationsbruch des Nazi-Regimes zeitigt im Habitus der Polizistinnen und Polizisten differenzierte Konsequenzen und eben auch ein relativ bürokratisch und kontrolliert erscheinendes Verhalten. Hierarchien und Schriftlichkeit sind für Behörde und Personal auch verhaltensregulierende Sicherheiten.

Leider fand sich in der Gelsenkirchener Polizeibehörde niemand, der die Geschichte der Gewerkschaft der Polizei (GdP) aufarbeitete, was um so bedauerlicher ist, als in Gelsenkirchen eine der Keimzellen der GdP bestand und diese Gewerkschaft lange vom Gelsenkirchener Werner Kuhlmann geführt und auch dem DGB angeschlossen wurde. Auch war die Gewerkschaft offensichtlich ein wichtiger Akteur bei der Zivilisierung der Polizeiarbeit. Insgesamt gelang es in dem Gelsenkirchener Projekt nicht, die Gewerkschaft oder den Personalrat für Aktivitäten zu begeistern, was auch die Vermittlung der gewonnen Arbeitsergebnisse erschweren dürfte.

So etwas wie die innere „Polizeikultur"[18] konnte nur ansatzweise erfasst werden, zumal es immer noch schwierig erscheint, die Frage nach den inneren Strukturen und Mentalitäten in einer Polizeibehörde wissenschaftlich zu operationalisieren. Allerdings erwies sich eine vor allem auch auf schriftliche Überliefe-

---

[18] Rafael Behr, Polizeikultur, Wiesbaden 2006.

rung orientierte historische Forschungsarbeit als relativ schwach bei der Erfassung von Denkweisen und Mentalitäten. Angesichts des begrenzten Forschungsstandes und auch der Notwendigkeit, gerade für die Zeit des Nationalsozialismus für die Darstellung „harte Belege" anzuführen, gab es in dem Gelsenkirchener Projekt aber kaum eine andere Arbeitsperspektive. Eine essayistische Darstellung von unsystematischen Befragungen zum aktuellen Selbstverständnis konnte die Thematik notwendigerweise nur anreißen[19]

Dargestellt wird in dem Gelsenkirchener Fallbeispiel auch die Öffnung der Polizei gegenüber der Öffentlichkeit – die Schilderung der gegenwärtigen Formen der Kommunikation zwischen Polizei, Stadt und lokaler Öffentlichkeit übernahm der Polizeipräsident selbst. Hier geht es um den Ausbau der Zusammenarbeit mit der Stadtverwaltung und anderen lokalen Akteuren, neuere Formen projektbezogener Zusammenarbeit bis hin zu den Ordnungspartnerschaften. Schließlich versucht man bei der Gelsenkirchener Polizeibehörde seit Ende der 1990er Jahre auch mit den Bürgerinnen und Bürgern verstärkt in Kontakt zu kommen. Dazu wurde erstmalig 1998 eine Bürgerbefragung zur Einschätzung der Polizeiarbeit durchgeführt. Im Jahr 2000 wurden dann landeseinheitliche Fragebogen an fast 5.000 Einwohner verteilt. Eine weitere Befragung folgte 2003.

Die zentralen Ergebnisse des Gelsenkirchener Projektes zur Sozialgeschichte der Polizei wurden schließlich in Form eines gut ausgestatteten Sammelbandes präsentiert.[20] Trotz des notwendigen „Mutes zur Lücke" liegt damit für die kommunale Öffentlichkeit und für interessierte Polizeibeamte eine Polizeigeschichte für Gelsenkirchen vor. Dieser Sammelband konnte angesichts der begrenzten Ressourcen und des bislang begrenzten Forschungsstandes nur als arbeitsteiliger Forschungsprozess erstellt werden und „verarbeitete" auch die Beiträge der Veranstaltungsreihe. Es stehen Beiträge von Wissenschaftlern unterschiedlicher Herkunft und Prägung neben Beiträgen von Praktikern.

Im Sammelband zur Sozialgeschichte der Polizei in Gelsenkirchen liegt eindeutig ein Schwerpunkt auf den Kapiteln zum Weg ins „Dritte Reich", zur Polizei im Nationalsozialismus und zur unvollständigen Entnazifizierung. Für die Führung der Polizeibehörde, heutige Polizeibeamte wie auch für die kommunale Öffentlichkeit sind dies natürlich keine angenehmen Themen. Letztlich konnte aber im Gelsenkirchener Projekt von Beginn an nicht erwartet werden, dass die Geschichte des Nationalsozialismus nicht eine bedeutsame Rolle auch

---

[19]   Jürgen Schlöhlein, Selbstverständnis der Polizeibeamtinnen und –beamten in Gelsenkirchen, Ergebnisse einer stichprobenartigen Umfrage unter Mitarbeiterinnen und Mitarbeitern des Polizeipräsidiums Gelsenkirchen im Oktober 2002, in: S. Goch, Städtische Gesellschaft a.a.O, S. 360-369.

[20]   S. Goch, Städtische Gesellschaft a.a.O.

bei der Gelsenkirchener Polizeigeschichte spielen würde und dass dabei nicht auch Verbrechen der Polizei bzw. auch Gelsenkirchener Polizeibeamter sichtbar werden würden. Insofern ist mindestens der Behördenleitung doch auch einiger Mut und die Fähigkeit zu selbstkritischer Betrachtung der eigenen Geschichte nicht abzusprechen. Aus Kreisen der „normalen" Polizeibeamten war bislang zu dieser Frage wenig „feed back" zu hören, so wie es insgesamt so scheint, dass vor allem die bodenständigen Gelsenkirchener Beamten und Pensionäre das Buch rezipiert haben.

Für die Polizei in Gelsenkirchen, wie für die Stadtgeschichtsforschung ist der Wunsch nach „Aufklärung" über das Handeln des örtlichen Akteurs Polizei erfüllt worden – nach innen in die Polizei hinein wie gegenüber der Öffentlichkeit. Auch die Institutionengeschichte für die Stadt, vielleicht abgesehen von kleinräumigen Strukturen, ist zunächst erarbeitet. Im Sinne einer Sozialgeschichte der Polizei konnte auch das oft schwierige Verhältnis der Bevölkerung zu „ihrer" Polizei, das lange und immer wieder von scharfen Konflikten bis hin zum Hass auf beiden Seiten geprägt war, durch die vorgelegten Darstellungen beleuchtet worden. Indem strukturelle Hintergründe polizeilichen Handelns analysiert wurden, hat das Gelsenkirchener Polizeiprojekt auch Polizeiarbeit für Gegenwart und Zukunft thematisiert. Und so gibt es auch nach dem Gelsenkirchener Projekt die Aufgabe, jenseits von Verwaltungsfragen die jüngeren Entwicklungen in der Gelsenkirchener Polizei sozialwissenschaftlich zu begleiten und Zukunftsperspektiven für eine demokratische Polizei in der städtischen Gesellschaft fortzuentwickeln. Wenn das Gelsenkirchener Projekt zu solcher Einsicht in die Notwendigkeit stetiger Selbstreflexion in der Polizei beiträgt, ist viel erreicht worden.

Historisch-politische Bildungsarbeit für die Polizei am authentischen Ort

Michael Sturm, Christoph Spieker und Daniel Schmidt

Im letzten Jahrzehnt hätte man leicht den Eindruck gewinnen können: Polizeigeschichte sei eine Erfolgsgeschichte. Innenministerien, agile Polizeipräsidenten und Initiativen von Interessierten, die die Modernität ihres Berufstandes deutlich machen möchten, fördern gleichzeitig Buch-, Dokumentations- Ausstellungsprojekte in Köln, Wuppertal, Bonn, Recklinghausen, Mönchengladbach, Hamm und Düsseldorf und inzwischen auch in anderen Bundesländern.[1] Polizeigeschichtliche Sammler innerhalb der Behörden, früher von ihrem Umfeld eher als Exoten wahrgenommen, erhielten über diese Projekte eine positive Resonanz und höhere Reputation. Mit dieser Entwicklung scheint die Form der berufsorientierten, erfahrungsgeschichtlichen Selbstvergewisserung in einer neuen Qualität angekommen zu sein. Täuscht dieser Eindruck? Oder ist dies nur eine polizeihistorische Fata Morgana derjenigen, die sich in der 'Erkenntniswüste' an einigen Oasen die Lage schönreden? In jedem Fall ist die selbstkritische historische Analyse des eigenen Berufstandes bundesweit eher die Ausnahme, denn der Regelfall. Sollte dies grundlegend geändert werden, mit welchen Methoden wäre es sinnvoll und wie erreicht diese historisch-politische Anstrengung auch die Menschen, die in Uniform ihren gesellschaftlichen Auftrag ausüben sollen?

1 Entwicklungslinien

Polizeihistorische Initiativen, wie z.b. in der Weimarer Republik, waren im wesentlichen Elitediskurse. Ihnen haftete der Makel ministeriellen Marketings an. Die Durchdringung eines oftmals nostalgischen Rückblicks mit selbstkritischer

---

[1] Vgl. Harald Buhlan/Werner Jung (Hg.), Wessen Freund und wessen Helfer? Die Kölner Polizei im Nationalsozialismus, Köln 2000; Stefan Goch (Hg.), Städtische Gesellschaft und Polizei. Beiträge zur Sozialgeschichte der Polizei in Gelsenkirchen, Essen 2005; Norbert Schloßmacher (Hg.), Die Bonner Polizei im Nationalsozialismus, Bonn 2006; Carsten Dams/Klaus Dönecke/Thomas Köhler (Hg.), „Dienst am Volk"? Düsseldorfer Polizisten zwischen Demokratie und Diktatur, Frankfurt/M 2007

Reflektion entsprach eher einer akademischen Übung, denn einer realistischen Option.

Nach dem Zweiten Weltkrieg sah es nicht anders aus: Die Nachwirkung der vormaligen Dominanz der „weltanschaulichen Erziehung" im Nationalsozials-zialismus[2] erschwerte zunächst auch jede an demokratischen Werten und Menschenrechten orientierte Grundbildung.

In Anlehnung an die Formulierung des Soziologen Helmut Schelsky könnte für die 1950er Jahre durchaus von „skeptischen" Polizisten gesprochen werden, die die Bemühungen der Führung um eine fundierte historisch-politische Bildungsarbeit misstrauisch beäugten.

Die sich wandelnden außen- wie innenpolitischen Konstellationen veränderten diese Sehweise jedoch ebenso wie generationelle Umbrüche innerhalb der Polizei.[3] Insgesamt lassen sich drei Phasen bestimmen, in denen die Inhalte, Formen und Ansprüche historisch-politischer Bildung in der Polizei tiefgreifenden Wandlungsprozessen unterworfen waren.

- Kennzeichnend für eine erste Phase bis etwa 1969 war ein mythisch überhöhter Staatsbegriff in Verbindung mit einem kulturpessimistischen Gesellschaftsbild. Polizei begegnete den Herausforderungen des Kalten Krieges mit einem elitären Selbstverständnis.[4] Zudem waren die politischen und weltanschaulichen Inhalte der Lehrpläne von kulturpessimistischen Gesellschaftsdiagnosen geprägt und zielten auf die Vermittlung traditioneller Normen und Wertemuster. So formulierte etwa Josef Gruber, Polizeioberlehrer bei der Bereitschaftspolizeiabteilung im bayerischen Eichstätt, in einem Erfahrungsbericht aus dem Jahr 1957 die Intention seines Unterrichts: „Die Anwärter müssen erkennen, dass die abendländische Völkerfamilie eine, nur ihre eigene hohe Kultur geschaffen hat, die zu erhalten und zu vermehren es auch in Zukunft gilt. […] Über den Wert der staatspolitischen Erziehung für die jungen Anwärter im allgemeinen und im besonderen kann es nur ein Urteil geben: Sie ist neben der Lebenskunde der Angelpunkt der Menschenformung, die darauf hinzielt, die jungen Leute zu verantwortungsbewussten, sittlich und religiös gefestigten Staatsbürgern, Chris-

---

[2] Vgl. Jürgen Matthäus/Konrad Kwiet/Jürgen Förster/Richard Breitmann, Ausbildungsziel Judenmord? „Weltanschauliche Erziehung" von SS, Polizei und Waffen-SS im Rahmen der „Endlösung", Frankfurt/M. 2003.

[3] Zur Bedeutung der generationellen Umbrüche in der Polizei vgl. Klaus Weinhauer, Schutzpolizei in der Bundesrepublik. Zwischen Bürgerkrieg und Innerer Sicherheit: Die turbulenten sechziger Jahre, Paderborn u.a. 2003.

[4] Vgl. Klaus Weinhauer, „Staatsbürger mit Sehnsucht nach Harmonie" – Gesellschaftsbild und Staatsverständnis in der westdeutschen Polizei, in: Axel Schildt/Detlef Siegfried/Karl Christian Lammers (Hg.), Dynamische Zeiten. Die 60er Jahre in beiden deutschen Gesellschaften, Hamburg 2000, S. 444-470.

ten und Beamten zu erziehen."[5] In diesem Sinne sollte auch der Geschichtsunterricht ein weites historisches Feld abdecken. In der Absicht, die „Wurzeln der geschichtlichen Existenz Deutschlands"[6] aufzuzeigen, verlangten die Lehrpläne eine Beschäftigung mit Römern und Germanen. Ausführlich sollten ebenfalls Bismarcks Politik, der Erste Weltkrieg und der Versailler Vertrag besprochen werden. Der zeitliche Umfang einer Auseinandersetzung mit dem Nationalsozialismus im Rahmen des Unterrichts blieb allerdings umstritten. Zwar räumten die Lehrpläne diesem Thema relativ großen Raum ein, in der Praxis versuchten Polizeilehrer jedoch oftmals die Beschäftigung mit dem Nationalsozialismus im Umfang zu beschränken, wenn nicht sogar vollständig auszuklammern. Freilich ist darauf hinzuweisen, dass diese bisweilen offensichtlich sehr rudimentäre Auseinandersetzung mit der jüngsten Vergangenheit kein ausschließlich bei der Polizei zu beobachtendes Phänomen darstellte.[7]

- In der zweiten Phase zwischen 1969 und 1989 waren neben den generationellen Umbrüchen vor allem die Erfahrungen mit jugendkulturellem Aufbegehren, den Protesten der 68er-Bewegung sowie den Neuen Sozialen Bewegungen von Bedeutung. Die Veränderungen der 1960er Jahre führten auch zu einem neuen Selbstverständnis der Polizei: Das zunächst hegemoniale Schreckensszenario einer vermeintlichen Bedrohung der Bundesrepublik durch einen äußeren Gegner oder bewaffnete bürgerkriegsähnliche Umsturzversuche, kurz: die Angst vor dem „Ausnahmezustand" verlor allmählich an Bedeutung. Die Institution Polizei sollte nun nicht mehr als „Militärersatz", sondern deutlicher als gesellschaftlicher Akteur in Erscheinung treten und vor allem im präventiven Bereich tätig werden.[8] Mit steigendem materiellen Wohlstand sowie dem Ausbau des fordistischen Sozialstaates rückte dagegen die Angst vor der (in der Tat steigenden) Kriminalität in den Mittelpunkt öffentlichen und polizeilichen Interesses. Das Schlagwort von der Inneren Sicherheit wurde am Ende der 1960er Jahre geprägt.[9] Die Planungseuphorie[10] sowie die Technik- und Fortschrittsgläubigkeit dieser Jahre, die sich in den unterschiedlichsten Bereichen von Staat, Verwaltung

---

[5]   Erfahrungsbericht Josef Gruber an die II. Bereitschaftspolizeiabteilung o.J. [1958-1969]; BayHStA, Präsidium der Bereitschaftspolizei 173.

[6]   Regierungsdirektor Hacker an das Bayerische Staatsministerium des Innern, 28.05.1960; BayHStA, Präsidium der Bereitschaftspolizei 173; zusammenfassend vgl. Michael Sturm, „Gewalt wird mit Gewalt beantwortet". Polizei und Straßenprotest in München am Ende der Ära Adenauer, [unveröffentlichte Magisterarbeit] Göttingen 2001, bes. S. 47-51.

[7]   Vgl. Norbert Frei (Hg.), Hitlers Eliten nach 1945, München 2003.

[8]   Vgl. Weinhauer, Schutzpolizei in der Bundesrepublik.

[9]   Vgl. Ebenda.

[10]   Vgl. Gabriele Metzler, „Geborgenheit im gesicherten Fortschritt". Das Jahrzehnt von Planbarkeit und Machbarkeit, in: Matthias Frese/Julia Paulus/Karl Teppe (Hg.), Demokratisierung und gesellschaftlicher Aufbruch. Die sechziger Jahre als Wendezeit der Bundesrepublik, Paderborn 2003, S. 777-797.

und Gesellschaft zeigte, war auch für die Polizei charakteristisch. Ganz allgemein sollte die Arbeit der Polizei „verwissenschaftlicht" und somit „professionalisiert" werden.

Diese Forderungen führten zu erheblichen Veränderungen im Bereich der Polizei-Aus- und Fortbildung.[11] Die Polizei begann sich nun stärker als bisher Abiturienten zu öffnen. Für Anwärter des gehobenen Dienstes wurden Studiengänge an den Fachhochschulen für öffentliche Verwaltung (FHöV) eingerichtet. Das Polizei-Institut in Hiltrup wurde zur Polizeiführungsakademie und avancierte zur zentralen Aus- und Fortbildungsstätte für Polizeibeamte des höheren Dienstes. Bis 1973 lässt sich von einer regelrechten „Bildungseuphorie" innerhalb der Polizei sprechen. Die kommunikativen und sozialen Handlungskompetenzen von Polizeibeamten sollten gestärkt, behördeninterne Informationshierarchien abgebaut werden.

Allerdings erlahmte der Reformeifer bei der Polizei (wie auch in anderen gesellschaftlichen bzw. staatlichen Bereichen) spätestens seit 1973/1974. Der Terrorismus und seine Bekämpfung sowie die an Heftigkeit zunehmenden Konflikte anlässlich von Protestaktionen der neuen sozialen Bewegungen brachten auch im Bereich polizeilicher Aus- und Fortbildung Stagnation und einen neuen Pragmatismus mit sich. Verkürzt gesagt, kreisten die polizeilichen Diskurse nun wieder stärker um den Schutz des Staates und weniger um die Rolle der Polizei innerhalb einer sich demokratisierenden Gesellschaft. Erst seit etwa 1985 flammten polizeiliche Reformdiskussionen wieder auf. Einen wesentlichen Anstoß hierfür gab das so genannte Brokdorf-Urteil des Bundesverfassungsgerichts von 1985. Wie schon am Beginn der 1970er Jahre knüpften sich an die Debatten, welche Funktionen und Aufgaben die Polizei innerhalb einer „zivilen Bürgergesellschaft" wahrnehmen solle, Forderungen, die Aus- und Fortbildung von Polizeibeamten zu reformieren.[12]

Somit lässt sich seit etwa 1989 von einer dritten Phase historisch-politischer Bildungsarbeit innerhalb der Polizei sprechen. Sie ist wiederum gekennzeichnet durch einen generationellen Umbruch, der die allmähliche, zumindest partielle Umsetzung der seit 1985 geführten polizeilichen Reformdiskussionen in die konkrete historisch-politische Bildungsarbeit erleichtert.

Verstärkt wird in dieser Phase die Bildungsarbeit in Form von Projekten, „anderen Orten", das heißt in Gedenkstätten und an Orten von historischer Be-

---

[11] Vgl. Heiner Busch u.a., Die Polizei in der Bundesrepublik, Frankfurt/M. 1988, bes. S. 153f.; Thomas Kleinknecht/Michael Sturm, „Demonstrationen sind punktuelle Plebiszite". Polizeireform und gesellschaftliche Demokratisierung von den Sechziger- zu den Achtziger Jahren, in: Archiv für Sozialgeschichte 44 (2004), S. 181-218.

[12] Vgl. Martin Winter, Politikum Polizei. Macht und Funktion der Polizei in der Bundesrepublik Deutschland, Münster 1998.

deutung durchgeführt. Auch der Kooperation mit polizei-externen Trägern wird seither größere Bedeutung beigemessen. Ein Beispiel dafür mag die Arbeit im Geschichtsort Villa ten Hompel sein.

2 Der Geschichtsort als authentischer Lernort

Die wissenschaftliche, pädagogische und erinnerungskulturelle Arbeit im Geschichtsort Villa ten Hompel, einer in den 1920er Jahren errichteten Fabrikantenvilla, die in den vergangenen Jahrzehnten als Standort diverser polizeilicher Dienststellen fungierte, widmet sich vor allem den politischen, gesellschaftlichen und ethischen Auswirkungen (nicht nur) des historischen Verwaltungshandelns. Anlass für die Erinnerung an diesem Ort war die Nutzung des Hauses als Sitz des Befehlshabers der Ordnungspolizei, der in den Jahren 1940-1944 u.a. die Bataillone aufstellte, die dann als „Fußvolk der Endlösung" (Klaus-Michael Mallmann) den Holocaust realisierten.[13] Im Auftrag der Stadt Münster wird dieser Teil der Hausgeschichte wissenschaftlich erforscht.[14] Dabei versucht der Geschichtsort Villa ten Hompel, wissenschaftliche Erkenntnisse exemplarisch und didaktisch anspruchsvoll zu vermitteln.[15] Eine Dauerausstellung präsentiert die Geschichte der deutschen Polizei im 20. Jahrhundert. Eine zweite Dauerausstellung beleuchtet diese Schreibtische von einer anderen Seite. In den Jahren zwi-

---

[13] Zur Tätigkeit der Polizeibataillone vgl. u.a. Browning, Christopher R., Ganz normale Männer. Das Reserve-Polizeibataillon 101 und die „Endlösung" in Polen, Reinbek 1993; Mallmann, Klaus-Michael: Vom Fußvolk der „Endlösung". Ordnungspolizei, Ostkrieg und Judenmord, in: Tel Aviver Jahrbücher für deutsche Geschichte 26 (1997), S. 355-391; Klemp, Stefan, „Nicht ermittelt". Polizeibataillone und die Nachkriegsjustiz. Ein Handbuch, Essen 2005 (Geschichtsort Villa ten Hompel. Schriften 5); Westermann, Edward B., Hitler's Police Bataillons. Enforcing Racial War in the East, Lawrence 2005; Curilla, Wolfgang, Die deutsche Ordnungspolizei und der Holocaust im Balitikum und in Weißrussland 1941-1944, Paderborn u. a. 2006.

[14] Alfons Kenkmann: Vom Schreibtischtäterort zum Lernort. Überlegungen zur Nutzung der Ordnungspolizei-Residenz in der historisch-politischen Bildungsarbeit, in: ders. (Hg.), Villa ten Hompel. Sitz der Ordnungspolizei im Dritten Reich. Vom „Tatort Schreibtisch" zur Erinnerungsstätte?, Münster 1996 S. 115-137.

[15] Zur Definition des Begriffes Geschichtsort als didaktischer Schnittstelle: Alfons Kenkmann/Christoph Spieker: Die nationalsozialistische Ordnungspolizei als Konstrukt zwischen Wunschbild und Weltanschauung, in: Alfons Kenkmann/Christoph Spieker (Hg.), „Im Auftrag". Polizei, Verwaltung und Verantwortung, Essen 2001, S. 17-37, hier S. 22. Christoph Spieker: Zur Konstruktion eines Geschichtsortes, in: Jens Birkmeyer/Thomas Kleinknecht/Ursula Reitemeyer: Erinnerungsarbeit in Schule und Gesellschaft. Ein interdisziplinäres Projekt von Lehrenden und Studierenden der Universität Münster in Zusammenarbeit mit dem Geschichtsort Villa ten Hompel. Münster, Münster u.a. 2007, S. 163-172.

schen 1954 und 1968 war das Dezernat für Wiedergutmachung der Bezirksregierung Münster im Haus am Kaiser-Wilhelm-Ring untergebracht[16].

Der Geschichtsort Villa ten Hompel lebt demnach von der Aura seiner ehemaligen Funktionen. In der Topografie der bundesrepublikanischen Gedenkstättenlandschaft weist die Villa ten Hompel zudem ein Alleinstellungsmerkmal auf. Sie repräsentiert einen polizeilichen Täterort in der Zeit des Nationalsozialismus und stellt gleichzeitig einen Verwaltungsort dar, an dem nach 1945 nationalsozialistisches Unrecht „wiedergutgemacht" werden sollte. Am Geschichtsort Villa ten Hompel wird versucht, Verständnis für historische Entwicklungen und ethisch begründetes Handeln in der Gegenwart zu entwickeln. In der Universitätsstadt Münster sucht der Geschichtsort eine Brücke zwischen Forschung und Bevölkerung und zwischen Wissen und Gewissen zu schlagen und die Resultate der Forschung und Reflektion ins Gespräch zu bringen. Eine multimediale Bildungsetage mit Leseraum zur Sichtung der Sammlungsbestände, mit einer Präsenzbibliothek und Internetanschlüssen ermöglicht thematische Vertiefungen, je nach Wunsch und Intensität des Bildungsinteresses der Besucher. Öffentliche Symposien, Veranstaltungsreihen und Einzelvorträge sorgen für den Informationsfluss zu aktuellen Forschungstrends und Diskussion.

Eigene Forschungen zur Hausgeschichte sind für die pädagogische Arbeit einer jeden Erinnerungs- und Gedenkstätte grundlegend. Eine wesentliche Erweiterung dieser historischen Kulisse stellen die eigenen Sammlungen dar. Seit Eröffnung der Villa ten Hompel sind innerhalb von sieben Jahren über 300 Deposita hinterlegt worden. Sie umfassen qualitativ unterschiedliches Dokumentationsmaterial, vor allem Nachlässe, Fotoalben, Literatursammlungen und diverse andere Objekte, die teilweise der Bildungsarbeit zur Verfügung stehen.

In einer Zeit, in der die Zeitzeugenschaft zum „Dritten Reich" immer mehr schwindet, bleibt von vielen Beteiligten und Betroffenen nur der Nachlass, der Überrest, das Fragment. Eine zentrale Aufgabe der MitarbeiterInnen des Geschichtsortes besteht darin, diese Materialien zu bewerten, gegebenenfalls zu kombinieren und im sinnvollen Kontext zum Sprechen zu bringen. Auf diese Weise kann die wissenschaftliche Forschungsarbeit mit einer didaktisch begleiteten Schausammlung ergänzt werden.

Seit der Eröffnung des Geschichtsortes im Mai 2001 haben bisher einige tausend Polizeiangehörige aus der ganzen Bundesrepublik die historisch-politischen Angebote genutzt. Im Rahmen von Ausstellungsführungen und Fortbildungsseminaren erhielten sie Einblicke in die die Geschichte ihres Berufes und den Missbrauch polizeilicher Macht in der Zeit des Nationalsozialismus. Auffäl-

---

[16] Vgl. Alfons Kenkmann/Christoph Spieker/Bernd Walter (Hg.), Wiedergutmachung als Auftrag, Essen 2007.

lig ist das breite Spektrum der Gruppen: von Ausbildungskursen der Fachhochschulen, über die Fortbildungseinrichtungen bis hin zur Polizeiführungsakademie; aber auch Einzelnutzer von Fortbildungskursen aus dem Streifendienst der Polizeipräsidien kamen und kommen in die Villa ten Hompel.

Forschungen zur Polizeigeschichte waren lange Zeit weitgehend auf den universitären Bereich beschränkt. Mit Einführung der neuen Ausbildungsordnung und dem Studium der angehenden Polizeiangehörigen an den Fachhochschulen für öffentliche Verwaltung in Nordrhein-Westfalen suchen neuerdings immer öfter Interessierte für ihre Qualifizierungsarbeiten im Geschichtsort nach Literatur und Quellen. Insgesamt ist allerdings festzustellen, dass Geschichte im Rahmen der gesellschaftswissenschaftlichen Ausbildung weiterhin lediglich eine marginale Rolle spielt.[17]

Den Geschichtsort erreichen aber nicht nur die Anfragen von Historikern und Publizisten zur Unterstützung ihrer Forschungsprojekte, sondern auch meist vorsichtige Kontaktaufnahmen von Angehörigen ehemaliger Polizisten. Da gibt es die Frau, die ihren Vater auf einem Ausstellungsfoto erkannt hatte und nun vermuten muss, dass er an schlimmsten Verbrechen teilgenommen hat. An einem anderen Tag kommt der Sohn, der von seinem Vater nur die unglaubwürdige Todesanzeige „aus Versehen erschossen" in den Händen hält. Beide sind Kinder von Polizisten. Oder es sucht der Enkel, dessen Großvater als Polizist in Auschwitz gewesen sein soll, nach Informationen. Sie haben Interesse an Orientierung und Gewissheit in einem historischen Raum, der gefühlsmäßig mit den schlimmsten Befürchtungen besetzt ist.

Im Folgenden soll dargestellt werden, wie sich im Laufe der letzten Jahre die historisch-politische Bildungsarbeit in der Villa ten Hompel entwickelt hat und welche Fokussierungen sich dabei ergeben haben.

3 Thementage als Angebot

Aus den Erfahrungen seit dem Jahr 2001 hat sich eine Seminarform als besonders erfolgversprechend heraus gestellt. Nachhaltiger als die Führungen und Vorträge, Kurzreferate oder Teilseminare sind ganztägige Veranstaltungen, die sich einem bestimmten Themenfeld widmen. Im Bereich der historisch-politischen Bildungsarbeit mit Polizeibeamten hat der kombinierte Thementag „Polizeigeschichte/aktuelle Erscheinungsformen des Rechtsextremismus" bislang die

---

[17] Vgl. auch die Skizzierung des Geschichtsanteils in den Lehrplänen durch Wolfgang Kopitzsch, Polizei im 'Dritten Reich' – ein Thema in der polizeilichen Aus- und Fortbildung heute?, in: Kenkmann/Spieker (Hg.), „Im Auftrag", S. 325-333.

größte Resonanz erzielt.[18] Allein in den Jahren 2005 und 2006 haben hier in Zusammenarbeit mit dem IAF Münster insgesamt 400 Beamte eine Fortbildung „Rechtsextremismus und polizeiliche Aufgabenbewältigung" durchlaufen. Dazu kommen weitere 350 Beamte aus Fortbildungslehrgängen ausschließlich für Gruppen- und Zugführer der Bereitschaftspolizei, die ebenfalls das kombinierte Seminarangebot Polizeigeschichte/aktuelle Erscheinungsformen des Rechtsextremismus in der Villa ten Hompel genutzt haben. Ferner wurde das Seminar in unregelmäßigen Abständen von einzelnen Zügen aus den Einsatzhundertschaften der Bereitschaftspolizei im Rahmen interner Fortbildungsmaßnahmen gebucht. Für das Jahr 2007 sind zehn Seminare mit insgesamt 200 Teilnehmern vorgesehen.

3.1 Schwerpunkt: Polizeigeschichte

Grundlage der historischen Bildungsarbeit mit der Polizei ist eine Führung durch die Ausstellung „Polizei, Verwaltung und Verantwortung". Ausgehend vom historischen Beispiel werden „Handlungsspielräume" der damaligen polizeilichen Akteure dargestellt und mit den Seminarteilnehmern diskutiert. Wie sah der Dienstalltag der Polizeibeamten in der Heimat, im Vernichtungskrieg und bei der Umsetzung des Holocaust aus? Es geht darum, die Vielschichtigkeit deutlich zu machen, die das Verhalten der unterschiedlichen Akteure haben konnte. Anhand exemplarischer Biografien von Polizeibeamten in der Zeit des Nationalsozialismus werden unterschiedliche Verhaltensweisen dargestellt. Die Palette der Handlungsmuster reichte vom unangepassten „eigensinnigen" Verhalten des in den Niederlanden eingesetzten Ordnungspolizisten Josef Henneböhl[19], der letztendlich sogar die niederländische Widerstandsbewegung unterstützte und Juden vor der Deportation rettete, über den „Mitläufer" Hermann Everwyn bis hin zu Walter Nord[20], einem Polizeibeamten, der im Laufe seiner Einsätze in Osteuropa und in der Sowjetunion zum Massenmörder wurde. Wichtig dabei ist, dass die

---

[18] Vgl. zum Folgenden: Daniel Schmidt/Michael Sturm, Möglichkeiten und Grenzen historischer Bildungsarbeit mit Polizeibeamten, in: Polis 2/2005, S. 22-24. Mitteilungen von Kooperationspartnern aus der Polizeifortbildung über die Evaluation ihrer Kurse, die auch Ganztagesveranstaltungen in der Villa ten Hompel umfassten, an den Verfasser.

[19] Vgl. Christoph Spieker (Hg), Freund oder Vijand? Een groene politieman in het Nederlandse verzet. Ein „Grüner Polizist" im niederländischen Widerstand, Münster 2004

[20] Vgl. Martin Hölzl, Walter Nord – Polizeisoldat und Weltanschauungskrieger, in: Klaus-Michael Mallmann/ Gerhard Paul (Hg.): Karrieren der Gewalt. Nationalsozialistische Täterbiographien, Darmstadt 2004 (= Veröffentlichungen der Forschungsstelle Ludwigsburg der Universität Stuttgart 2), S. 166-175.

Biografien sich nicht nur auf die Zeit des Nationalsozialismus beschränken, sondern auch über die Epochengrenze 1945 hinweg verfolgt werden.

Ein weiterer Aspekt, der sich durch die Ausstellung und diesen Teil des Seminars zieht, ist der Begriff der „Kameradschaft". Die männlich geprägte polizeiliche Dienstgemeinschaft mit ihren spezifischen Vorstellungen von Härte, Tapferkeit, die aber auch Angebote von Geborgenheit und Familie offerieren konnte, war ein wesentlicher Faktor für das enorme Maß an Freiwilligkeit, mit der ein Großteil der Ordnungspolizisten sich an den Massenverbrechen beteiligte.[21] In dem Seminar/der Ausstellung wird die Bedeutung der „Kameradschaft" als allgemeines Phänomen der Polizei beschrieben, aber auch im Kontext des Vernichtungskrieges beleuchtet. Neben der Vermittlung historischen Wissens über die Geschichte der Polizei, schwerpunktmäßig im „Dritten Reich", sollen die Polizeibeamten ausgehend vom historischen Zugang für gegenwärtige, oftmals problematische Aspekte ihres Berufes sensibilisiert werden. Ziel ist es, zu verdeutlichen, dass der Einzelne, auch wenn er innerhalb einer geschlossenen Formation agiert (wie etwa in der Bereitschaftspolizei) oder sich lediglich als „kleines Rädchen im Getriebe" begreift, sehr wohl Verantwortung für sein Tun oder Unterlassen trägt. Die Forderung, die Menschenrechte zu achten, zivilgesellschaftlich und bürgerfreundlich aufzutreten und autoritären Handlungsmustern zu trotzen, wird nicht abstrakt erhoben, sondern soll aus dem eigenen Erleben der Beamten Ableitung finden.

3.2 Schwerpunkt: Rechtsextremismus

Der zweite Themenblock des kombinierten Seminars widmet sich den „aktuellen Erscheinungsformen des Rechtsextremismus". Grundlegender Anspruch ist es hier, vor allem für die polizeiliche Praxis relevante Informationen zu vermitteln – zumal die Seminarteilnehmer zu ca. zwei Dritteln aus Einsatzhundertschaften stammen, die nahezu jedes Wochenende zur Überwachung rechtsextremer Aufmärsche eingesetzt werden. Der Zugang ist historiografisch und sozialwissenschaftlich, und unterscheidet sich bisweilen bewusst von den extremismustheoretisch gestützten Herangehensweisen des polizeilichen Staatsschutzes sowie der Verfassungsschutzämter. Wesentlich werden in diesem Seminarangebot die Erfahrungen, Ansprüche und Erwartungshaltungen der Beamten mit einbezogen.

Im Verlauf des Thementages werden in Form kurzer, multimedial präsentierter Vorträge folgende Aspekte behandelt:

---

[21] Vgl. Thomas Kühne, Kameradschaft. Die Soldaten des nationalsozialistischen Krieges und das 20. Jahrhundert, Göttingen 2006.

- *Rechtsextremismus als Soziale Bewegung*: Hier wird auf den Netzwerk- und Bewegungscharakter des aktuellen Rechtsextremismus eingegangen.
- *Rechtsextreme Einstellungspotentiale in der Bevölkerung*: Wie werden diese Potentiale gemessen? Wie aussagekräftig sind derartige Erhebungen? Lassen sich aus den Erhebungen bestimmte Tendenzen herauslesen?
- *Rechtsextreme Parteien und Wahlen*: Unter welchen Bedingungen können rechtsextreme Parteien Wahlerfolge erzielen? In diesem Teil geht es darum, die Bedeutung der Verankerung der NPD im vorpolitischen Raum herauszuarbeiten, wie dies in Teilen Sachsens und Mecklenburg-Vorpommerns der Fall ist. Gezeigt werden soll auch, dass die Schwäche zivilgesellschaftlicher Strukturen, die politische und kulturelle Alternativen aufzeigen und entwickeln könnten, die Erfolgsaussichten rechtsextremer Parteien erheblich begünstigt. Zu den Elementen der Zivilgesellschaft, die ihren Aufgaben nicht gerecht werden, gehört neben Parteien, Kirchen und Verbänden ganz wesentlich auch die Polizei. Verdeutlicht wird darüber hinaus, dass Rechtsextremismus kein spezifisches Problem der neuen Bundesländer ist, auch wenn NPD und DVU in den letzten Jahren hier spektakuläre Wahlerfolge erzielen konnten.
- *Entwicklungsgeschichte des militanten Rechtsextremismus*: Ausgehend vom knappen Scheitern der NPD bei den Bundestagswahlen 1969 an der Fünf-Prozenthürde zeichnen wir die Entwicklungslinien des militanten Rechtsextremismus von der Aktionsfront Nationaler Sozialisten (ANS), die unter der Führung Michael Kühnens seit 1977 in Erscheinung trat, über die rechtsextremen Gewalteskalationen der frühen 1990er Jahre bis hin zur Radikalisierung der NPD und der Entstehung der Freien Kameradschaften nach. Wesentliches Erkenntnisziel ist es, zu verdeutlichen, dass die aktuellen Strukturen des bundesdeutschen Rechtsextremismus historisch gewachsen sind. Die maßgeblichen Aktivisten schauen auf jahrzehntelange politische Erfahrung zurück.
- *Politische Praxis und Selbstverständnis der Freien Kameradschaften*: Hier geht es um die Ausdrucksformen, subkulturellen Codes, Lifestyleelemente, die die Lebenswelt „Kameradschaft" ausmachen. Gerade im Milieu der neonazistischen Kameradschaften zeigen sich die eingangs angesprochenen Dynamiken am deutlichsten.[22] Erstens sind Teile des Kameradschaftlichen Spektrums die Träger einer subkulturellen „Modernisierung" des Rechtsextremismus, die sich nicht zuletzt in einem vermeintlichen ideologischen „Crossover" zwischen linken und rechten Stilelementen und Aus-

---

[22] Vgl. Andrea Röpke/Andreas Speit (Hg.), Braune Kameradschaften. Die militanten Neonazis im Schatten der NPD, Berlin 2. Aufl. 2005.

drucksformen zeigt. Zweitens sind es die Aktivisten der Freien Kameradschaften, die die Polizei mit Aufmärschen und Versammlungen in Atem
halten. Hier gilt es die Funktion rechtsextremer Aufmärsche zu erschließen.
Die vermeintliche Friedfertigkeit rechtsextremer Aufmärsche ist zu relativieren; zum einen verbreiten sie durch die genannten Stilelemente eine „Aura der Gewalt", auch wenn diese sich zunächst nicht als strafrechtlich relevant erweist. Zum anderen wird mittlerweile innerhalb der Kameradschafts-
szene das Konzept des „Nationalen Schwarzen Blocks" intensiver diskutiert.

4   Erfahrungen

Allgemein ist unter den Beamten eine große Aufgeschlossenheit gegenüber der
geschichtlichen Dimension ihrer Profession zu konstatieren. Für die meisten
Beamten bedeutet ihr Aufenthalt im Geschichtsort Villa ten Hompel den ersten
Kontakt mit der Geschichte ihrer Behörde. Diese Feststellung überrascht, zieht
man die bereits erwähnten umfangreichen Bemühungen einer zunehmenden Zahl
von Polizeipräsidien besonders in Nordrhein-Westfalen, die eigene Geschichte
anschaulich und kritisch zu beleuchten, in Betracht. Hier zeigen sich offenkundig
behörden-interne Kommunikationsprobleme. Am Ende des Seminars stellen
Beamte oftmals fest, in keinem ihrer Ausbildungsabschnitte jemals mit der Rolle
der Polizei im Nationalsozialismus konfrontiert worden zu sein. Von zahlreichen
Beamten wird am Ende des Seminars der Wunsch geäußert, mehr über die Geschichte der Polizei erfahren zu wollen. Der Umstand, dass Polizeigeschichte in
der klassischen Aus- und Fortbildung nicht vorgesehen ist, wird als Defizit benannt.
    Ähnliche Beobachtungen lassen sich auch im Seminarblock „aktuelle Er-
scheinungsformen des Rechtsextremismus" anstellen. Die Mehrzahl der Beamt-
Innen aus den Einsatzhundertschaften räumt ein, über die Geschichte, die Strukturen, Spielarten und Erscheinungsformen des Rechtsextremismus in der Bundesrepublik nur wenig zu wissen. Meistens sind den BeamtInnen lediglich die
Namen einiger führender Rechtsextremisten geläufig, die bei Demonstrationen
oftmals als Redner oder Versammlungsleiter in Erscheinung treten.
    Diese Informationsdefizite bei PolizistInnen, die faktisch nahezu jedes Wo-
chenende mit Rechtsextremismus in seiner deutlichsten Form konfrontiert sind,
werfen Fragen auf. Es wird deutlich, dass die ambitionierten Aus- und Fortbil-
dungskonzepte, die während der letzten drei Jahrzehnte programmatisch entwor-
fen und teilweise implementiert wurden, sich offenkundig in nur eingeschränk-
tem Maße als wirkungsvoll erwiesen haben. Spätestens seit dem Ende der 1960er

Jahre mehrten sich innerhalb wie außerhalb der Polizei die Forderungen, insbesondere Polizeibeamte, die im Rahmen von Demonstrationen zum Einsatz kommen, soweit wie möglich über die politischen, sozialen und kulturellen Hintergründe der Protestereignisse sowie ihrer Protagonisten zu informieren. Die polizeiliche Praxis sah und sieht jedoch anders aus: Mit einer gewissen Regelmäßigkeit beklagten in den 1970er, in den 1980er und 1990er Jahren PolizistInnen vor allem der Bereitschaftspolizei Informationsdefizite beziehungsweise als ungerechtfertigt empfundene Informationshierarchien innerhalb der Polizei. Die unterschiedlich verteilten Wissensbestände sind auch im Rahmen der Fortbildungsseminare in der Villa ten Hompel erkennbar. Unseren Beobachtungen nach verfügen Beamte der höheren Führungsebenen wesentlich breitere Kenntnisse über „Erscheinungsformen des Rechtsextremismus".

„Informationshierarchien" haben verschiedene Ursachen: Zum einen lässt sich wohl – wie bereits erwähnt – vom zumindest partiellen Scheitern der diversen polizeilichen Aus- und Fortbildungsreformen sprechen. Zum anderen sind Wissensgefälle in einer hierarchisch strukturierten Einrichtung wie sie die Polizei darstellt, durchaus gewollt, um auf diese Weise die Autorität der jeweils höheren Organisationsebene abzusichern.

Ein dritter Aspekt, der weniger im strukturellen als vielmehr im kulturellen Bereich zu suchen ist, scheint jedoch von zentralerer Bedeutung zu sein. Unsere These ist, dass die sich oftmals vor allem in den geschlossenen Verbänden der Einsatzhundertschaften herausbildenden spezifischen polizeilichen Sub- und Alltagskulturen die Wirksamkeit historisch-politischer Bildungsarbeit – egal ob sie nun von in- oder externen Bildungsträgern angeboten wird – erheblich begrenzen können.

Trotz aller Anschaulichkeit und multimedialen Aufbereitung stellt sich die Frage nach der Effektivität der Wissensvermittlung. Werden die Beamten durch die Flut an Informationen, die sie innerhalb kürzester Zeit zu unterschiedlichen Themenfeldern (Polizeigeschichte/Rechtsextremismus) aufnehmen müssen, nicht regelrecht erschlagen? Wenn dann reduziert werden muss, welche Themenbereiche sind vorrangig, welche eher nachgeordnet zu behandeln? An dieser Stelle kann nicht nur ein Interesse der Teilnehmer die Inhalte bestimmen. Dies ist ein Aspekt, der immer wieder reflektiert werden muss.

Zweitens kann die Nachhaltigkeit des vermittelten Wissens kaum überprüft werden. Können die Beamten mit dem erworbenen Wissen in der Praxis etwas anfangen? Hierüber kommen leider nur vereinzelt, allerdings verhalten positive Rückmeldungen.

Drittens ist festzustellen, dass die Bereitschaft unter den Beamten, sich auf die Inhalte historisch-politischer Bildung einzulassen, in erheblichem Maße von der Zusammensetzung der Gruppe abhängt, in der die Beamten an dem Seminar teilnehmen. Konkreter: Die „altersgemischten" Seminargruppen sind in der Regel aufgeschlossener und nehmen intensiver am Seminar teil. Diese Gruppen setzen sich aus Beamten zusammen, die von unterschiedlichen Dienststellen kommen und für die Dauer der Weiterbildung dem Dienstalltag entzogen sind. Wichtig ist: Die Beamten haben sich freiwillig zur Fortbildung gemeldet.

Schwieriger gestaltet sich die Fortbildung, wenn die Beamten aus dem laufenden Dienstbetrieb heraus an Fortbildungsmaßnahmen teilnehmen. Die Seminargruppen bestehen hier aus mehr oder weniger vollständigen Dienstgruppen oder Einsatzzügen. Bei Ihnen zeigen sich die Grenzen der Möglichkeiten historisch-politischer Bildungsarbeit deutlicher. Zum einen ist davon auszugehen, dass nicht jeder Beamte freiwillig zur Fortbildung erschienen ist, was im Zweifelsfall zu demonstrativ geäußertem Desinteresse an den Inhalten des Seminars führen kann. Zum anderen ist festzustellen, das sich besonders in manchen Einsatzzügen bestimmte Gruppenmeinungen, Vorurteilsstrukturen oder auch politische Einstellungen verfestigt haben, die im Rahmen eines Tagesseminars kaum aufgebrochen werden können und somit die Wirkungsmöglichkeiten historisch-politischer Bildung einschränken können. Rafael Behr hat in einem anderen Zusammenhang die Merkmale, Ausformungen und Implikationen dieser „Cop Culture" ausführlich beschrieben. „Cop Culture" entsteht und reproduziert sich im alltäglichen Dienst der Polizeibeamten. In ihr spiegeln sich durch Einsatzerfahrungen geprägte Normen, Wahrnehmungen, Feindbilder und Männlichkeitsvorstellungen wider, die Selbstverständnis, Habitus und konkretes Handeln der Polizisten mitbestimmen: „Cop Culture wird im Alltag der Polizei generiert, kommuniziert, praktiziert und perpetuiert. Sie trennt zwischen *Erfahrung* und *Theorie*, und sie dient der Distinktion, indem sie unterscheidet zwischen *wir* und den *anderen*, d.h. zwischen den Polizisten auf der Straße und denen in der Verwaltung bzw. der Leitung."[23]

Die von Behr genannten Dichotomien zwischen „Erfahrung" und „Theorie", zwischen „wir" und den „anderen" zwischen den „Streetcops" und den Beamten auf der Leitungsebene bilden eine entscheidende Barriere zwischen der offiziell gewünschten Polizeikultur mit ihren programmatisch ausformulierten Leit- und Selbstbildern einerseits und den Wahrnehmungen, Selbstbildern, Ansprüchen und Wünschen der Beamten in den Einsatzhundertschaften (aber auch in anderen Dienststellen) andererseits. Den organisatorischen Rahmen, in dem sich „Cop Culture" herausbilden und reproduzieren kann, bildet die eigene Dienstgruppe oder der Einsatzzug In diesen Primärgruppen entwickeln sich spezifische Vorstellungen von Ruhe und Ordnung, von Moral, Recht und Gerech-

---

[23] Rafael Behr: Cop Culture – Der Alltag des Gewaltmonopols. Männlichkeit, Handlungsmuster und Kultur in der Polizei, Opladen 2000.

tigkeit von Sinn und Unsinn des eigenen Tuns. Hier ist auch der Ort, an dem sich bestimmte Ressentiments herausbilden und kollektiv verfestigen. Ein Ressentiment, das uns immer wieder in den Seminaren begegnet, ist eine Antipathie gegen „die da oben". Mit „die da oben" ist ein relativ breites Spektrum an Personen bzw. Personengruppen gemeint: Der Unmut richtet sich gegen höhere Hierarchieebenen innerhalb der Polizei: Gegen Hundertschaftsführer oder Einsatzleitungen bei Demonstrationseinsätzen, denen unterstellt wird, weit weg vom eigentlichen Geschehen oftmals realitätsferne Entscheidungen zu treffen. Der Unmut richtet sich gegen vermeintliche „Polizeitheoretiker" und die Ministerialbürokratie, die als Urheber angeblich uneffektiver Einsatztaktiken (Deeskalationsstrategien) gelten und zum anderen durch politische Vorgaben (insbesondere bei Nazi-Demonstrationen) die Arbeit der Polizisten in den Einsatzhundertschaften vorgeblich erschweren. Im Rahmen der Seminare in der Villa ten Hompel wurden wiederholt Sätze geäußert wie: „Die [da oben] lassen uns unsere Arbeit nicht ordentlich machen." Indirekt wird hier im Kontext von rechtsextremen Aufmärschen und Gegendemonstrationen eine Art Agreement zwischen Politik, Polizeiführung und Anti-Nazi-Demonstranten unterstellt, dessen Konsequenzen nun die Polizeibeamten auszubaden hätten.

Im Rahmen eines Thementages laufen die Dozenten Gefahr, ähnlich gelagerte Vorbehalte auf sich zu ziehen. Externe, berufsfremde Wissenschaftler gelten als praxisfern – bei kontroversen Diskussionsverläufen kann diese Einschätzung dazu führen, dass weitere Gespräche abgeblockt werden.

Damit hängt ein vierter Aspekt zusammen: Die genannten Abwehrhaltungen erschweren es, bestimmte Bereiche des Themenfeldes „Rechtsextremismus" anzusprechen. So etwa die Frage, ob und in welchem Maße fremdenfeindliche Einstellungen innerhalb der Polizei selbst vorhanden sind.[i] Dieser Punkt wird meist nur am Rande angesprochen und bleibt in den Seminaren ein weitgehend weißer Fleck. Er würde ein eigenes, sozialpsychologisches orientiertes Arbeiten in den Seminaren erfordern.

5 Perspektiven

Polizei als lernende Institution hat ihre Geschichte entdeckt. Die kritische Auseinandersetzung mit dem Nationalsozialismus ist wesentlicher Bestandteil eines neuformulierten zivilgesellschaftlichen Leitbildes. Allerdings öffnete sich erst die dritte Generation bundesdeutscher Polizeiführer einer kritischen Auseinandersetzung mit der Rolle der Polizei des Nationalsozialismus. Doch bleibt historische Bildung vielfach weiterhin ein Elitenphänomen, auch weil sie bislang kaum in die Lehrpläne eingebunden ist. An der polizeilichen Basis wiederum begrenzt alltagsweltlich geprägte „Cop Culture" den Erfolg historisch-politischer Bildungsarbeit. Diesen Beobachtungen ist bei der Konzeption polizeiinterner wie externer Bildungsangebote Rechnung zu tragen.

Es kann jedoch nicht Aufgabe des Geschichtsortes Villa ten Hompel sein, den „Zehn Geboten der Polizei"[24] ein neues elftes hinzuzufügen. Durch die Verstärkung sozialer Erwartungshaltungen laufen pädagogische Bemühungen Gefahr, zu formalen Ritualen zu gerinnen. Die Villa ten Hompel hat sich vorgenommen, Gesprächspartner in einem Prozess zu sein, der das „Polizieren" als gesellschaftlichen Auftrag versteht.

Das pädagogische Programm des Geschichtsortes Villa ten Hompel versucht die Dynamik dieses Auftrages mit ihren positiven und erschreckenden Dimensionen deutlich werden zu lassen und Orientierungspunkte in der Entwicklung der Profession zu vermitteln. Hierfür bereiten die Mitarbeiterinnen und Mitarbeiter einen rationalen Zugang über die Analyse von Quellen, Berichten und Materialien vor. Die Bildungsangebote der Villa ten Hompel sind durch Multiperspektivität und unmittelbaren Gegenwartsbezug gekennzeichnet. Dies erscheint um so wichtiger, da die Erfahrungen zeigen, dass besonders Polizeibeamte dazu neigen, die Bedeutung von Informationen am Grad ihrer Praxisrelevanz und direkten Verwertbarkeit zu messen.[25]

Seminare in der Villa ten Hompel sollen neben den rationalen, eher kognitiven Zugängen auch eine emotionale Annäherung ermöglichen. Die emotionalen 'Räume' – also das Überwiegen einer emotionalen Befindlichkeit – sind problematisch, sie können Erkenntnis oder Handlungsoptionen zudecken und damit verhindern. Was die einen zuviel an Betroffenheit haben, fehlt den anderen. Ein gutes Seminar hat beides: kognitive Anteile und emotionale Bezüge. Die angemessene Gewichtung zu finden, wird immer Aufgabe des jeweiligen Seminars sein.

Der Geschichtsort Villa ten Hompel wird mit diesem Konzept zur 'Lötstelle' von Geschichte und Gegenwart, von originaler Aura und methodisch-didaktischer Inszenierung. An einer Stelle im Seminar berührt zu sein, eine authentische Reaktion bei sich zu verspüren, eine Ernsthaftigkeit aus dem historischen Thema in den polizeilichen Alltag mitzunehmen, dies ist ein Anspruch fundierter Erinnerungsarbeit.

---

[24] „Die 10 Gebote des Polizisten", in: Taschen Polizei. Hilfsmittel beim ersten Einschreiten und Wegweiser für die Behandlung der am häufigsten vorkommenden Fälle im Dienste der Exekutiv-Polizei. Herausgegeben nach amtlichen Quellen und dem Stande der Rechtsprechung bis in die neue Zeit von H. Eiben, Polizei – Inspektor. 1919, S. 8.

[25] Dazu Feest, Johannes/Blankenburg, Erhard, Die Definitionsmacht der Polizei. Strategien der Strafverfolgung und soziale Selektion, Düsseldorf 1972 (= Studienbücher zur Sozialwissenschaft 1), S. 26f.; Behr, Cop Culture, S. 188f.

Alles in allem ist dies nur ein kleiner Schritt auf dem Weg, den Polizistinnen und Polizisten im Fokus der politisch-moralischen Öffentlichkeit zu gehen haben. Hoffentlich gehen sie ihn nach einem Besuch in der Villa ten Hompel gestärkt mit „humaner Autonomie"[26] für ein angemessenes Agieren in unserem pluralen Gemeinwesen. Es wäre dann aber ein Weg, der nicht ministeriell „top-down" verordnet würde, sondern welcher da Wirkung zeigen könnte, wo polizeiliches Handeln vor allem wahrgenommen wird: vor Ort, vom einzelnen Menschen.

---

[26] Unter diesem Begriff verstehen wir die Kompetenz, mit eigener Verantwortung an Menschenrechten orientiert zu handeln, dieses Handeln selbstkritisch zu überprüfen und es Dritten verständlich machen zu können.

Akademische Freiheiten im Korsett eines verschulten Studienbetriebs – Das Studium für Polizeivollzugsbeamte an der Fachhochschule für öffentliche Verwaltung Nordrhein-Westfalen

Ulrike Neuhoff

1) Einblicke in die Polizeiausbildung an der Fachhochschule für öffentliche Verwaltung – Quo vadis, Polizei?
2) Psychologie, Soziologe und sonstiges – Wie viel sozialwissenschaftliches Know – How braucht ein Polizeibeamter?
3) Akademische Freiheiten im Korsett eines verschulten Studienbetriebs – Das Projektstudium
4) Polizeiobermeister Müller und Kommissaranwärterin Klein auf den Spuren von Murat Özkandemir und Bedriye Akiv aus Köln-Kalk
5) Aus den Interviews mit Murat, Osram, Oktay und anderen
6) Auf dem Prüfstand: Sozialwissenschaften und verhaltensorientierte Lehrveranstaltungen im Studium

1 Einblicke in die Polizeiausbildung an der Fachhochschule für öffentliche Verwaltung – Quo vadis, Polizei?

Im Jahr 2007 ist die Polizei Nordrhein-Westfallens direkt und indirekt von Reform- und Veränderungsprozessen betroffen. Die Zahl der Kreispolizeibehörden soll durch Zusammenlegungen verringert werden, was für viele Mitarbeiterinnen und Mitarbeiter mit beruflichen Veränderungen, Umsetzungen usw. verbunden ist. Aus der Polizeiführungsakademie in Münster, an der der Führungsnachwuchs der Polizei studiert, ist die Deutsche Hochschule der Polizei geworden mit entsprechenden curricularen Änderungen. Und an der Fachhochschule für öffentliche Verwaltung, an der die Bewerberinnen und Bewerber für den Polizeivollzugsdienst ihre Studien absolvieren, steht die Einführung des Bachelors bevor. Für das Studium bedeutet das weit reichende inhaltliche und strukturelle Veränderungen. Von politischer Seite kommt die Forderung, die Anstrengungen bei der Rekrutierung von Bewerberinnen und Bewerbern mit Migrationshintergrund

179

zu verstärken, denn seit 2003 ist die Zahl der Bewerbungen aus dieser Gruppe rückläufig[1]. Unter den Fraktionen im Landtag herrscht Konsens, was die Personalpolitik der Polizei angeht. Der steigende Anteil der Menschen mit Migrationshintergrund soll sich langfristig auch im Personal der Polizeibehörden wiederfinden.

Der Polizeiberuf gehört laut Umfrageergebnissen zu den angesehensten Berufen in Deutschland[2]. Bewertungsfaktoren der Leistung polizeilichen Handelns sind unter anderem Bürgernähe und die Befriedigung von Sicherheitsbedürfnissen. Bei der Beurteilung wird weniger Bezug darauf genommen, ob die Polizei rechtssicher und auf dem Stand neuester kriminaltechnischer Entwicklungen tätig wird. Vielmehr sind es die Erfahrungen der Befragten mit Polizeibeamtinnen und Polizeibeamten, die sozial und kommunikativ kompetent ihre Arbeit am Bürger verrichten, auch wenn für den einen oder anderen Betroffenen unangenehme Konsequenzen damit verbunden sind.

Aber nicht nur das Ansehen in der Bevölkerung ist hoch, sondern auch die Berufszufriedenheit ist bei den Polizeibeamtinnen und Polizeibeamten stark ausgeprägt.[3] Laut einer repräsentativen Mitarbeiterbefragung in der Polizei NRW sind die Befragten mit der von ihnen ausgeübten Tätigkeit, den organisatorischen Rahmenbedingungen, dem kollegialen Umgang und der Möglichkeit, eigenverantwortlich zu handeln, sehr zufrieden. Die meisten Befragten gaben an, dass sie sich wieder für den Polizeiberuf entscheiden würden.[4]

Mit Blick auf die Ergebnisse aus den Mitarbeiterbefragungen, die Rückschlüsse auf eine hohe intrinsische Motivation bei den befragten Beamtinnen und Beamten zulassen, kann man zu dem Schluss kommen, dass die Reformen in der Polizeiausbildung, die Öffnung der uniformierten Polizei für Frauen vor fast 25 Jahren, die Einstellung von Menschen mit Migrationshintergrund und die Einstellung von Angehörigen anderer Nationen positive Auswirkungen auf die polizeiliche Arbeit haben. Die Polizei Nordrhein-Westfalens ist bundesweit vor allem für ihr deeskalierendes Einsatzmodell bekannt. Durch kommunikativ kluges und sozial kompetentes Einschreiten sollen mögliche Eskalationen schon im Keim erstickt werden. Legt man die Umfragen zum Berufsansehen und die Ergebnisse der Mitarbeiterbefragung zu Grunde, hat es den Anschein, dass sich das Modell bewährt hat und die Beamtinnen und Beamten die Voraussetzungen

---

[1]   Landtag Intern, Informationen aus dem Landtag Nordrhein-Westfalen, Ausgabe 10, 37. Jahrgang, 14. Wahlperiode, S. 13
[2]   Allensbacher Berufsprestigeskala 2005
[3]   siehe hierzu: Zusammenfassung der Ergebnisse des Zwischenberichtes zum Projektvorhaben „Polizei im Wandel", Kriminologisches Forschungsinstitut Niedersachsen, 2002
[4]   Mitarbeiterbefragungen bei der Polizei in NRW 2001-2004, Landesamt für Datenverarbeitung und Statistik, NRW

mitbringen, es erfolgreich umzusetzen. Der Grundstein dafür wird mit der Personalauswahl und der Aus- und Weiterbildung gelegt. In der Ausbildung, im Studium und in Weiterbildungsmaßnahmen werden die Polizeibeamtinnen und - beamten interdisziplinär auf die Aufgaben vorbereitet.

2 Auf dem Weg zum Polizeivollzugsbeamten – Studieren an der Fachhochschule für öffentliche Verwaltung

Seit dem Jahr 2002 ist das Studium an der Fachhochschule für öffentliche Verwaltung des Landes Nordrhein-Westfalen die einzige Möglichkeit, den Polizeiberuf zu erlernen. Der Einstieg in den Beruf über eine interne Ausbildung in einer Polizeischule wurde im Zuge der Laufbahnumstrukturierungen abgeschafft.

Im mit rund 18 Millionen Einwohnern bevölkerungsreichsten Bundesland der Republik arbeiten ca. 48.000 Polizeivollzugsbeamtinnen und –beamte. Etwa 18.000 Frauen und Männer gehen ihrer Arbeit im Wach- und Wechseldienst nach und sind für die Bürgerinnen und Bürger im öffentlichen Raum präsent. Sie sind potenzielle Ansprechpartner in Konfliktsituationen, sie sind zur Stelle bei Verkehrsunfällen, sie führen Verkehrskontrollen durch und ihre Präsenz wird als Garant für Sicherheit gewertet. Im Altersaufbau der nordrheinwestfälischen Polizei spiegelt sich der demographische Wandel der Gesellschaft wider. 25% aller Beamtinnen und Beamten sind älter als 50 Jahre und 45% sind im Alter zwischen 40 und 49 Jahren[5]. Von den 48.000 Beamtinnen und Beamten sind ca. 670 im höheren Dienst.

Zwar bietet die Institution ihren Mitarbeiterinnen und Mitarbeitern ein breit gefächertes mögliches Tätigkeitsfeld, aber der Aufstieg in polizeiliche Spitzenpositionen ist nur wenigen vorbehalten. Die Einstellungszahlen in Nordrhein-Westfalen schwankten in den vergangenen sechs Jahren zwischen 500 bis 1000 Neueinstellungen pro Jahr. Für 2007 sind im Haushaltsplan 500 Einstellungsermächtigungen vorgesehen. Wenn die Anwärterinnen und Anwärter im Jahr 2010 ihr Studium abgeschlossen haben und in den Polizeidienst eintreten, gehen fast 800 Polizeibeamte in Pension. Die Gestaltung der Einstellungspolitik vollzieht sich in dem Spannungsfeld finanzschwacher öffentlicher Haushalte, dem Druck verschiedener gesellschaftlicher Gruppen, mehr Personal auszubilden und einzustellen und dem Eintritt einer großen Anzahl von Beamten ins Pensionsalter. Jährlich bewerben sich etwa 8.000 junge Frauen und Männer bei der Polizei. Entsprechend der Zahl der Einstellungsermächtigungen werden auch die Krite-

---

[5] Siehe: Forderungen der Gewerkschaft der Polizei, Landesbezirk NRW, zum Haushalt 2007, Einzelplan 03 – Kapitel 03 110, Polizeibehörden und Polizeieinrichtungen des Landes NRW, G/RMsch, 12.10.2006

rien für die Zulassung zum Studium gehandhabt. Je mehr Bewerberinnen und Bewerber zugelassen werden, umso flexibler müssen die Kommissionen mit der Erfüllung der Einstellungsvoraussetzungen umgehen. Voraussetzung für die Bewerbung ist neben gesundheitlicher und physiologischer Eignung der Nachweis über die allgemeine Hochschulreife bzw. eine Fachhochschulzugangsberechtigung.

Nach einem erfolgreich durchlaufenen Bewerbungsverfahren nehmen die jungen Frauen und Männer ihre Studien an einer der vier Abteilungen der Fachhochschule für öffentliche Verwaltung, kurz FHöV, auf. Das Studium dauert drei Jahre und ist gegliedert in fachtheoretische Studien an der Hochschule, fachpraktische Ausbildung an Polizeibildungszentren und zwei Praktika in verschiedenen Polizeidienststellen.

Die Studieninhalte umfassen neben Rechtsfächern und Polizeifächern auch sozialwissenschaftliche Fächer wie Soziologie, Psychologie und Politikwissenschaften. Drei Module so genannter 'Verhaltenstrainings', in denen in Gruppen bis zu 14 Teilnehmerinnen und Teilnehmern psychosoziale Kompetenzen, Kommunikationstechniken, Selbstmanagement und Konflikt- und Stressbewältigung trainiert werden, ergänzen die Studien an der Hochschule ebenso wie ein Seminar und ein zehnwöchiges Projekt.

Der Lehrbetrieb ist insgesamt stark verschult, es herrscht Präsenzpflicht und die Lehre ist so organisiert, dass die Veranstaltungen mit einem Umfang von etwa 30 Wochenstunden in Kursverbänden besucht werden müssen. Die Studierenden können weder ihre Lehrveranstaltungen frei wählen, noch können sie Studienschwerpunkte eigener Wahl setzen, wie es das Hochschulrahmengesetz §3, Abs.4 vorsieht[6]. Für Eigeninitiative, wissenschaftliche Neugier, selbst organisiertes Lernen lässt die Organisationsform der Fachhochschule kaum Raum. Die Studierenden haben keine Möglichkeit, ihren Stundenplan auch nur in Ansätzen zeitlich und inhaltlich selbst zu gestalten.

Das Seminar und das Projekt sind die einzigen Lehrveranstaltungen, die von den Studierenden frei gewählt werden können. Hier haben sie zwar die freie Wahl, aber sie müssen auch das Glück haben, von der Verwaltung ihrem Wunschseminar bzw. Wunschprojekt zugeteilt zu werden. Das ist im gesamten Studienverlauf oft die einzige Möglichkeit, den engen Rahmen für kurze Zeit zu verlassen und akademische Freiheiten zu erfahren. Für die Studierenden, die an einer Universität studierten, bevor sie das Studium an der FHöV aufnahmen, ist die Studienorganisation oft ein kleiner Kulturschock. Dieser kann durch die bunte Mischung Studierender in den einzelnen Kursen noch verstärkt werden.

---

[6]   BGBl. I S.18, § 4, Freiheit von Kunst und Wissenschaft, Forschung, Lehre und Studium

Die Zusammensetzung der Studierenden des Fachbereichs Polizeivollzugs-dienst an der FHöV ist sehr heterogen, bezogen auf die Altersstruktur und die Studienvoraussetzungen. Die meisten Studierenden sind Kommissaranwärterin-nen und Kommissaranwärter, die den bereits erwähnten Auswahltest bestanden haben. Die Altersspanne liegt zwischen 18-30 Jahren, der Altersschnitt liegt bei 24 Jahren. Viele der jungen Leute kommen direkt nach dem Abitur an die Fach-hochschule, ein kleinerer Teil hat eine abgeschlossene Berufsausbildung oder ein, in der Regel abgebrochenes, Studium hinter sich. Zu den Kommissaranwär-terinnen und Kommissaranwärtern kommen nach den ersten beiden Studienab-schnitten die Kommissarbewerberinnen und Kommissarbewerber. Das sind Frauen und Männer, die eine Ausbildung im mittleren Dienst der Polizei durch-laufen haben und schon seit mehreren Jahren im Polizeidienst tätig sind. Mit dem Fachhochschulstudium haben sie die Möglichkeit, sich für die Übernahme von Führungsaufgaben im gehobenen Dienst zu qualifizieren. Die Aufstiegsbeamtin-nen und –beamten sind meist etwas älter als die Anwärterinnen und Anwärter. Auch diese Gruppe ist durch die neue Rolle als Studierende verunsichert, wenn auch aus anderen Gründen als die ehemaligen Studentinnen und Studenten! Sie sind geprägt durch die Ausbildung zu Polizeivollzugbeamtinnen und –beamten des mittleren Dienstes und ihre Erfahrungen aus mehreren Jahren Berufstätig-keit. Die Ausbildung zum Polizeivollzugsbeamten des mittleren Dienstes war lange gekennzeichnet durch Abschottung der Auszubildenden von der Außen-welt in den Polizeiausbildungsinstituten des Landes. Die Anwärterinnen und Anwärter mussten während der Unterrichtszeit Uniform tragen und militärisch ausgerichtetes Antreten ausführen. Der 'heimliche Lehrplan' setzte auf Gehor-sam und Disziplin.

Eine ganze Reihe von Reformen in der Polizeiausbildung führte schließlich zu einem Fachhochschulstudium, das von den Studierenden die Erfüllung aka-demischer Ansprüche einerseits und die Eingliederung in einen verschulten Lehrbetrieb andererseits fordert. Dieser Widerspruch führt nicht selten zu Lern-widerständen und Skepsis gegenüber Lerninhalten und Lehrenden bei den Stu-dierenden. Die Zusammensetzung der Kurse mit Anwärterinnen und Anwärtern und berufserfahrenen Beamtinnen und Beamten ab dem dritten Studienabschnitt fordert von Studierenden und Lehrenden Offenheit und Flexibilität im Miteinan-der.

Trotz Irritationen, Verunsicherung, Widerstand und Kritik, oder vielleicht gerade deswegen, bedeutet die Heterogenität eine vielseitige Belebung für die Lehrveranstaltungen an der Fachhochschule. Die Erfahrungen, die die Beamtin-nen und Beamten mitbringen, sind eine Bereicherung für den Lernprozess. In der Lehrsituation können sie als Folie für theoretische Inhalte dienen und die Ver-knüpfung von Theorie und Praxis ergänzen. Sie werden zwar gerne in die Waagschale geworfen, um Lerninhalte abzuwehren, als praxisfern und unrealistisch zu relativieren und abzuwerten, aber es kann zu spannenden gruppendynamischen Prozessen kommen.

Die 'alten Hasen', die wissen, wie es 'draußen' läuft, versuchen, die Anwärterinnen und Anwärter von ihren Lehrsätzen zu überzeugen und geben gerne Prognosen über die Zukunftsaussichten in der Organisation für einzelne Studienkollegen ab. „An der Fachhochschule lernst du vor allem, wie man es draußen nicht macht." oder „Vergiss erstmal alles, was die dir da erzählt haben!" sind Sätze, mit denen Berufsanfängerinnen und Berufsanfänger gelegentlich begrüßt werden und mit denen eine kritische Haltung gegenüber theoretischen Wissensbeständen zum Ausdruck gebracht wird. Die Anwärterinnen und Anwärter sind hoch motiviert und wollen 'echte' Polizeiarbeit kennenlernen. Die berufserfahrenen Aufstiegsbeamtinnen und -beamten haben ihnen die praktische Erfahrung voraus und ziehen bei Diskussionen häufig die Berufserfahrung als Joker aus dem Ärmel. An der Stelle geraten Berufsneulinge schon mal ins Schwanken. Einerseits wollen sie von den erfahrenen Beamtinnen und Beamten als gleichwertig akzeptiert werden, andererseits stehen sie dem manchmal stark vereinfachenden Problemlösungsverhalten und den vulgärpsychologischen Erklärungsmustern durchaus kritisch gegenüber.

So manche junge Frau und mancher junge Mann, die mit hohen Idealen das Studium aufgenommen haben, laufen Gefahr, von erfahrenen Beamtinnen und Beamten mit Äußerungen wie „Das wird Dir auch noch vergehen, wenn Du erstmal..." zum Schweigen gebracht zu werden. In den sozialwissenschaftlichern Fächern ist es den Studierenden möglich, Berufserfahrungen einzubringen, Unsicherheiten und Ängste zu thematisieren. Distanz und Skepsis gegenüber dem Lehrbetrieb der Fachhochschule können hier ebenfalls zum Ausdruck gebracht werden.

Die Studierenden des Fachs Polizeivollzugsdienst bekommen an der Fachhochschule in einigen Fachdisziplinen ein umfangreiches theoretisches Wissen vermittelt. Die Stofffülle ist in den Rechtsfächern und den Polizeifächern groß und verlangt kontinuierliches und diszipliniertes Lernen. Am Ende des dreijährigen Studiums, mit dem Diplom des Betriebsverwaltungswirtes in der Hand, lassen die jungen Leute eine lernintensive Zeit hinter sich. Für eigenständiges Lernen, intensives Forschen und Beschäftigung mit Fachfragen, die das Interesse der Studierenden besonders angesprochen haben, gab es in diesen drei Jahren in den meisten Fachdisziplinen und Lehrveranstaltungen so gut wie keinen Raum. Die Möglichkeiten, das theoretische Wissen in der Praxis anzuwenden und professionelles Handeln einzuüben, waren eher gering.

3 Psychologie, Soziologie und Sonstiges – Wie viel Sozialwissenschaften brauchen Polizeibeamte?

Der Polizeiberuf galt lange Zeit als reiner Ausbildungsberuf. Die Einheitslaufbahn sah den Berufseinstieg mit einer Ausbildung zum Polizeivollzugsbeamten im mittleren Dienst vor. Ein Aufstieg stand grundsätzlich jedem offen. Ausbildungsorte waren die Bereitschaftspolizeiabteilungen, in denen die Auszubildenden in geschlossenen Formationen ausgebildet wurden. Unterrichtet wurden die jungen Leute in den Fächern Führungs- und Einsatzlehre, Verkehrslehre, Verkehrsrecht, Kriminalistik und Kriminologie und in einigen Rechtsfächern. Psychologische, soziologische, pädagogische Inhalte waren kein Bestandteil der Ausbildung. Das Fach „Staatsbürgerkunde" bediente den Anspruch, Polizeibeamten politische Grundkenntnisse zu vermitteln.

Seit etwa 30 Jahren gibt es im Bund und in den alten Ländern eine Fachhochschulausbildung der Polizei. Bis zur Abschaffung der dreigeteilten Laufbahn wurde das Fachhochschulstudium von den Polizeibeamtinnen und -beamten, die eine Position im gehobenen Dienst anstrebten, absolviert. In Nordrhein-Westfalen findet diese Qualifizierung für den gehobenen Dienst seit 1976 in einem dezentralen Studium an den Abteilungen der Fachhochschule für öffentliche Verwaltung statt.

Die strukturellen Änderungen der vergangenen Jahrzehnte in der Ausbildung haben auch die Ausbildungs- bzw. Studieninhalte verändert. Zu den polizei- und kriminalwissenschaftlichen und juristischen Fächern ist ein erhöhter Anteil sozialwissenschaftlicher Fächer gekommen. Außerdem sind Lehr- und Lernformen eingeführt worden, die Hochschulcharakter haben und damit von der stark verschulten Unterrichtsform in festen Klassenverbänden abweichen. In einem Seminar während des vierten bzw. zweiten Studienabschnitts[7] und einem Projekt am Ende des ersten Praktikums sollen die Studierenden zu wissenschaftlichem und selbstorganisiertem Lernen angeregt werden. Sie müssen eine zwanzigseitige Seminararbeit verfassen und die Ergebnisse des Projektstudiums müssen ebenfalls schriftlich dokumentiert werden. Der Anteil der sozialwissenschaftlichen Fächer am Fächerkanon liegt bei ca. 20%. Abhängig vom Seminar- bzw. Projektthema kann sich der Anteil entsprechend erhöhen. Die Curricula in den sozialwissenschaftlichen Fächern sind vor dem Hintergrund des sich verändernden Berufsbildes des Polizeibeamten in den letzten 30 Jahren entwickelt worden. Evaluierungen polizeilicher Arbeit haben immer wieder zu der Erkenntnis geführt, dass „soziale Kompetenz" eine Schlüsselqualifikation polizeilicher Tätig-

---

[7] Für die KommissaranwärterInnen ist es der vierte Studienabschnitt und für die KommissarbewerberInnen der zweite Studienabschnitt.

keit ist[8]. Im Zuge der Migration in die bundesrepublikanische Gesellschaft ist eine weitere Anforderung hinzugekommen, nämlich die Fähigkeit, in kulturellen Überschneidungssituationen einfühlsam, flexibel und sicher zu handeln: Interkulturelle Kompetenz soll die soziale Kompetenz der Beamtinnen und Beamten ergänzen.

Interkulturelle Kompetenz wird in der einschlägigen Fachliteratur als Bestand an Wissen, Fähigkeiten und Fertigkeiten bezeichnet, der bei der Bewältigung bestimmter beruflicher Anforderungen als Handlungsressource zur Verfügung steht. Sie zeigt sich, wenn in kulturellen Überschneidungssituationen der einzelne, unter Beachtung geltender Normen und Verhaltensregeln, die eigenen Ziele verwirklicht und die Konsequenzen für die Beteiligten, je nach Situation, maximiert oder minimiert.[9]

Die Erhöhung der Stundenanteile in den sozialwissenschaftlichen Fächern und den Verhaltenstrainings, die Einführung von Seminaren und Projekten und die Überarbeitungen der Curricula sollen dem Anforderungsprofil des Polizeibeamten im 21. Jahrhundert Rechnung tragen. Kommunikativ kompetent, belastbar, stressresistent, konfliktfähig, rechts- und verhaltenssicher, stets den Werten der freiheitlich-demokratischen Grundordnung verpflichtet sollen sie sein, unsere Kommissarinnen und Kommissare, wenn sie mit dem Diplom in der Tasche die Fachhochschule verlassen.

Aber wie stehen die Studierenden selber zu den sozialwissenschaftlichen Fächern, zu Verhaltenstrainings, Seminaren und Projekten? Wie hoch ist die Akzeptanz der Inhalte und der Lehr- und Lernformen, die vom 45minütigen Lehrgespräch im Klassenverband abweichen und deren Bezug zum polizeilichen Alltagshandeln sich nicht auf den ersten Blick erschließt?

Die meisten Studierenden betrachten Psychologie, Soziologie und Politik als Nebenfächer, die für die spätere Berufsausbildung wenig Bedeutung haben und die ihnen nicht dabei helfen werden, ihren Beruf erfolgreich auszuüben.

Diese Einschätzung wird dadurch verstärkt, dass es in Teilen der Institution Polizei ein berufliches Selbstverständnis gibt, das mit den Anforderungen der Ausbildungseinrichtungen und des Arbeitgebers nur eine begrenzte Schnittmenge hat. Offizielle und inoffizielle Berufsbilder stehen teilweise im Widerspruch zueinander und gerade im Mittelbau der Polizei, in der Sachbearbeitung und im Wach- und Wechseldienst werden die inoffiziellen Berufsbilder als die einzig richtigen gehandelt.[10]

---

[8] Vgl. Kienbaum, Funktionsbewertung der Schutzpolizei, Abschlußbericht Düsseldorf 1991
[9] Vgl. Leenen, Grosch, Groß (Hrsg.), Bausteine zur interkulturellen Qualifizierung der Polizei, Münster 2005
[10] Vgl. Behr, Rafael, Cop Culture – Der Alltag des Gewaltmonopols, Opladen 2000

Erkenntnisse des Wissenschaftsrates, des Beamtenbundes und externer Gutacher, die das berufliche Handeln von Polizeibeamtinnen und –beamten zwischen sozialpädagogischem bzw. sozialarbeiterischem Tun und eben den „typisch" polizeilichen Tätigkeiten angesiedelt sehen, werden entweder ignoriert oder sie werden, unter dem Eindruck des eigenen polizeilichen Sozialisationsprozesses, abgelehnt. Das hat Auswirkungen auf die Bewertung der sozialwissenschaftlichen Lerninhalte und Lernziele. „Nur ein rechtssicherer Polizeibeamter ist ein guter Polizeibeamter" lautet die Überzeugung der Polizeibeamten, die die Rechtsfächer zu Lasten der Sozialwissenschaften in ihrer Bedeutung hervorheben. Um keine Missverständnisse aufkommen zu lassen: Polizeibeamtinnen und Polizeibeamte müssen die rechtlichen Grundlagen, die rechtlichen Folgen ihres Handelns bestens kennen und beherrschen. Und natürlich ist Rechtssicherheit eine entscheidende Voraussetzung für erfolgreiches polizeiliches Handeln. Aber was nützt sie, wenn die einschreitende Beamtin, der einschreitende Beamte emotional instabil, sozial inkompetent ist und mit kulturellen Überschneidungssituationen überfordert ist? Polizeiliche Einsätze schlagen nicht fehl oder eskalieren, weil die einschreitenden Beamtinnen oder Beamten nicht rechtssicher sind, sondern weil das polizeiliche Gegenüber oder die Beamtinnen und Beamten die Situation nicht mit kommunikativen Mitteln bewältigen können oder nicht bewältigen wollen.

Wenn sich berufserfahrene Beamtinnen und Beamte als Studierende im Klassenraum wiederfinden, zeigen sie oft eine distanzierte bis ablehnende Haltung gegenüber den sozialwissenschaftlichen Fächern. „Ich habe genug gesunden Menschenverstand und weiß, wie ich mit dem Bürger umzugehen habe. Dafür brauche ich keine Psychologie!" – Äußerungen wie diese stehen für die Einstellung so manches Studierenden und kennzeichnen die Lernwiderstände, auf die Lehrende sozialwissenschaftlicher Disziplinen häufig stoßen. Wenn Studierende auf die komplexen Anforderungen hingewiesen werden, die im polizeilichen Alltag auf sie warten und für die sie mehr brauchen als das Polizeigesetz Nordrhein-Westfalens, verweisen sie auf den 'gesunden Menschenverstand', über den sie verfügen und der ihnen in den entsprechenden Situationen schon sagen wird, was sie zu tun oder zu lassen haben. Bei Descartes heißt es zum gesunden Menschenverstand, dass er „die am besten verteilte Sache in der ganzen Welt (sei), denn ein jeder fühlt sich damit angemessen ausgestattet. So pflegen sich auch jene, die sonst in allen Dingen sehr schwierig zufriedenzustellen sind, von diesem nicht mehr zu wünschen, als sie bereits haben."[11] So lässt sich die Selbsteinschätzung eines großen Teils der Studierenden erfassen: patente, kompetente,

[11]   Descartes, René, Abhandlung über die Methode des richtigen Vernunftgebrauchs und der wissenschaftlichen Wahrheitsforschung, Stuttgart 1961, S. 47

eben mit gesundem Menschenverstand ausgestattete angehende Kommissarinnen und Kommissare, bestens vorbereitet auf die Anforderungen polizeilicher Arbeit, wenn es ums 'Menschliche' geht.

Diese Selbsteinschätzung ist nicht ohne Tücken. Um eine gute Polizeibeamtin, ein guter Polizeibeamter zu sein, braucht es mehr als das.

Ambiguitätstoleranz, Flexibilität, Kreativität, Einfühlungsvermögen sind wesentliche Bestandteile beruflich erfolgreichen Handelns. Sie können sich dort entfalten, wo junge Menschen verhaltenssicher in der Lage sind, gesellschaftliche Phänomene differenziert zu betrachten, sie in Gesamtzusammenhänge einzuordnen und die eigene Position, das eigene Handeln kritisch zu überprüfen.

Gelernt und trainiert werden kann das besonders in Projekten und Seminaren, die es schaffen, das Interesse der Studierenden zu wecken und selbst organisierte Lernprozesse zu fördern. Grundlagen der Sozialpsychologie, der Persönlichkeitspsychologie, der Kriminalsoziologie, Stadtsoziologie und Politikwissenschaften mit aktuellen Bezügen sind dazu geeignet, Studierende für die Komplexität der sozialen Wirklichkeit zu sensibilisieren und eigene Unsicherheiten, Defizite und Schwierigkeiten zu verdeutlichen. Verhaltenstrainings können der Lernort sein, Techniken zur Bewältigung schwieriger Situationen zu vermitteln und zu trainieren.

Der Widerstand vieler Studierender, der sich darin zeigt, dass diese Fächer als „Märchenfächer" abgewertet werden, muss ernst genommen werden. Lernwiderstände können Hinweise auf Unsicherheiten bei den Lernenden geben. Darüber hinweg zu gehen und autoritär den Stoff zu vermitteln würde das Hauptanliegen dieser Disziplinen in der Ausbildung zum Polizeivollzugsbeamten torpedieren. Mit den sozialwissenschaftlichen Fächern können Prozesse sozialen Lernens angeregt werden. Soziales Lernen kann nicht verordnet werden, es kann nur gelingen, wenn Lernende entweder motiviert sind oder von Lehrenden motiviert werden.

4 Akademische Freiheiten im Korsett eines verschulten Studiums – Projekte an der Fachhochschule

Das zehnwöchige Projektstudium bietet, neben dem Seminar, Studierenden und Lehrenden die Möglichkeit, eigenverantwortlich, selbständig und kreativ zu arbeiten. „Ein Projekt erfordert ein Mindestmaß an forschendem Lernen, d.h. die Studierenden sollen in selbständiger, eigenverantwortlicher und empirischer

Arbeit Problemstellungen analysieren und Lösungsvorschläge entwickeln."[12] heißt es in den Projektrichtlinien für das Studium im Fachbereich Polizeivollzugsdienst.

Die Studienordnung legt in den Richtlinien zur Durchführung von Projekten inhaltliche, zeitliche und organisatorische Vorgehensweisen fest. So zeichnen sich Projekte inhaltlich dadurch aus, dass sie "aus der Praxis stammende Sachverhalte und Problemstellungen auf der Grundlage wissenschaftlicher Kenntnisse und nach wissenschaftlichen Methoden [...] untersuchen und Lösungswege [...] entwickeln"[13]. Im Mittelpunkt des Projektstudiums steht ein Problem der polizeilichen Praxis. Das können gehäuft auftretende Deliktformen sein, die Umsetzung einer neuen Rechtsvorschrift, gesellschaftliche Prozesse, wie der demografische Wandel und dessen Auswirkungen auf den polizeilichen Alltag, der Wertewandel oder Probleme der Verkehrssicherheit, wie z.B. das Fahrverhalten junger Fahranfänger. Das Spektrum möglicher Themen ist groß und bietet für die Studierenden umfangreiche Wahlmöglichkeiten. In allen an der Fachhochschule vertretenen Disziplinen wird mindestens ein Projekt angeboten, so dass die Studierenden entsprechend ihrer Interessen und Motivation entscheiden können.

Da die Fragestellungen häufig sehr komplex sind, werden besondere Anforderungen an die Auseinandersetzung mit dem Thema gestellt. Sozialwissenschaftliches, juristisches und betriebswirtschaftliches Methodenwissen kommen interdisziplinär zur Anwendung, wenn die Aufgabenstellung es verlangt.

Um den Praxisbezug der Projekte zu gewährleisten, müssen sie in der Praxis angesiedelt sein. Das bedeutet, dass neben dem Projektleiter, der im Auftrag der Fachhochschule für das Projekt und die wissenschaftliche Durchführung verantwortlich ist, ein Praxisbetreuer eingebunden wird, der mit dem in der Fragestellung, im Forschungsdesign angesprochenen Phänomen aufgrund seiner praktischen Berufserfahrungen vertraut ist. Praxisbetreuer haben einen direkten Zugang zum Forschungsfeld und sie verfügen als Akteure über besondere Kenntnisse. Sie sind dafür zuständig, dass im Projektverlauf der Bezug zur Praxis nicht verloren geht und dass sich die Projektarbeit an deren Erfordernissen orientiert.

Der zeitliche Rahmen sieht eine Vorlaufphase vor, in der das Forschungsdesign entwickelt, Literaturrecherche betrieben und erstes Datenmaterial erhoben wird. Die Studierenden machen sich mit der Problematik vertraut bzw. werden von Projektleitung und -betreuung mit ihr vertraut gemacht. Während dieser Zeit befinden die Studierenden sich im fachpraktischen Teil der Ausbildung, das heißt, sie sind als Praktikantinnen und Praktikanten auf den Polizeiwachen und

---

[12] Richtlinien zur Durchführung von Projekten in: Sammlung der Vorschriften zum Integrativen Studium an der FHöV NRW zum 1.9.2003
[13] ebd.

in den Kommissariaten eingesetzt. Unterbrochen wird die knapp sieben Monate dauernde Praktikumszeit durch ein einwöchiges Konfliktbewältigungstraining und durch ein dreiwöchiges polizeitechnisches Seminar. Nach diesem längsten Praktikum in der Fachhochschulausbildung beginnt das zehnwöchige Projektstudium.

Während der ersten Treffen der Projektgruppe wird ein zeitlicher Fahrplan festgelegt, der inhaltliche Rahmenplan wird weiter entwickelt und die Aufgabenverteilung wird vorgenommen. Außerdem wählt die Projektgruppe eine Sprecherin, einen Sprecher, deren Aufgabe es ist, die Belange der Gruppe vor der Projektleitung und Projektbetreuung zu vertreten und sich um Verwaltungsaufgaben zu kümmern.

Da der Erwerb des „Projektscheins" eine Voraussetzung für die Zulassung zur Staatsprüfung ist, werden die Studierenden spätestens an dieser Stelle über die Anforderungen informiert, die sie erfüllen müssen, um am Ende eines erfolgreich absolvierten Projektstudiums den begehrten Schein in den Händen zu halten.

Laut Projektrichtlinien vom 1.9.2003 setzt sich die zu bewertende Leistung aus dem qualitativen und quantitativen Engagement während der gesamten Projektzeit, der verfassten Projektarbeit, der Präsentation der Projektergebnisse und der Teilnahme an einem Kolloquium zusammen. Die Gewichtung der Leistungssegmente für das Gesamtergebnis legt die Projektleitung in Absprache mit dem Praxisbetreuer fest.

Nach dem die Formalia geklärt sind, beginnt die zehnwöchige intensive Auseinandersetzung mit dem Thema. Daten werden erhoben, aufbereitet und ausgewertet, Literaturrecherche wird betrieben, Ergebnisse werden für die Veröffentlichung und Präsentation bearbeitet, die Projektarbeit wird geschrieben und die Präsentation wird vorbereitet.

Letztere findet in der Regel in der Praxisbehörde statt. Neben Fachpraktikern soll eine breitere Öffentlichkeit erreicht werden. Interessierte Bürgerinnen und Bürger, Fachkolleginnen und Fachkollegen und die Vertreterinnen und Vertreter der Presse werden deshalb zur Präsentation der Projektergebnisse eingeladen.

Wenn die Präsentation stattgefunden hat, das Kolloquium bewältigt wurde und die Arbeiten gebunden und auf CD-ROM gepresst in der Bibliothek der Fachhochschule archiviert sind, ist das Projekt beendet.

Die Präsentation und das Kolloquium fallen in den letzten Studienabschnitt der Studierenden an der Fachhochschule. Die Vorbereitungen auf die Staatsprüfungen laufen an und mit einem umfangreichen Stundenplan und der Arbeit an den Präsentationsvorbereitungen können die Studierenden unter Beweis stellen, dass sie stressresistent sind und gutes Zeitmanagement gelernt haben.

Innerhalb dieses äußeren Rahmens haben die Studierenden die Chance, eigene Interessensschwerpunkte hervorzuheben und in Absprache mit der Gruppe zu vertiefen. Die Auswahl der anzuwendenden Methoden wird in Gruppensitzungen intensiv diskutiert. Vor- und Nachteile verschiedener methodischer Ansätze werden gegenübergestellt und die Handlungsoptionen im vorgegebenen finanziellen und zeitlichen Rahmen werden erwogen.

Bei diesem Prozess ist jede Studierende, jeder Studierende mit Fähigkeiten, Wissensbeständen und persönlichen Merkmalen gefragt. Außer im Projekt können die Lehrenden und Studierenden nur noch im Verhaltenstraining auf die Maxime „Der Weg ist das Ziel" setzen und Fehler machen, aus ihnen lernen und Dinge im nächsten Schritt anders machen und Korrekturen vornehmen.

Während des Projekts haben Leiterinnen, Betreuer und Studierende mit einigen Schwierigkeiten zu kämpfen.

So mancher Studierende erwartet, dass mit Projektbeginn ein Arbeitsplan vorgelegt wird aus dem entnommen werden kann, was zu tun ist. Das WAS, WIE, WARUM des Projekts weitestgehend eigenständig zu entwickeln und daraus eine Aufgabenliste, einen Arbeitsplan zu erstellen, fällt den meisten Studierenden schwer. In den vorangegangenen Studienabschnitten an der Fachhochschule gehörte Eigeninitiative nicht zu den gefragtesten Verhaltensweisen.

Nach Anfangsschwierigkeiten lassen sich die meisten Studierenden auf den Prozess ein. An dieser Stelle zeigen sich erste Unterschiede in der Motivationsstärke und Leistungsbereitschaft der Projektteilnehmerinnen und -teilnehmer. Einige sind hochmotiviert und setzen sich kreativ und engagiert für das Projekt ein. Einige lassen sich mitziehen, sind solidarisch und zuverlässig, bringen aber relativ wenig eigene Impulse ein und einige wenige versuchen, mit einem Minimum an Arbeitsaufwand den Projektschein zu erlangen.

Der Projektschein ist mit dem Seminarschein, Bescheinigungen über die Teilnahme an den Verhaltenstrainings und den bestandenen Zwischenprüfungen Voraussetzung für die Zulassung zur Staatsprüfung. Ob auf dem Projektschein 15 Punkte (sehr gut) oder 5 Punkte (schwach ausreichend) stehen, spielt für den allgemeinen Notenspiegel der Studierenden keine Rolle. Es reicht aus, wenn das Projekt gerade noch 'bestanden' wird. Diese Regelung kann für das Gruppenklima belastend werden. Diejenigen, die sehr engagiert sind, können nicht wirklich belohnt werden und diejenigen, die nur das Nötigste tun, erfahren keine spürbaren Konsequenzen. Frustrationen und Ärger können die Folge dieser Regelung sein. Projektleiter müssen sich damit auseinandersetzen und die unterschiedliche Arbeits- und Leistungsmotivation und fehlendes solidarisches Verhalten bei der Aufgabenbewältigung thematisieren. Der Versuch der Konfliktlösung ist Bestandteil des Gruppen- und Arbeitsprozesses.

Der unterschiedliche Einsatz und das Engagement für das Projekt sind bis zur Präsentation unterschwellig bei den Studierenden ein Thema. Wenn es zur Präsentation der Projektergebnisse in einem größeren öffentlichen Rahmen kommt, erfahren die Studierenden noch einmal einen Motivationsschub. Sie wollen in der Öffentlichkeit ihr Projekt und sich selbst gut darstellen und bereiten die Präsentation entsprechend gut vor. Die Leistungsbereitschaft wird auch dadurch gesteigert, dass Angehörige von Prüfungskommissionen, zukünftige Vorgesetzte und Kolleginnen und Kollegen zur Präsentation kommen könnten. Als Projektleiterin habe ich wiederholt die Erfahrung machen können, dass Studierende in dieser Phase zur Hochform auflaufen und die Projektleitung sich immer stärker zurücknehmen kann.

Die Studierenden haben sich zum Teil intensiv mit einem Thema beschäftigt, sie haben selbständig recherchiert und Material aufbereitet, haben sich Gedanken zu Lösungen des untersuchten Problems gemacht und haben die Chance, am Ende ihrer Arbeit interessierten Kolleginnen und Kollegen, Bürgerinnen und Bürgern von ihren Ergebnissen zu berichten. Nach meiner Einschätzung sind die Identifikation mit der eigenen Arbeit und der Wunsch, sich positiv darzustellen, die Motivationsfaktoren, die die Projektgruppen bewegen, die Präsentationen ideenreich und engagiert zu organisieren und durchzuführen. Hier zeigt sich auch, welche Potenziale in den Studierenden stecken, wenn sie die Möglichkeit erhalten, eigenen Impulsen zu folgen und Dinge auszuprobieren.

Die Studierenden lassen sich darauf ein, soziale Phänomene aus unterschiedlichen Perspektiven zu sehen: aus der Sicht des Staatsanwalts, aus der Sicht des Opfers, des Täters, des Polizeibeamten usw. Sie vergleichen die Perspektiven und sie bemühen sich um die Einordnung der Phänomene in größere Zusammenhänge. Dabei können sie die Erfahrung machen, dass mit dem „gesunden Menschenverstand" allein die komplexe gesellschaftliche Realität weder zu verstehen noch zu bewältigen ist. Am Ende einer Projektzeit kann es geschehen, dass Gewissheiten, die als unumstößlich galten, hinterfragt und überprüft werden.

Am Beispiel eines Projekts, das sich mit den Biografien von Polizeibeamtinnen und Polizeibeamten mit Migrationshintergrund beschäftigt hat, möchte ich zeigen, dass in dieser Veranstaltungsform interdisziplinär, kreativ und eigenverantwortlich ein soziales Phänomen erfasst und bearbeitet wird und, fast nebenbei, Prozesse sozialen und interkulturellen Lernens angeregt werden.

5 Polizeiobermeister Müller und Kommissaranwärterin Klein auf den Spuren von Murat Özkandemir und Bedriye Akiv aus Köln-Kalk

Arbeitsmigration, Familiennachzug, die Öffnung der europäischen Grenzen, das Ende der Sowjetunion, internationale politische und wirtschaftliche Krisen, die weltweit Migrationsströme auslösten, haben die westlichen Gesellschaften nachhaltig verändert. Der Anteil der ausländischen Bevölkerung ist seit dem Beginn der Arbeitszuwanderung kontinuierlich gewachsen. Simulationsrechnungen der Universität Bielefeld gehen davon aus, dass in deutschen Großstädten schon in zehn Jahren der Anteil der Menschen mit Migrationshintergrund in der Gruppe der unter 40-jährigen bei über 50% liegen wird.

Die wirtschaftliche Entwicklung in der Bundesrepublik Deutschland ist gekennzeichnet durch eine auf relativ hohem Niveau stagnierende Arbeitslosigkeit, von der die Angehörigen der allochthonen Bevölkerung überproportional betroffen sind. Bei den jungen Schulabgängern, die einen Arbeitsplatz oder Ausbildungsplatz suchen, gehören vor allem die Kinder der Zugewanderten zu denen, die leer ausgehen. Wenn in der einschlägigen Fachliteratur von zunehmender gesellschaftlicher Spaltung in Gewinner und Verlierer oder von einer sich weiter öffnenden Schere zwischen Armen und Wohlhabenden die Rede ist, stellt man fest, dass Zugewanderte in den benachteiligten Gruppen überproportional vertreten sind. In der polizeilichen Kriminalstatistik tauchen junge Ausländer und männliche Jugendliche mit Migrationshintergrund gehäuft als Tatverdächtige auf. Polizeibeamtinnen und –beamte haben, vor allem in größeren Städten, mit diesen Phänomenen zu tun und müssen oft schwierige, interkulturelle Situationen bewältigen, ohne darauf besonders vorbereitet zu sein.

Eine Antwort auf den demografischen Wandel und die veränderten Arbeitsbedingungen der Polizeibeamtinnen und -beamten in NRW ist das Konzept der **interkulturellen Öffnung der Verwaltung**. Für die Polizei NRW bedeutet die interkulturelle Öffnung, dass sie seit 1993 verstärkt um junge Menschen mit Migrationshintergrund wirbt und versucht, diese für den Polizeiberuf zu gewinnen. Mit einem Flyer in türkischer Sprache: „HEMEN SIMDI MURACAAT EDIN"[14] bemüht sich das Land besonders um junge Leute aus der größten Zuwanderergruppe. Es wurden Anzeigen in den großen türkischen Tagszeitungen geschaltet und bei Informationsveranstaltungen in Bildungseinrichtungen wurden die Schülerinnen und Schüler mit Migrationshintergrund gezielt angesprochen. Ein grundsätzliches Problem ist die Erfüllung der Zulassungsvoraussetzungen. Zu wenige Kinder aus Migrantenfamilien erfüllen die formalen Voraussetzungen, um sich für ein Studium an der Fachhochschule zu bewerben. „Die,

---

[14] Bewirb dich jetzt!

die sollen, wollen nicht und die, die wollen, sollen nicht" ist eine häufige Praxis-erfahrung der Bewerbungsberater.

Zwar gibt es mittlerweile in der nordrheinwestfälischen Polizei eine ganze Reihe von Beamtinnen und Beamten, die einen Migrationshintergrund haben, aber die Zahl der Neueinstellungen entsprechender Personen ist seit 2003 rück-läufig. Eingesetzt wird diese Gruppe vor allem im Wach- und Wechseldienst der größeren Städte in den Ballungsräumen. Die meisten von ihnen haben türkische Eltern, die als Arbeitsmigranten in die Bundesrepublik gekommen sind. Wie hoch ihr Anteil ist, lässt sich nicht genau sagen. Sie haben in der Regel die deut-sche Staatsangehörigkeit und können für statistische Zwecke über dieses Merk-mal nicht erfasst werden[15]. Die Polizei selbst gibt auf ihrer Internetseite an, dass ca. 50 Beamtinnen und Beamte mit ausländischer Staatsangehörigkeit im Poli-zeidienst des Landes tätig sind. Die Einstellung von Ausländerinnen und Aus-ländern in den Polizeidienst ist seit 1993 möglich, wenn ein besonderes dienstli-ches Bedürfnis vorliegt. Als besonderes dienstliches Bedürfnis gilt neben der Beherrschung der deutschen Sprache in Wort und Schrift die Beherrschung der Muttersprache, wenn dies auch die Muttersprache einer größeren Bevölkerungs-gruppe Nordrhein-Westfalens ist.

Mit der wachsenden Zahl von Beamtinnen und Beamten, die aus Familien mit einer Migrationsgeschichte kommen, steigt auch das Interesse in der sozial-wissenschaftlichen Forschung an ihren Biografien, ihrer polizeilichen Sozialisa-tion und ihren Berufserfahrungen.

Nachdem es in den letzten Jahren immer wieder Projekte an den Abteilun-gen der Fachhochschule gegeben hat, die der Frage nachgegangen sind, ob frem-denfeindliche Einstellungen in der Polizei stärker ausgeprägt sind, als in anderen

---

[15] Die exakte Erfassung der Beamtinnen und Beamten mit Migrationshintergrund ist aus mehreren Gründen bisher nicht möglich. Zum einen gibt es keine einheitliche Nomenklatur bezüglich der Erfüllung des Merkmals „Migrationshintergrund". Wird von Beamten mit Migrationshintergrund gesprochen, wenn sie a) eine ausländische Staatsbürgerschaft haben, b) nicht in Deutschland ge-boren sind, c) mindestens ein ausländisches Elternteil haben oder ein aus dem Ausland zugezo-genes Elternteil, d) Deutsch nicht als Muttersprache gelernt haben e) die Großelterngeneration nicht die deutsche Staatsangehörigkeit hat? Zum anderen wird, außer dem Merkmal „ausländi-sche Staatsangehörigkeit" der Bewerberin, des Bewerbers, keines der Merkmale, das Hinweise auf einen Migrationshintergrund geben könnte, statistisch erfasst. Folglich gibt es bei den Behör-den keine genauen Zahlen. Zurzeit liegt den Polizeidienststellen eine Anfrage des Ministeriums vor, den Anteil der Beamtinnen und Beamten mit Migrationshintergrund zu erfassen und an das Ministerium weiterzuleiten. Das mit Drittmitteln von der Volkswagen-Stiftung geförderte Stu-dienprojekt „MORS – Migranten in Organisationen von Recht und Sicherheit" bemüht sich um eine Erhebung des Ist-Zustandes des Anteils der Beamtinnen und Beamten mit Migrationshin-tergrund bei der Polizei NRW. Als Erfassungsmerkmal dient der Gruppe, dass die Betroffenen sich durch Hautfarbe, Ethnie oder Sprache erkennbar von einheimischen Beamtinnen und Beam-ten unterscheiden und diesen Unterschied selber auch wahrnehmen, unabhängig von der forma-len Staatsangehörigkeit.

Berufsgruppen und ob man gar von einer fremdenfeindlichen Polizei sprechen müsse, schien es an der Zeit zu sein, sich mit den 'Fremden' in der Organisation zu beschäftigen. Bei dem Projekt, das hier vorgestellt wird, standen die Biografien, das Erleben und Verarbeiten der Ausbildungs- und Berufserfahrungen aus Sicht der Betroffenen im Mittelpunkt. Es war Anliegen der Projektarbeit, die Beamtinnen und Beamten zu Wort kommen zu lassen und ihnen die Möglichkeit zu geben, ihre Geschichten als Kinder von Zugewanderten zu erzählen.

Im Frühjahr 2005 begannen dreizehn Studierende und ihre Projektleitung mit den Vorbereitungen für das Projekt: „Migranten bei der Polizei und in der Verwaltung". Praxisbetreuerin war in diesem Fall eine Kriminaldirektorin und hauptamtlich Lehrende der Fachhochschule für öffentliche Verwaltung. Die Fachhochschule war Projektort für die Studierenden.

Der Projektvorschlag kam von Polizeibeamten, die selbst 'betroffen' waren. Als Kinder von Arbeitsmigranten aus der Türkei hatten sie, zum Teil gegen Widerstände und Skepsis bei Familie und Freunden, den Schritt gewagt und sich bei der Polizei beworben. Ermutigt wurden sie durch die offensive Werbung der Polizei NRW um Auszubildende und Studierende mit Migrationshintergrund.

Die Erfahrungen der Beamten während der Ausbildung und später im Dienstalltag mit Vorgesetzten, Ausbildern und Kolleginnen und Kollegen sind ähnlich. Offene Ablehnung erfuhren sie kaum, verdeckte Ablehnung häufiger. Skepsis, Neugier, Ängste aber auch Zustimmung kennzeichneten die Reaktionen der Umwelt. Fast alle berichteten von Äußerungen, die sie als nicht besonders wohlwollend oder latent fremdenfeindlich erlebten. Für die Verarbeitung dieser Erfahrungen gab es in der Institution und im beruflichen Alltagsgeschäft keinen Raum. Das Fachhochschulstudium mit seinem Anteil an sozialwissenschaftlichen Fächern und den dreiwöchigen Trainingsmodulen bot den Kommissarsbewerbern die Möglichkeit, sich mit ihrer besonderen Situation auseinanderzusetzen und führte schließlich auch zu dem Vorschlag, das Thema in einem Projekt zu behandeln.

Von den dreizehn Studierenden der Projektgruppe waren vier nicht in Deutschland geboren. Ihre Eltern waren als Arbeitsmigranten, Spätaussiedler oder Asylsuchende in die Bundesrepublik gekommen. Für das Arbeiten und Lernen in der Gruppe sollte sich das als große Bereicherung herausstellen. Die Studierenden mit Migrationshintergrund konnten den deutschstämmigen Studierenden wichtige Hinweise für die Interviews geben und ihnen bei der Auswertung 'Übersetzungshilfen' anbieten.

In einem dreitägigen Seminar im Informations- und Bildungszentrum Schloß Gimborn wurden die Inhalte und die Fragestellungen des Projekts festgelegt und die Methoden der Datengewinnung trainiert.

Es zeigte sich, dass die Studierenden auf grundlegende Kenntnisse in den Fächern Psychologie, Soziologie und Politikwissenschaften zurückgreifen konnten. Dies war für die Entwicklung des Interviewleitfadens und die spätere Datenauswertung hilfreich.

Während des dreitägigen Seminars wurde die Methode der Datengewinnung festgelegt. In diesem Fall entschloss sich die Gruppe, „biografisch-narrative Interviews" durchzuführen. Diese Interviewform gehört zu den Methoden der qualitativen bzw. rekonstruktiven Sozialforschung. Sie ermöglicht dem Forscher einen Zugang zu komplexen sozialen Sachverhalten, wie z.B. der Biografie eines Subjektes. Ziel bei diesem methodischen Vorgehen ist weniger das Erklären sozialer Phänomene, als vielmehr das Verstehen[16]. Im Mittelpunkt der Vorgehensweise steht das befragte Individuum mit seinen Deutungen und Sinnzuschreibungen. Am Ende der Datenauswertung können Hypothesen gebildet werden. Das Bilden von Hypothesen ist nicht zwingend notwendig. Es hängt vom Gesamtkontext solcher Untersuchungen ab. Das „Prinzip der Offenheit"[17] verlangt vom Interviewer eine besondere Haltung gegenüber dem Forschungsgegenstand. So soll der Interviewer unvoreingenommen, neutral, ohne Vorannahmen das Datenmaterial erheben. Das erwies sich für die Studierenden als große Herausforderung, da gerade bei dem Thema Migranten und Integration die Diskussionen schnell emotional werden und die eigenen Erfahrungen in die Argumentation einfließen.

Für die Vorbereitung auf die Interviewarbeit mussten deshalb Vorurteile und Ängste bewusst gemacht und die persönliche Geschichte mit dem Thema angesprochen werden. Dies geschah mit Übungen und Rollenspielen aus dem Bereich interkultureller Kompetenztrainings.

Bei den theoretischen Vorüberlegungen setzte sich die Gruppe auch mit der Datenbank des Landesamts für Statistik auseinander und stellte einige statistische Eckdaten über Bildungsmerkmale von Ausländern in Nordrhein-Westfalen zusammen.

13,3% der Schülerinnen und Schülern aller Schulformen in NRW sind Ausländer. Spätaussiedler und Kinder von Migranten, die schon die deutsche Staatsangehörigkeit haben, sind in dieser Statistik nicht mitgerechnet.

Nur 10,9% der ausländischen Schüler verlassen die Schule mit der Hochschulreife. Bei den deutschen Schülern sind es 29,4%.[18] In der Hauptschule und in der Sonderschule sind die ausländischen Jungen am stärksten vertreten und

---

[16] Lamnek, Siegfried: Qualitative Sozialforschung, Band 1, Weinheim 1995
[17] Hoffmann-Riem, Christa: Die Sozialforschung einer interpretativen Soziologie – der Datengewinn in: Kölner Zeitschrift für Soziologie und Sozialpsychologie, Heft 32, S. 352ff,1980,
[18] Quelle: Landesamt für Statistik, NRW, Stichtag 31.12.2005

der Anteil der Ausländer bei den Schulabgängern ohne Abschluss ist überproportional hoch.

Diese Hintergrundinformationen halfen bei der Entwicklung des Leitfadens für die Interviews. Die Probanden sollten angeregt werden, über ihre Lernbiografie, ihr Wohnumfeld, die Häufigkeit und Qualität ihrer Kontakte zu Mitgliedern der Mehrheitsgesellschaft und über die Haltung der Herkunftsfamilie zur Berufswahl zu erzählen.

Entsprechend der einschlägigen Fachliteratur ist die Gruppe davon ausgegangen, dass die genannten Faktoren den Integrationsprozess fördern bzw. behindern oder erschweren. Ein heterogenes Wohnumfeld, in dem die autochthone Bevölkerung in der Mehrzahl ist, regelmäßige, kontinuierliche Kontakte zu Mitgliedern der Mehrheitsgesellschaft und Unterstützung durch die Herkunftsfamilie werden als wichtige Einflussfaktoren bei der Integration genannt. Neben dem Wohnumfeld sind die Bildungseinrichtungen die Orte, an denen die meisten Kontakte mit der autochthonen Bevölkerung stattfinden. Sie fördern aber nicht nur die Integration, sondern sie haben auch die Aufgabe zu selektieren und die Lernenden den Einrichtungen zuzuführen, von denen sie glauben, dass sie den Potenzialen der Lernenden entsprechen. Hier scheint der Druck auf die Kinder mit Wanderungshintergrund besonders hoch zu sein. Wie die Selbstwahrnehmung der Betroffenen und ihre Verarbeitungsstrategien aussehen, was ihnen geholfen hat, auch schwierige Situationen zu bewältigen, sollte mit den Interviews erhoben werden.

Im Anschluss an die theoretische Auseinandersetzung wurde ein Interviewleitfaden erarbeitet und die Studierenden führten, ausgestattet mit Kamera und Notizblock, Probeinterviews durch. Befragt wurden Mitglieder der Projektgruppe, deren Eltern nach Deutschland zugewandert waren.

Das Verfahren wurde nach diesen Interviews einer kritischen Prüfung unterzogen, kleinere Korrekturen wurden vorgenommen und das gewonnene Material wurde genauer untersucht. Im Anschluss daran erfolgte eine kommentierte Transkription. Für die kommentierte Transkription entschied sich die Projektgruppe, weil dabei zusätzliche, über das Wortprotokoll hinausgehende Informationen festgehalten werden können. Pausen, Betonungen, sprachliche Besonderheiten werden mit Sonderzeichen kenntlich gemacht, zusätzliche Kommentare werden nach vorab festgelegten Kriterien gekennzeichnet.[19]

Nach dem Methodentraining und der Aufgabenverteilung mussten Beamtinnen und Beamten mit Migrationshintergrund im Bereich der Polizeipräsidien Köln und Düsseldorf gesucht werden. Auf der Suche nach Polizeibeamtinnen und -beamten mit Migrationshintergrund konnte nicht auf Statistiken zurückge-

---

[19] Vgl. Glinka, Das narrative Interview, Weinheim 1998,

griffen werden, denn ein Migrationshintergrund wird als statistisches Merkmal von den Behörden nicht festgehalten. Der größte Teil der Beamtinnen und Beamten, die entweder selbst nicht in Deutschland geboren sind oder deren Eltern in einem anderen Land zur Welt kamen, hat die deutsche Staatsangehörigkeit und wird deshalb in den Statistiken auch nicht gesondert aufgeführt. Die Studierenden mussten auf den Dienststellen recherchieren, in Dienstplänen nach ausländisch klingenden Namen suchen und in Polizeikreisen auf informellem Weg nach Angehörigen der Zielgruppe forschen. Schließlich konnte die Projektgruppe zu 24 Beamtinnen und Beamten in den Polizeipräsidien Köln und Düsseldorf Kontakt aufnehmen und feststellen, ob sie als Probanden für die Untersuchung in Frage kamen und bereit waren, an der Untersuchung teilzunehmen.

Die Interviewpartner mussten folgende Voraussetzungen erfüllen:

- Ihre Großeltern oder Eltern mussten entweder aus politischen oder wirtschaftlichen Gründen in die Bundesrepublik gekommen sein.
- Sie mussten eine abgeschlossene Berufsausbildung als Polizeibeamtin, Polizeibeamter in Nordrhein-Westfalen haben.
- Sie mussten mindestens ein Jahr Berufserfahrung haben – die Ausbildungszeit nicht mitgerechnet.

Diese Kriterien erfüllten 17 Beamtinnen und Beamte und davon waren 15 bereit, sich interviewen zu lassen. Die Eltern der Befragten waren alle als Arbeitsmigranten aus der Türkei in den 70er Jahren nach Deutschland gekommen.

Die Studierenden organisierten sich in Kleingruppen, verabredeten sich mit Probanden und führten die Interviews durch. Die Interviews wurden nach den vorab festgelegten Regeln transkribiert. Nachdem alles Material in schriftlicher Form vorlag, wurde mit der Auswertung begonnen.

Die Selbstorganisation der Studierenden im Zusammenhang mit der Suche nach Probanden, das Durchführen der Interviews und der Datensicherung stellen bei der Projektarbeit eine gesondert zu bewertende Leistung dar. Die fachlichen Anforderungen, sich genau an das festgelegte Erhebungsverfahren zu halten und das Material nach Absprache zu sichern, haben disziplinierenden Charakter und die Sinnfälligkeit dieser Maßnahmen erschließt sich den Studierenden spätestens bei der Datenauswertung.

Für die Auswertung des Interviewmaterials wurden Dimensionen[20] gebildet und theoretische Eckpunkte erarbeitet. In detaillierter Kleinarbeit erfolgte die Zuordnung der Inhalte zu den Dimensionen.

---

[20] Dimensionen (normalerweise wird mit dem Begriff „Kategorie" gearbeitet. Die Nutzung des Begriffs „Dimensionen" entwickelte sich aus der Assoziation „Dimensionen des Lebens") haben

6   Aus den Interviews mit Murat, Osram, Oktay und anderen

Alle Interviews wurden mit der Frage eröffnet, in welchem Jahr die Eltern der Probanden nach Deutschland gekommen waren. Mit der Frage nach dem Zeitpunkt der ersten Einreise wurde die Frage nach dem Grund der Wanderung verknüpft.

„Weißt du wann und aus welchem Grund deine Eltern nach Deutschland gekommen sind?"

Alle Befragten waren in der Lage, die Frage sehr genau zu beantworten, selbst diejenigen, deren Großeltern nach Deutschland gekommen waren und die selbst schon zur dritten Generation in Deutschland lebender Türken gehören.

Die Großeltern bzw. Eltern waren in der Zeit zwischen 1962 und 1972 aus finanziellen Gründen aus der Türkei in die Bundesrepublik gekommen und alle Probanden berichteten, dass die Großeltern bzw. die Eltern den festen Wunsch hatten, nach einigen Jahren der Erwerbstätigkeit in die Heimat zurückzukehren.

„Mit Mitte Dreißig und ist dann her gekommen. Und mein Opa hat hier dreißig Jahre gelebt und ähm in den dreißig Jahren hat er drei, vier Sätze deutsch, Auf Wiedersehen, Dankeschön, vielen, vielen Dank, das war's dann auch."

Hier zeigte sich, dass auf das Erlernen der deutschen Sprache in der Eltern- bzw. Großelterngeneration wenig Wert gelegt wurde: man wollte zurück in die Heimat! Die fehlenden Deutschkenntnisse führten dazu, dass die Eltern im Umgang mit bürokratischen Angelegenheiten überfordert waren. Die Kinder mussten sehr früh Verantwortung übernehmen und den Eltern bei Behördengängen, in Versicherungsfragen, beim Ausfüllen von Formularen behilflich sein.

„Das einzige, ähm, was, ähm, beide nicht können ist, wenn dann irgendwelche wichtigen Termine anstehen. Notar, Gericht, Arzt. ... ich bin, ich übersetze seit meinem zwölften Lebensjahr."

Von allen Befragten berichtete nur eine Polizeibeamtin, dass die Eltern die deutsche Sprache gut beherrschten. Selbst von den Angehörigen der dritten Generation wurden die Deutschkenntnisse der Eltern als schwach beschrieben.

---

ordnenden Charakter. Im Kontext der hier angeführten Datenauswertung wurden Dimensionen festgelegt, die sich an den Untersuchungsfragen orientierten. Die relevanten Dimensionen/Kategorien lauteten Familie/Milieu/Identität/Beruf/Kultur/Sprache.

Im Zusammenhang mit den Deutschkenntnissen wurde nach dem Wohnort, der Wohngegend gefragt. Die Projektgruppe wollte wissen, ob die Befragten in Stadtteilen mit hohem Ausländeranteil aufgewachsen waren.

„Es war gemischt, da gab es mehr Deutsche, glaub ich. Es gab da diese Türkenghettos, da bei uns, wenn ich da groß geworden wär, weiß ich nicht, was dann aus mir geworden wäre."

Diese eine Antwort ist repräsentativ dafür, wie die meisten der Befragten gewohnt haben. Der Anteil der ausländischen Wohnbevölkerung war nicht höher als der deutsche Anteil. Daraus ergaben sich bei allen Befragten Spielkontakte mit deutschen Kindern. Durch den Kindergarten, die Schule und Sportvereine kamen noch mehr Berührungspunkte mit der deutschen Bevölkerung hinzu.
  Die Projektgruppe ging in ihren Interviews der Frage nach, welcher Kultur und welchem Land die Befragten sich verbunden fühlen. Deutlich zeigte sich bei allen Befragten das Verwurzeltsein in zwei Kulturen.

'Fühlst du dich als Türke oder als Deutscher' trinkst du schwarzen Tee, liest du die Hürriyet, guckst du türkisches Fernsehen und kaufst du im Ankara-Markt ein?' 'Bist du schon richtig deutsch oder bist du eher noch türkisch?'

Den meisten Befragten fiel es schwer die Fragen zu beantworten. Nur eine Befragte sagte selbstbewusst: *„Ich bin Deutschtürkin!"* ohne das weiter zu erläutern. Die Befragen berichteten von Ausgrenzungen und Ablehnung durch Angehörige der Mehrheitsgesellschaft. Sie erzählten von Begegnungen mit Deutschen, in denen ihnen unmissverständlich klar gemacht wurde, dass sie anders seien und nicht 'dazu' gehörten.

„Du gehörst halt doch nicht zu uns. So ohne Grund einfach. Das erschien mir halt alles so ohne Grund...Und da hab ich so einen Hals gehabt, weil die gar nicht versucht haben, den Menschen kennen zu lernen."
  „Ich hab mich nie als Ausländer gesehen, hab mich aber nie als Deutscher definiert, ganz normal halt..."
  „Man ist Deutscher, aber man ist auch Türke, aber ich mache nicht fest zu wie viel Prozent."
  „Es gib Tage, wo ich denke, ich bin verdammt froh, türkischstämmig zu sein, weil diese Mentalität nun mal einfach anders ist, und dann bin ich wiederum froh, weil man hier in Deutschland alles geregelt hat, ich weiß, wo ich etwas machen muss, wo ich etwas beantragen muss, wo ich hingehen kann, mit wem ich was machen kann, oder wem ich was sage.."
  „Ne, ne aber man darf sich nichts vormachen, alle die hier groß geworden sind auch, teilweise aber auch n der Türkei geboren sind, aber hier groß geworden sind,

die sind irgendwo deutsch, da darf man sich nichts vormachen, man hält zwar immer gerne fest an dem Ursprung, aber das geht halt nicht. Wenn man mich jetzt in der Türkei aussetzen würde, ich würde nicht klar kommen, ich bin da nicht zu Hause in dem Sinne...Man ist deutsch, man ist in dem System drin hier."

„Ich fühle mich hier wohl und bin auch irgendwie stolz und froh darüber. Ich bin aber auch Türke, ich bin aber nicht mehr so der Türke, der in der Türkei leben könnte."

„...alle Personen, die ich getroffen habe, die haben immer zuerst mein äußeres Erscheinungsbild gesehen und dann festgestellt, der ist nicht deutsch. Sobald ich denen gezeigt habe, dass ich mich integriert habe, wurden sie anders."

„...und dat meine Eltern mir immer gesagt haben, dat ich nich vergessen soll, woher ich stamme oder meine Kultur."

„...es gibt ja da so Wohnungen, wo man sofort sagt: hier wohnen Türken, wie zum Beispiel mit dieser goldenen Uhr und den bestimmten Sofas und den türkischen Tischen. In so einer bin ich auch groß geworden. Aber ich selber, nee..."

Es gab natürlich sehr viele Konflikte, weil meine Eltern versucht haben, an unserer Mentalität, an unserer Kultur, an unserem Glauben festzuhalten."

Die Auswertung der Interviews zu dem Komplex 'Identität' war ein besonders spannender Teil im Rahmen der Projektarbeit. Die Studierenden setzten sich mit ihrer eigenen Identität auseinander und den Faktoren, die ihre Entwicklung beeinflusst haben. Die Ausführungen der Probanden ließen sie über die Frage nachdenken, was es für die Betroffenen heißen kann, als Kind türkischer Abstammung in Deutschland aufzuwachsen und was es im Erwachsenenleben bedeutet, einen anderen Hintergrund zu haben als die Mehrzahl der Menschen in Deutschland.

Die deutschstämmigen Studierenden haben die Interviews und deren Auswertung genutzt, um über den Tellerrand zu schauen. Das Gefühl, zwischen zwei Welten zu wandern, manchmal hin und her gerissen zu sein, sich aber auch über die Vorteile freuen zu können, nicht mehr türkisch zu sein, noch nicht deutsch zu sein und sich das Beste aus beiden Welten aussuchen zu können, das alles wurde von den Befragten eindringlich vermittelt und von den Interviewern mit großer Sorgfalt ausgewertet.

Von großem Interesse waren für die Interviewer die Motivation der Befragten, eine Ausbildung zum Polizeivollzugsbeamten zu machen und die Reaktionen der Familien und Freunde darauf.

„...ich weiß nur, dass ich meiner Mutter als Kind in der Küche Strafzettel geschrieben habe."

„...Ja und das einzige wovor ich ein bisschen Angst hatte bisschen so, war diese Beamtendeutsch und ob ich damit klar komme."

„Man hatte auch Angst, bin ich vielleicht der Erste. Wie gehen die mit einem um?"

„Ich sag mal so, ich habe damals schon in der Schule den Wunsch gehabt zur Polizei zu gehen...Die berufliche Sicherheit auf jeden Fall, klar, bei der Polizei hat man nen sicheren Job und auch natürlich viele Menschen, die man sieht."

„Bis mein Vater dann irgendwann kam und meinte, ob ich nicht zur Polizei gehen will...Meine Familie ist sehr stolz. Ich meine, ist ja auch toll. Wir haben hier als Gastfamilie gelebt und sind als Arbeiter gekommen."

„Ich bin ein Sicherheitsmensch und deswegen wollte ich auch die Sicherheit im Beruf haben...und da gab es auch die Werbeaktion von der Polizei und dass auch in Nordrhein-Westfalen, zumindest auch türkische Staatsangehörige in die Polizei eintreten durften."

Die genannten Motive für die Berufswahl unterscheiden sich nicht von den Motiven, die deutschstämmige Beamtinnen und Beamte angeben. Der Wunsch, einen sicheren Arbeitsplatz zu haben, ein Beruf, der schon in der Kindheit faszinierte und in Rollenspielen auftauchte und die Vorstellung, im Beruf viel mit Menschen zu tun zu haben gehören zu den häufig genannten Gründen für die Berufswahl bei jungen Polizeibeamtinnen und –beamten.

Der soziale Aufstieg, der mit der Berufswahl verbunden ist, zieht sich als roter Faden durch die Erzählungen. Bei allen Erzählungen haben wir ein stolzes 'ich habe es geschafft' gehört. Einige betonten es ausdrücklich, während andere ihren Stolz eher en passant erwähnten. Keiner der Befragten kommt aus einem Elternhaus, in dem die Eltern einen Schulabschluss haben, der mit der Mittleren Reife vergleichbar wäre. Nur ein Vater hat ein Handwerk gelernt. Die anderen Väter waren oder sind angelernte Arbeiter. Die Mütter haben, bis auf eine, als Putzfrauen gearbeitet. Alle Befragten erzählten von ihren Eltern, dass diese sie im Rahmen ihrer Möglichkeiten während der Schulzeit unterstützt haben oder sich dafür eingesetzt haben, dass sie bei Schwierigkeiten Hilfe bekamen. Den Berufswunsch der Kinder haben sie teilweise skeptisch gesehen, aber von allen Eltern wird erzählt, dass sie auf ihre Kinder stolz sind.

Die Befragten gaben an, dass sie von Ausbildern und Kolleginnen und Kollegen akzeptiert werden und sie bislang keine ernsthaften Schwierigkeiten wegen ihres familiären Hintergrunds hatten. Einige berichteten von Erfahrungen mit Kolleginnen und Kollegen, in denen unterschwellig Skepsis, Ablehnung und Misstrauen oder einfach nur eine generelle Ablehnung Zugewanderter zum Ausdruck kam.

„Hier in Deutschland fragen die Polizeibeamten, das siehst du häufig: Du mir Ausweis geben und da denke ich mir, rede doch vernünftig mit denen, so dass die das auch verstehen. Da muss man nicht so blöd kommen."

„Da kommt dann der Kollege und sagt, Mensch Oktay hab heute schon wieder drei Kanaken hochgenommen, drei Türken und ich sag dann mittlerweile, und ich hab fünf Deutsche angezeigt."

„...und da sagt der Verkehrsrechtsdozent, das musst du doch wissen, was das heißt, Das ist so, wie ihr früher in die Türkei gefahren seid mit dem alten Ford Transit und dem Fernseher aufm Dachgepäckträger und den vier Kindern hinten drin."

„...Das ist getürkt. Du weißt doch, was das heißt hat der Chef zu mir gesagt."

„Ein Kollege sagt immer, ich hab echt nix gegen dich, aber wenn ich dann ein Auto anhalte und da sitzen nur Muchels drin..."

Die Auswertung dieser Passagen erfolgte unter dem Aspekt, wie die Befragten sich vor solchen Äußerungen schützen. Auch wenn nur jeder dritte Befragte diese Aussagen als verletzend bezeichnet hat, ist die Projektgruppe doch davon ausgegangen, dass sie bei allen Befragten Spuren hinterlassen und die Bewältigungsstrategien der Betroffenen sehr unterschiedlich sind.

Die Diskussionen um die Auswertung sind ein gutes Beispiel für Lernprozesse, die im Projektstudium angestoßen werden können. Die Studierenden nutzen die überschaubare Projektgruppe und das unorthodoxe Setting, über eigenes Verhalten zu sprechen und dieses zu reflektieren. Die kleine Gruppe und der Anspruch, das zur Disposition stehende Problem oder Phänomen zu erfassen, sind die Voraussetzungen für selbstkritische Offenbarungen. In einem weiteren Schritt können die Auswirkungen latent fremdenfeindlichen Verhaltens auf die allochthonen Deutschen herausgearbeitet werden. Dabei entsteht eine Matrix, die einen Überblick gibt über die Komplexität möglicher Reaktionen. Menschen, die emotional verletzt werden und denen Anerkennung und Gleichberechtigung versagt werden, reagieren auf diese Erfahrungen sehr unterschiedlich. Die Studierenden werden bei der Auswertung des Interviewmaterials ermutigt, den Projektrahmen zu verlassen und die gewonnenen Erkenntnisse auf Situationen des polizeilichen Alltags anzuwenden.

In ihrem Schlusswort haben die Studierenden der Projektgruppe versucht, die Erfahrungen und Erkenntnisse ihrer Arbeit in einem Satz zusammenzufassen, den ich hier zitiere:

„Mit der Methode des narrativen Interviews konnten wir[21] ungewöhnliche, manchmal intime Einblicke in das Leben, die Lebensgeschichte der Befragten gewinnen. Die Bereitschaft und Offenheit der Befragten und die Sensibilität und das Einfühlungsvermögen der Fragenden haben zusammen mit der Methode diese Arbeit möglich gemacht. Biografisches Erzählen und die sozialwissen-

---

[21] Studierende des Projekts: Diane Blättermann, Angela Janke, Bernadette Leßmann, Alen Djonev. Fadima Cakmak, Iradj Eskandari, Elke Bronnenberg, Thomas Jansen, Volker Müller, Melanie Volmert, Martina Nicoll, Stefan Kohlstadt, Pascal Jenniges

schaftliche Auseinandersetzung mit dem Narrativ haben den Blick freigegeben auf die Einflüsse und Nachwirkungen gesamtgesellschaftlicher Prozesse auf ausgewählte individuelle Biografien.

Die von der Projektgruppe befragten Nachkommen türkischer Arbeitsmigranten sind in der oft zitierten „Mitte der Gesellschaft" angekommen. Sie leben und arbeiten, haben Partner gefunden, Familien gegründet. Sie sind Deutsche, deutsche Beamte, die diese Gesellschaft mitgestalten."[22]

7 Auf dem Prüfstand: Sozialwissenschaften und verhaltensorientierte Lehrveranstaltungen im Studium

Im Zuge der anstehenden Studienreform, der Einführung eines Bachelorstudiengangs für die Studierenden des Polizeivollzugsdienstes stehen die sozialwissenschaftlichen Disziplinen qualitativ und quantitativ zur Disposition. Durch die Modulisierung des Studiums sollen einzelne Disziplinen und das Seminar ganz wegfallen und das Projekt zeitlich beschnitten werden. So wird nach den bisherigen Planungen das Fach Politikwissenschaften als eigenständiges Unterrichtsfach vom Lehrplan verschwinden und im Fach Staatsrecht aufgehen. Damit läge die Lehre politikwissenschaftlicher Inhalte zukünftig in der Hand von Juristen und Polizeibeamten. Das ist ein Beispiel dafür, dass die Reformpläne für die Ausbildung eine starke Betonung juristischer und polizeispezifischer Fächer vorsehen und damit der Fokus auf „Ausbildung zur Erstverwendung" gelegt wird und nicht auf eine umfassende Qualifizierung zur Erfüllung komplexer polizeilicher Aufgaben.

In der Ausbildung, im Studium und in Weiterbildungsmaßnahmen werden die Beamtinnen und Beamten für ihren Beruf qualifiziert. Eine verstärkte Fokussierung auf eine Ausbildung im Bereich der Rechtsfächer und der Polizeifächer birgt die Gefahr, dass die für das polizeiliche Einschreiten wesentlichen sozialen Kompetenzen nicht genügend entwickelt werden und damit einhergehend die Qualität und Professionalität polizeilicher Aufgabenwahrnehmung reduziert wird. Zahlreiche Untersuchungen in den letzten Jahren haben gezeigt, dass Polizeibeamtinnen und -beamte untereinander ein sehr spezielles System an Deutungs- und Handlungsmustern entwickeln mit dem sie ihren beruflichen Alltag bewältigen.[23] Für Außenstehende sind diese 'polizeilichen' Realitäten nicht im-

[22] Migranten bei der Polizei und in der Verwaltung, Projektarbeit an der Fachhochschule für öffentliche Verwaltung, Abteilung Köln, Januar 2005

[23] Behr, Rafael: Polizei und sozialer Wandel, Ergebnisse einer teilnehmenden Beobachtung bei der Schutzpolizei in Thüringen, Holzkirchen 1993; Feest, Johannes & Lautmann, Rüdiger: Die Polizei, Sozialwissenschaftliche Studien & Forschungsberichte, Opladen 1971; Feltes, Thomas: Po-

mer leicht zu verstehen. Die Rituale und Sprachstile und die Mythen über die 'Welt da draußen', in der sie ihre Aufgaben erfüllen, haben für die Organisationsmitglieder wichtige Funktionen, die ihnen bei der Bewältigung der täglichen Herausforderungen helfen. Die Arbeitsteilung zwischen Theorie und Praxis ist notwendig, um das Handeln im polizeilichen subkulturellen Kontext nicht zu stören. Während die Theorie Begrenzungen staatlichen Handelns lehrt, vermittelt die Praxis deren Ausnutzungsmöglichkeiten[24]. Dabei können neben anderen, hier nicht angesprochenen Qualifikationen, vor allem die sozialen Kompetenzen auf der Strecke bleiben. Zudem kann die intellektuelle Flexibilität, die dringend benötigt wird, wenn Mann und Frau nicht an den Realitäten der gesellschaftlichen Problemlagen verzweifeln sollen, darunter leiden.

Vor diesem Hintergrund erfüllen Seminare, Projekte, Verhaltenstrainings und die Sozialwissenschaften wichtige Funktionen. Sie schulen intellektuelle Flexibilität, Ambiguitätstoleranz, Selbst- und Konfliktmanagement, kommunikative, soziale und interkulturelle Kompetenzen. Auf sie zu verzichten hieße, allein auf den schon erwähnten gesunden Menschenverstand zu vertrauen und die Entwicklung der „soft skills" dem Zufall zu überlassen.

In Projekten wie dem hier vorgestellten lernen die Studierenden, Theorie und Praxis miteinander zu verknüpfen. Sie sind gefordert, sich mit Migrationsprozessen und den damit zusammenhängenden Herausforderungen und Konsequenzen für die Gesellschaft auseinanderzusetzen. Das Projektstudium erlaubt einen tieferen Einblick in polizeiliche Handlungsfelder, für den im Alltag wenig Zeit und Raum ist. Die Studierenden lernen die Anwendung theoretischen Wissens auf Sachverhalte aus der Praxis und werden für die Komplexität sozialer Wirklichkeit sensibler. Sie können als Multiplikatoren in die Dienstgruppen hineinwirken, sie können Vorbildfunktionen übernehmen und Kolleginnen und Kollegen ermutigen, von Stereotypen und Klischees im Umgang mit Zugewanderten und Ausländern Abstand zu nehmen.

---

lizeiliches Alltagshandeln in: Bürgerrechte und Polizei 3/1984 11- 24; Jaschke, Hans-Gerd: Öffentliche Sicherheit und Kulturkonflikt. Zur Entwicklung der städtischen Schutzpolizei in der multikulturellen Gesellschaft, Frankfurt/NY 1997; Walter Michael & Wagner, Andrea: Alltägliches Krisenmanagement von Polizisten. Die Beseitigung des Öffentlichkeitsbezuges. Forschung in Köln, Berichte aus der Universität 2/1996, 8 -15

[24] Vgl. Behr, 2000

Interview mit Klaus-Peter Hufer

Peter Leßmann-Faust

Klaus-Peter Hufer ist Fachbereichsleiter für Geistes- und Sozialwissenschaften an der Kreisvolkshochschule Viersen und Privatdozent an der Universität Duisburg-Essen. Unter seinen Veröffentlichungen befindet sich auch das von Interessenten an der politischen Weiterbildung viel gelesene Buch „Argumentationstraining gegen Stammtischparolen. Materialien und Anleitungen für Bildungsarbeit und Selbstlernen", Schwalbach 2001 *(7. Aufl. 2005)*.

Hufer versucht darin, Wege aus der Sprachlosigkeit und der Handlungsstarre gegenüber Stammtischparolen und denen, die sie propagieren, aufzuzeigen. Es geht ihm zum geringsten darum, Argumente für wohlfeiles Besserwissen bereitzustellen. Hufer versucht, den psychologischen Hintergrund und die gruppendynamische Situation aufzuklären, in denen „Stammtischparolen" gedeihen.

In seinem neuen Werk „Argumente am Stammtisch. Erfolgreich gegen Parolen, Palaver und Populismus", Schwalbach 2006 untersucht Hufer vor allem die Disposition aller Menschen zu Vorurteilen und vereinfachenden Parolen und er stellt ausführlich inhaltliche Argumente und Informationen gegen „Stammtischparolen", zur Migrationspolitik und zur Nazi-Diktatur vor.

Beide Bücher fassen Erfahrungen zusammen, die Hufer mit Teilnehmerinnen und Teilnehmern seiner Argumentationstrainings gewonnen hat.

Die Bürger, die sich in Hufers Seminaren mit dem Thema „Stammtischparolen" auseinandersetzen, kommen aus allen Berufsfeldern, auch aus dem Polizeiberuf.

Herr Hufer, Sie zählen in Ihrem Buch von 2001 mögliche Motive auf, die Bürger dazu bringen, an einem Argumentationstraining teilzunehmen (S. 105, S. 21). Welches Interesse haben die Polizistinnen und Polizisten, die an den Veranstaltungen teilgenommen haben, formuliert? Haben sich die Ziele, die sie mit der Teilnahme an dem Argumentationstraining verfolgten, mit denen der anderen Teilnehmer im Wesentlichen gedeckt oder gab es spezifisches, aus dem Polizeiberuf abgeleitetes Interesse?

Die zweite Frage ist eindeutig mit einem „Ja" zu beantworten. Auch Polizistinnen und Polizisten erleben in privaten Alltagssituationen die Konfrontation mit den Stammtischparolen. Und auch sie sind davon immer überrascht und oft überfordert. Die erste Frage ist eher berufsspezifischer Art. Polizistinnen und Polizisten sind meistens die ersten, die bei eskalierten und auch handgreiflich gewordenen Konflikten versuchen wollen bzw. müssen, die Parteien auseinander zu halten. Das wird ihnen ja nicht immer honoriert, sie werden beschimpft und mitunter auch traktiert. Der Polizist wird zum „Bullen" und ist damit selbst Ausdruck einer dieser diskriminierenden Parolen. Polizeibeamtinnen und –beamten müssen oft in soziale, für den Zustand unseres gesellschaftlichen Klimas typische Streitsituationen einsteigen. Dann fliegen ihnen die Pauschalierungen der Konfliktparteien regelrecht um die Ohren. An den Seminaren nahmen Polizistinnen und Polizisten einmal im Rahmen ihrer dienstlichen Tätigkeit teil, es gab aber auch einige, die in ihrer Freizeit dabei waren. Sie wollten lernen, was und wie sie z.B. im Freundeskreis, im Gespräch mit dem Nachbarn oder beim Warten an der Ladentheke verbalen Attacken entgegen setzen können.

Teilnehmer eines Ihrer Trainings haben als ein Arbeitsergebnis die „Kennzeichen von Stammtischparolen" zu erfassen versucht und unter anderem als wichtige Aspekte „ein pessimistisches Bild von der Natur des Menschen" und „starres Denken in Wir-Gefühlen" hervorgehoben (2001, S. 85f.). Nicht erst der jüngeren sozialwissenschaftlichen Forschung über die Polizei ist die Erkenntnis zu verdanken, dass enge Bezogenheit auf die eigene „Dienstgruppe", selektive Wahrnehmung und eine unbalancierte Einschätzung der Kriminalitätsraten in verschiedenen Bevölkerungsgruppen gleichsam zur beruflichen Deformation der Polizeiangehörigen gehören. Kommen Polizeiangehörige nach Ihren Erfahrungen zu den Trainings, um sich gegen „Stammtischparolen" im Kollegenkreis zu wappnen, oder nehmen sie teil, um auf die „Stammtischparolen" aus der übrigen Bevölkerung flexibler reagieren zu können?

Die erste Vermutung kann ich auf Grund meiner Erfahrungen mit den Workshops nicht in differenzierter Weise bestätigen, aber ich weiß, dass es in einigen Polizeikollegien nicht immer nur freundschaftlich und humanitär-aufgeklärt zugeht. Das scheint mir nahe liegend zu sein, denn immer noch assoziiert der Polizeiberuf auch die Möglichkeit, innerpsychisches Konfliktpotenzial in legitimiert erscheinender Weise nach außen zu tragen. Mancher Mensch kann so sein autoritäres Einstellungsmuster in seiner Funktion als „Polizist" kompensieren. Kolleginnen und Kollegen aus dem Osten berichteten mir davon, dass die Polizei – vorsichtig formuliert – mitunter recht zurückhaltend auf rechtsextreme Gewalt reagiert hätte. Manches was nach plausiblen Definitionskriterien „rechtsextrem" ist, wird in Polizeiberichten beispielsweise als „Aggression aus Alkoholismus oder Langeweile" heraus beschrieben. Da ich selbst schon Veranstaltungen unter Polizeischutz durchführen musste, will ich aber auch dies Bild relativieren. Ich habe da sehr aufgeklärte und kooperative Polizistinnen und Polizisten kennen gelernt.

Jedoch gab es schon das eine oder andere Mal die Mitteilung eines am „Argumentationstraining gegen Stammtischparolen" teilnehmenden Polizisten, dass sie als „Ausländerversteher" nicht gerade Sympathien bei ihren Kolleginnen und Kollegen erworben hätten bei ihrem Versuch, Hintergründe über aggressiven Umgang und diskriminierende Verallgemeinerungen in unserer Gesellschaft zu erfahren. Es kann dem Klima und auch der Effizienz der Polizeiarbeit nur gut tun, wenn noch mehr Polizistinnen und Polizisten mit einer anderen als deutschen Abstammung hinzu kommen.

Bei meinen Seminaren habe ich festgestellt, dass das Thema „Ausländer" das derzeit wohl brisanteste ist. Das deckt sich durchaus mit empirischen Untersuchungen zur Verbreitung der Fremdenfeindlichkeit in Deutschland. Für Polizistinnen und Polizisten spielt einmal die gängige Parole „Ausländer sind kriminell" in ihrem beruflichen Alltag eine entscheidende Rolle. Dieser Spruch ist in seiner dumpfen Verallgemeinerung längst widerlegt, er wird aber immer wieder in Umlauf gebracht, beispielsweise wenn in Presseberichten – die sich ja auf Polizeiberichte stützen – ausdrücklich auf die Herkunft oder Hautfarbe eines Täters hingewiesen wird. Das forciert ein selektives Wahrnehmen und festigt das Klischee vom „kriminellen Ausländer".

Sozialwissenschaften und Politische Bildung gehören seit einigen Jahrzehnten zu den festen Bestandteilen der Ausbildung des gehobenen und des höheren Dienstes in der Polizei. Wie ist ihr Eindruck von den Effekten dieser Anteile der polizeilichen Aus- und Fortbildung bei den Polizistinnen und Polizisten, die an Ihren Veranstaltungen teilgenommen haben?

Da sind meine Einschätzungen eher subjektiver Art. Ich weiß, dass auch das „Argumentationstraining gegen Stammtischparolen" in einigen Polizeischulen – und akademien geübt wird. Unabhängig davon habe ich sowohl in meinen Seminaren als auch privat sehr kluge und politisch gebildete Polizistinnen und Polizisten kennen gelernt.

*Unter Ihren Verhaltensempfehlungen für den Umgang mit „Stammtischparolen"
und denjenigen, die sie vertreten (2001, S. 90f.), finden sich die Hinweise, dass
„pathetisch oder moralisierend vorgetragene Gegenpositionen" Widerstand
provozieren, „jede Form von Überheblichkeit" vermieden werden sollte und
„leise reden" oft wirkungsvoller ist, „als der Versuch, andere mit Lautstärke zu
übertönen". Polizeibeamte befinden sich häufiger als andere Bürger in einer
Lage, in denen es ihr Beruf und ihre Aufgabe zur Bewältigung einer zugespitz-
ten, gefährlichen Situation mit sich bringt, dass sie – auch sprachlich – Dominanz erlangen müssen. Ist dieser Konflikt in den Verhaltenstrainings einmal von
den Polizeibeamten unter den Teilnehmern thematisiert worden?*

Ja, das ist der Fall. Aber meine Empfehlungen dürfen nicht verallgemeinert werden. Es kommt mir vielmehr darauf an, ein der Situation angemessenes und au-
thentisches Verhalten an den Tag zu legen. Gerade Authentizität – also Echtheit
und Glaubwürdigkeit – ist sehr wichtig, gerade im Umgang mit Menschen, die
anfällig sind für autoritäre Denkmuster (das sind die Parolenverkünderinnen und
-verkünder immer). Problematisch ist ein zusätzliches Konfliktfeld, nämlich
wenn Polizistinnen Vertreter eine Machokultur gegenübertreten müssen. Da hilft
leises Auftreten wenig, dann muss leider gezeigt werden, wer die „Herrin im
Haus" ist. Aber auch das geht in zivilisierter und demokratisch einwandfreier
Form.

Polizei und staatliches Gewaltmonopol in der Internationalisierung

Peter Nitschke

Polizei kann ohne ein staatliches Gewaltmonopol nicht existieren. Das ist zweifellos ein Gemeinplatz, aber dennoch ein nur wenig verstandener Gemeinplatz. Sinn und Zweck von Polizei liegen auf der Hand: Die Gewalt, die von der Polizei als Ordnungsmacht des Staates nach innen hin ausgeht, dient der Sicherheit der Bürger und Bürgerinnen. Diese Gewalt ist legitimiert durch die Funktionen des Staates und diese wiederum bedürfen der Legitimierung durch das Votum der Bürger. Ein scheinbar einfacher Kreislauf in der Begründung, der das Gewaltmonopol zum Mittel wie Ziel des Staates selbst macht. Mag dieser Sinnzusammenhang in der klassischen Selbstbegründung von moderner Staatlichkeit tatsächlich deutlich gewesen sein, so schwindet dieser Befund in dem Maße, wie sich die staatlichen Polizeiformen nicht nur in einem typischen Wandel von Funktionslogiken nach innen hin befinden, sondern aufgrund eines strukturellen Internationalisierungsprozesses auch nach außen eine andere integrale Kompetenz und damit faktisch auch Legitimation bekommen.

1   Die Polizei und „ihr" Monopol

Die Selbstverständlichkeit, derzufolge die Polizei aufgrund des Gewaltmonopols des Staates, apparativer Garant für Innere Sicherheit ist, mag in Europa im vergangenen Jahrhundert überaus deutlich einstudiert worden sein, ist aber keineswegs so selbstverständlich, wie die Formel vom Gewaltmonopol meint. Als Max Weber seine berühmte Definition des modernen Staates formuliert hat, war in der historischen Realität des beginnenden 20. Jahrhunderts nicht immer und überall ein Gewaltmonopol des Staates gegeben. Vor allem nicht im Hinblick auf die Legitimität der Handlungen, die der Staat mit seiner Exekutive betreibt. Eben deshalb hebt die Definition Webers besonders auf diesen Aspekt ab: „Staat soll ein politischer Anstaltsbetrieb heißen, wenn und insoweit sein Verwaltungsstab erfolgreich das Monopol legitimen physischen Zwanges für die Durchführung der Ordnungen in Anspruch nimmt."[1]

Gewalt ist immer die ultima ratio politischer Herrschaft, ganz gleich, um welches System es sich handelt. Im Unterschied aber zur Monarchie, Aristokratie oder der modernen Diktatur ist die Monopolisierung physischen Zwanges für Weber nur in einer bestimmten Regierungsform tatsächlich legitimer Weise gegeben – nämlich in der Demokratie. Machtdurchsetzung mittels Gewalt gibt es in jeder Herrschaftsform, allein in der demokratischen Ordnung erfolgt eine legitimatorische Rückkoppelung an (und durch) die Interessen der Bürger.[2] Diese Unterscheidung zugunsten der Demokratie ist ganz wichtig, da mitunter bei der Definition des staatlichen Gewaltmonopols der Eindruck entsteht, als sei jede Form der Machtakkumulation, also auch und gerade die in einer Diktatur, das Kennzeichen für das Monopol.[3] Missverständnisse dieser Art rühren daher, dass nur auf die technische Konzentration der Gewaltmittel geschaut wird, nicht aber auf deren normative Begründung und Legitimierung durch den Souverän. Denn einzig in einer demokratischen Ordnung besteht die Möglichkeit mittels Wahlen die Regierung zu legitimieren und damit auch die Formen der Exekutive mitzubestimmen.

Das setzt zugleich ein geregeltes Verfahren zur Legitimierung, aber auch eben zur Anwendung von Gewalt in der konkreten Alltagspraxis voraus. Notwendigerweise (und folgerichtig) ist daher das staatliche Gewaltmonopol, sofern es denn eine Akzeptanz bei den Bürgern in Form einer Legitimität der Handlungen haben soll, gebunden an das Regelwerk einer öffentlich-rechtlichen Kontrolle. Deshalb nennt Weber den modernen Staat mit seinem Gewaltmonopol auch eine Anstalt. In der *Anstalt* existieren Gesetze (sprich Regeln), die jederzeit von jedermann überprüft, verstanden und angewandt werden können. So zumindest im Idealfall. Daher kann Weber auch postulieren, dass der „Monopolcharakter der staatlichen Gewaltherrschaft […] ein ebenso wesentliches Merkmal ihrer Gegenwartslage wie ihr rationaler 'Anstalt'- und kontinuierlicher 'Betriebs'-Charakter" sei.[4] D.h., die Legitimität des staatlichen Gewaltmonopols ist selbst in einer Demokratie nicht einfach über den Wahlakt zu statuieren, sondern setzt voraus, damit sie nachhaltig wirkt, eine funktionsfähige öffentliche Verwaltung.

---

[1]   Max *Weber*, Wirtschaft und Gesellschaft. Grundriss der verstehenden Soziologie. 5. Aufl. Tübingen 1980, S. 29, § 17 (Hervorhebungen v. Weber).

[2]   Vgl. hier auch Peter *Nitschke*, Das Gewaltmonopol in der Defensive – Zur Veränderung von Staatlichkeit im Bereich der Inneren Sicherheit. In: Polizei & Wissenschaft (2004), Ausgabe 1, S. 47.

[3]   So z.B. Hans-Joachim *Heuer*, Gewaltmonopol. In: Wörterbuch zur Inneren Sicherheit. Hrsg. v. H.-J. Lange. Wiesbaden 2006, S. 110.

[4]   *Weber* (vgl. Anm. 1), S. 30.

Dies ist der Kern der Botschaft von der Legitimität des staatlichen Gewaltmonopols: eine *bureaukratische* Ordnung, die „spezifisch rational im Sinn der Bindung an diskursiv analysierbare Regeln" auftritt.[5] Es ist hier nicht der Ort, um auf die Verzerrungen dieses Idealbildes in der Weberschen Typologie durch modernes Verwaltungshandeln hinzuweisen, gleichwohl kann man konstatieren,[6] dass der diagnostische Ausgangspunkt seinen Sinn erfüllt, nämlich eine Kennzeichnung dessen, was ein staatliches Gewaltmonopol jenseits einer rein numerischen Konzentration der Verfügungs- und Machtmittel (eben auf Seiten der Polizei oder des Militärs) *inhaltlich* (und das heißt immer auch: normativ) bedeutet. Polizei ist ohne die Rückkoppelung zur Legitimation des staatlichen Gewaltmonopols nicht denkbar, jedenfalls so lange man von einem demokratischen Rechtsstaat ausgeht. Fehlen rechtsstaatliche Prinzipien oder mangelt es an ihrer faktischen Durchsetzung im Alltag, so kann man von Staatlichkeit (im modernen Sinne) auch nicht mehr ausgehen. Die ganze Problematik von *Failed-States* in der Dritten Welt (aber nicht nur dort), betrifft im Kern immer auch das Gewaltmonopol, welches massiv erschüttert wird durch Korruption im öffentlichen Bereich, die Vorrangstellung privater Interessen, die sich ausgeben zum allgemeinen Wohl des Volkes zu handeln etc.

So sehr die strukturelle Voraussetzung für ein geregeltes staatliches Gewaltmonopol also die Startbedingung für polizeiliches Handeln im Sinne einer öffentlichen Akzeptanz beim bürgerlichen Publikum ist, so auffällig ist zugleich das Fehlen jeglicher Verfassungsbestimmungen, in und mit denen sich das staatliche Gewaltmonopol definitorisch und vor allem legitimatorisch erschließen lässt. Die Nicht-Nennung des staatlichen Gewaltmonopols im *Grundgesetz* der Bundesrepublik Deutschland ist symptomatisch für alle westlichen Verfassungssysteme: sie schaffen mittels *Verfassung* Institutionen (wie die der Polizei), die in ihrem Anwendungsbereich das Gewaltmonopol immer schon voraus setzen.[7] Damit avanciert das staatliche Gewaltmonopol zum blinden Fleck der Demokratie – in der Diktatur ist es dies ohnehin. Physische Zwangsmittel und Gewaltstrukturen (bedingt durch die Existenz der Siegermächte in den westdeutschen Besatzungszonen) haben das verfassungskonstitutive Zustandekommen der Bun-

---

[5]   Ebd., S. 141.

[6]   Vgl. dazu Andrea *Maurer*, Herrschaft. Theoretische Perspektiven, Analysen und Forschungsfelder. In: Erwägen – Wissen – Ethik, Jg. 17 (2006) H. 1, S. 93-104 (sowie die daran anschließenden kritischen Beiträge). – Vgl. hier auch Peter *Nitschke*, Max Weber und die deutsche Verwaltungswissenschaft – eine gescheiterte Annäherung? In: Der neuzeitliche Staat und seine Verwaltung. Beiträge zur Entwicklungsgeschichte seit 1700. Hrsg. v. E. Laux u. K. Teppe. Stuttgart 1998, S. 163-175.

[7]   Vgl. auch Dieter *Grimm*, Das staatliche Gewaltmonopol. In: Herausforderungen des staatlichen Gewaltmonopols. Recht und politisch motivierte Gewalt am Ende des 20. Jahrhunderts. Hrsg. v. F. Anders u. I. Gilcher-Holtey. Frankfurt/New York 2006, S. 26.

desrepublik ermöglicht – ohne das ein Wort zu diesen Gewaltmitteln in der Verfassung selbst auftaucht. Dieses gilt ebenso für die Französische Revolution wie für alle nachfolgenden Revolutionen der Moderne: gewaltsame Vorgänge konstituieren eine *Konstitution*, in denen das, was etabliert werden soll, bereits etabliert ist!

2 Metamorphosen des Gewaltmonopols

Das Gewaltmonopol des Staates ist zu keinem Zeitpunkt das, was es der Ideallinie nach sein soll. Ständig wird der Idealtypus von der Realität durchbrochen oder sogar überholt. Bereits zum Zeitpunkt der Diagnose Webers ist die historische Situation in vielen Bereichen der europäischen Staaten oder gar Amerikas eine andere, als es das Leitbild verspricht. Weder sind die Mischformen von Gewaltformationen des Ancien Régime, man denke nur an das Züchtigungsrecht des ostelbischen Adels, zu Beginn des 20. Jahrhunderts ausgeräumt gewesen, noch sind die Mechanismen einer Privatisierung des öffentlichen Raumes unterbunden. Gerade die Privatisierung Innerer Sicherheit ist kein neues, sondern ein altbekanntes Phänomen.[8] Historisch neu ist eher das, was Max Weber mit seinem Idealtyp vom staatlichen Gewaltmonopol, das auch legitim sein soll, beschreibt. Entscheidend ist hierbei die Akzeptanzfrage: gelingt es dem Staat mittels seiner Polizei, die Bürger zur öffentlichen „Sicherheit, Gemächlichkeit und Anständigkeit" hin anzuhalten, wie Kant dies formuliert hat,[9] und schafft der Staat dies nur mittels Gewalt – oder vielmehr besser durch die Akzeptanz, dass er und nur er, der Staat, eine solche Gewalt für alle gegen jedermann anwenden darf?

Die Polizei sorgt dafür, dass „die bürgerliche Eintracht nicht in Gefahr" kommt.[10] Sofern dies von den Bürgern normativ eingesehen wird, entlastet diese Akzeptanz auch von der Permanenz einer Gewaltandrohung.[11] Ist diese Akzeptanz aber nicht (mehr oder noch nicht) gegeben, dann etablieren sich anomische Ordnungsstrukturen, Parallelentwürfe von Sicherheit, die mit konkurrierenden Sicherheitsanbietern marktwirtschaftlich oder aber paramilitärisch und oft beides

---

[8] Vgl. hier grundlegend Thomas *Ellwein*, Der Staat als Zufall und als Notwendigkeit. Die jüngere Verwaltungsentwicklung in Deutschland am Beispiel Ostwestfalen-Lippe. Bd.2 – Die öffentliche Verwaltung im gesellschaftlichen und politischen Wandel 1919-1990. Opladen. – Peter *Nitschke*, Kommunalisierung und Privatisierung der Inneren Sicherheit. In: Eingriffsstaat und öffentliche Sicherheit. Beiträge zur Rückbesinnung auf die hoheitliche Verwaltung. Hrsg. v. K. Lenk u. R. Prätorius, Baden-Baden 1998, S. 42-52.

[9] Immanuel *Kant*, Die Metaphysik der Sitten. (Werkausgabe, Bd.VIII) 9. Aufl. Frankfurt a.M. 1991, S. 445.

[10] Ebd., S.448.

[11] Vgl. auch *Grimm* (Anm. 7), S. 28.

zugleich auftreten können. Fragile Staaten dieser Welt zeigen das ganze Ausmaß mangelnder oder gescheiterter Staatlichkeit:[12] Stammes- und Clankriege werden geführt (etwa in Somalia), Guerillabewegungen machen dem Staat das Exklusivrecht in der Sicherheitsverfügung von Territorien streitig (z.B. in Kolumbien), Terrororganisationen agieren zugunsten einer Zerstörung des nationalen Raumes: von Tschetschenien bis hin zum Baskenland kann dies territorial beschränkt sein oder aber auch als durchaus globale Formation wie im Falle Al Qaidas motiviert werden. Innere Sicherheit ist unter diesen Bedingungen per definitionem nicht mehr einzuhalten. Äußere und innere Sicherheitsaspekte verschieben und überlappen sich ineinander: was in Afghanistan passiert, ist polizeilich wie militärisch auch für die innere Sicherheit Deutschland relevant. Insofern ist es konsequent, dass der Bundesinnenminister im Rahmen der deutschen Ratspräsidentschaft der EU im Mai 2007 eine Zukunftsgruppe für die Beratung der Europäischen Institutionen installiert hat, deren Hauptaufgabe u.a. darin bestehen wird, eine Synthese von innerer und äußerer Sicherheit programmatisch für die EU und ihre Mitgliedsstaaten zu perspektivieren.[13]

3 Europäisierung von Innerer Sicherheit

Gerade durch den Prozess der Europäischen Integration ist das staatliche Gewaltmonopol in Erosion begriffen. Zwar verhandeln sämtliche Mitgliedsstaaten der EU ihr Gewaltmonopol so, als wäre es unantastbar, doch ist besonders durch die neuere Entwicklung im Gefolge der institutionellen Verdichtung seit dem Maastrichter Vertrag ein Prozess eingeleitet worden, der unwiderruflich zu einer Form der Supranationalisierung von Innerer Sicherheit führen wird. Die Anforderungsprofile sind vor dem Hintergrund von Schengen I und II systematisch auf die Vernetzung von Informationsstrukturen (und letztlich auch von Entscheidungswegen) angelegt, so dass man die Einrichtung spezifischer Institutionen der supranationalen Sicherheitsperspektive wie etwa Europol (1999), Eurojust (2003) und unlängst Frontex (2005) als Schritte hin zu einem europäischen Polizeiregime bezeichnen kann.[14] Der 2007 beschlossene Datenaustausch zwischen

---

[12] Vgl. hier u.a. Ulrich *Schneckener*, Fragile Staatlichkeit als globales Sicherheitsrisiko. In: Aus Politik und Zeitgeschichte (11. Juli 2005) S. 26-31. – Herfried *Münkler*, Ältere und jüngere Formen des Terrorismus. Strategie und Organisationsstruktur. In: Herausforderung Terrorismus. Die Zukunft der Sicherheit. Hrsg. v. W. Weidenfeld. Wiesbaden, S. 29-43. – Peter *Bergen*, Heiliger Krieg Inc. Osama bin Ladens Terrornetz. Berlin 2001.

[13] Vgl. Christoph *Marischka*, Frontex als Schrittmacher der EU-Innenpolitik. Unter: www.heise. de/bin/tp/issue/r4/dl-artikel2.cgi?artikelnr.=253... (aufgerufen am 3. Juli 2007).

[14] Vgl. hier Peter *Nitschke*, Die EU als kontinentales Polizeiregime in der Globalisierung. In: Einflüsse von Globalisierung und Europäisierung auf die Polizei. Hrsg. v. B. Frevel u. H.-J. As-

der EU und den USA bezüglich der Flugpassagiere unterstreicht dies ebenso wie der zunehmende Einsatz von Polizeiverbänden, die nicht im Auftrag der UN, sondern der EU nunmehr Standards einer demokratischen Polizei an Brennschauplätzen dieser Welt vermitteln sollen. Ob bei der WEU-Administration in Mostar (1994-97), der WEU MAPE in Albanien (1997-2001), der EUPM in Bosnien-Herzegowina (seit (2003), im Rahmen von EUPOL PROXIMA in Mazedonien (seit 2003), der Agenda für EU COPPS im Gazastreifen (seit 2005) oder der jüngsten Demission von nationalen Polizeieinheiten aus der EU nach Afghanistan (seit 2007), stets agiert hier die EU als politisch-administrative Gesamtkörperschaft für polizeiliches Handeln.[15] Ziviles Krisenmanagement ist hierbei das Ziel dieser Missionen. Ganz im Sinne der Kopenhagener Kriterien versteht sich die EU als demokratisches, supranationales Projekt, das seine integrative Wirkung als durchaus globale politische Verantwortung begreift.

Die Souveränitätsvorbehalte durch die einzelnen Mitgliedsstaaten bleiben natürlich bestehen. Dennoch ist offenkundig, wie dynamisch mittlerweile die Vernetzung der Sicherheitsstrukturen in einer die EU-Mitgliedsstaaten überziehenden Sicherheitsarchitektur voranschreitet. „Für die Bekämpfung der grenzüberschreitenden Kriminalität ist in den vergangenen Jahren ein bemerkenswerter Bestand an europäischen Regeln und Normen entstanden, die die Arbeit von Polizei und Justiz auf nationaler Ebene zunehmend prägen".[16] Am Signifikantesten ist dies bei der Terrorbekämpfung: hier ist seit den Tagen der Inauguration der TREVI-Arbeitsgruppen seit Mitte der 1970er Jahre eine steigende Vernetzung sämtlicher Kriminalitätsdelikte zu beobachten,[17] die als strukturelle Gewaltformationen das an sich recht labile Gleichgewicht demokratischer Gesellschaften bedrohen. Dazu gehört neben dem internationalen Terrorismus der ganze Bereich der Organisierten Kriminalität, spezifisch hier vor allem die Schleuserkriminalität. Internationaler Waffen-, Drogen- und Frauenhandel sind des Weiteren die Eckpunkte, die ein konkretes, d.h. systembezogenes Abgleichen von Fahndungsmitteln und -verfahren verlangen. Bei all diesen Erscheinungsformen mit z.T. enormen Gewaltpotenzial struktureller Art ist das staatliche Gewaltmonopol (und mit ihre die nationale Polizei) zu klein geworden, um erfolgreich dagegen angehen zu können. Die Europäische Integration formuliert in dieser Hinsicht so etwas wie ein Sicherheitsszenario, bei dem eine Dekonstrukti-

---

mus. Frankfurt a.M. 2008. – Etwas zurückhaltender in der Einschätzung, jedoch den Trend ebenfalls bestätigend, Wilhelm *Knelangen, Das Politikfeld innere Sicherheit im Integrationsprozess. Die Entstehung einer europäischen Politik der inneren Sicherheit.* Opladen 2001.

[15] Vgl. hier in der Übersicht *Gewerkschaft der Polizei* (Hrsg.), Auslandseinsätze. Berlin (November) 2005; dort auch zu den Abkürzungen im Einzelnen.

[16] Wilhelm *Knelangen,* EU-System der Inneren Sicherheit. In: Wörterbuch zur Inneren Sicherheit. Hrsg. v. H.-J. Lange. Wiesbaden 2006, S. 77.

[17] Vgl. dazu im Einzelnen *Knelangen* (Anm. 14), S. 85 ff.

on der nationalen Gewaltmonopolisten stattfindet durch sukzessive Supernationalisierung von ursprünglich national eingehegten Gewaltkompetenzen.[18] Mit dieser Dekonstruktion durch Supranationalisierung wird auch der Alltag der Polizeibeamten spezifisch verändert. Es mag noch Zukunftsmusik sein, was ein Sicherheitsexperte im Kampf gegen den internationalen Terrorismus einfordert, doch im Prinzip führt gerade auf dem technologischen Sektor die Entwicklung in rasanter Weise auf eine sich internationalisierende polizeiliche Kommunikationsstruktur hinaus:[19] „Wir brauchen die Fähigkeit zu vernetzter, multilateraler Bedrohungsanalyse – vergleichbar mit 'Echtzeit-Geheimdienstanalyse auf dem Schlachtfeld' – um Informationen zu generieren, die gebündelt und von einem Soldaten in Afghanistan, einem Amtmann in Frankreich, einem Polizisten in Singapur, einem Marinesoldaten in Haiti schnell benutzt werden können. Diese Fähigkeit haben wir bisher noch nicht."

4 Die Ausbildungsperspektive

Die gravierenden Veränderungen im Bereich der Inneren Sicherheit,[20] die nicht nur den Begriff obsolet werden lassen, sondern ganz massiv auch das bisherige Verständnis eines staatlichen Gewaltmonopols in Frage stellen, fordern notwendigerweise auch ein verändertes Bewußtsein in der Polizei ein. Partner in der nationalen Sicherheitsarchtiktektur sind dann nicht einfach mehr die nationalen Polizeidienststellen oder die bereits klassisch etablierten Anbieter der Privaten Sicherheitsindustrie,[21] sondern mehr und mehr auch die Polizeidienststellen der übrigen EU-Mitgliedsstaaten. Regionale Kooperationen und Partnerschaften existieren hier bereits allenthalben. Ob es das Land Rheinland-Pfalz ist, das eine Kooperation mit einer polnischen Woiwodschaft auf dem Gebiet der polizeilichen Zusammenarbeit unterhält oder Brandenburg im Rahmen der Euregioschiene entlang der deutsch-polnischen Grenze, Nordrhein-Westfalen mit den Niederlanden, das Saarland mit Lothringen, Baden-Württemberg mit der Schweiz etc., stets sind bereits Strukturen für kommunikative Informationsaustausche und Entscheidungskompetenzen gegeben, die das Rollenverständnis des nationalen

---

[18] Vgl. hier auch *Nitschke* (Anm. 2), S. 49.

[19] Hier zitiert nach Jodi M. *Vittori*, Geschäftszweck – Terror. Al Qaida als multinationales Unternehmen. In: Internationale Politik 60 (2005), Nr.3, S. 55.

[20] Vgl. auch grundsätzlich hierzu Hans-Jürgen *Lange*, Innere Sicherheit im Politischen System der Bundesrepublik Deutschland. Opladen 1999.

[21] Vgl. z.B. Fritz *Sack u.a.* (Hrsg.), Privatisierung staatlicher Kontrolle – Befunde, Konzepte, Tendenzen. Baden-Baden 1995. – Hubert *Beste*, Kommodifizierte Sicherheit. Profitorientierte Sicherheitsunternehmen als Raumpolizei. In: Staat, Demokratie und Innere Sicherheit in Deutschland. Hrsg. v. H.J. Lange. Opladen 2000, S. 385-400.

Polizeibeamten deutlich erweitern. Europe is inside, so kann man als Devise formulieren. Damit verändert sich auch das Anforderungsprofil für die Ausbildung der Polizeibeamten ganz erheblich. Die Beherrschung von Sprachen wird immer wichtiger, nicht nur wegen der Fahndung im Bereich der Organisierten Kriminalität oder der Bewältigung von Delikten, die von Tätern hervorgerufen werden, die einen Migrationshintergrund haben. Systemimmanent, im Hinblick auf die Formierung eines Europäischen Polizeiregimes, ist das Erlernen von Nationalsprachen der EU-Nachbarstaaten. Dies gilt vor allem für die jeweiligen regionalen Anrainer der einzelnen Länderpolizeien. Also französisch für Polizeibeamte im Saarland und in der Westpfalz als Pflicht, gleiches sollte gelten für den Aachener Raum. Dagegen niederländisch für Polizeibeamte entlang der Euregiolinie von Niedersachsen bis Nordrhein-Westfalen, dänisch für die Polizeidienststellen in der Region Schleswig, polnisch verbindlich für die Beamten entlang der Euregios von Mecklenburg-Vorpommern bis zum Länderdreieck mit Tschechien, alsdann tschechisch als notwendige Kommunikationssprache für sächsische, thüringische und bayerische Dienststellen der Polizei. Erst recht müsste dies verbindlich sein für die Ausbildung der Bundespolizei. Englisch allein wäre hier zu wenig. Man sieht an dieser regionalen Katalogisierung, wie sehr dies noch Zukunftsmusik ist.[22] Eine verstärkte Förderung der Sprachkompetenzen würde das Eingangsprofil für Polizeidienstanwärter nochmals professionalisieren. Die Notwendigkeit dazu ergibt sich aber nicht nur aus der Perspektive grenznaher Räume und deren interregionalen Verflechtungsmechanismus,[23] sondern ebenso aus den Strukturerfordernissen eines Einwanderungslandes, das Deutschland zweifellos geworden ist.

Gerade vor dem Hintergrund der zunehmenden Bewerberzahl für den Polizeidienst, in dem ein Migrationshintergrund vorliegt, avanciert die Vermittlung von staatsrechtlichen Standards zum zentralen Ausbildungsbild für die Polizei, um die Mitglieder ihrer eigenen Institution auf den gleichen nationalen Level zu bringen. Dieser Standard bedarf aber nunmehr einer Ausweitung in der Vermitt-

---

[22] Es wäre in der Tat einmal interessant in einer empirischen Vergleichsstudie zu erheben, wie viele der Polizeibeamten von Bund und Ländern überhaupt jenseits des Englischen eine zweite europäische Fremdsprache so beherrschen, dass sie in Wort und Schrift für den Alltagsgebrauch damit umgehen können.

[23] Vgl. hierzu Dieter *Eißel u.a.*, Interregionale Zusammenarbeit in der EU. Analysen zur Partnerschaft zwischen Hessen, der Emilia-Romagna und der Aquitaine. Opladen 1999. – Marie-Thérèse *Bitsch* (Hrsg.), Le fait régional et la construction européenne. Brüssel 2003. – Peter *Schmitt-Egner*, Handbuch zur Europäischen Regionalismusforschung. Theoretisch-methodologische Grundlagen, empirische Erscheinungsformen und strategische Optionen des transnationalen Regionalismus im 21. Jahrhundert. Wiesbaden 2005. – Ralf *Kleinfeld u.a.* (Hrsg.), Regional Governance. Steuerung, Koordination und Kommunikation in regionalen Netzwerken als neue Formen des Regierens. Göttingen 2006.

lung von Rechtspositionen, die aus den nationalen Rechtssystemen der übrigen EU-Mitgliedsstaaten herrühren. Europol, Frontex und Eurojust konditionieren auch das Profil des nationalen Polizeibeamten bzw. sollten zukünftig in der Ausbildung auf der Agenda stehen. Sprachen und Rechtssysteme sind aber nur die eine Seite der Internationalisierung der Sicherheitsarchitektur: ein spezifisches Verständnis für polizeiliches Handeln im Mehrebenensystem der EU kann sich allerdings nur dann und dort einstellen, wenn das institutionelle Gefüge der EU als Ganzes begriffen und in seinen Einzelgliedern tatsächlich auch funktional eingeordnet werden kann. Die Europäische Integration sollte daher nicht nur von ihrer juristisch-verwaltungstechnischen Seite, sondern auch und vor allem hinsichtlich der politischen Entscheidungsprozesse im Mehrebenensystem in der Polizeiausbildung in den Vordergrund gerückt werden. Das ist zweifellos kein einfaches Unterfangen, da es hier um eine historische Tiefenstruktur geht,[24] die weitaus komplexer ist als das Erlernen von Staatsbürgerkunde im nationalen System. Gleichwohl ist dies der Schritt in die Zukunft, wie er auch mit der Einrichtung eines European Police College (CEPOL) 2005 bereits paradigmatisch angezeigt ist.[25]

Neben der Internationalisierung der Polizeiausbildung im Hinblick auf das supranationale Polizeiregime der EU wird die Ausbildung bei der Polizei zugleich eine verstärkte Lokalisierung zugunsten kleinerer Räume organisieren müssen. Das mag auf den ersten Blick überraschen, weil es sich doch mit den oben beschriebenen Phänomenen scheinbar nicht korrelieren lässt. Doch ist in der Internationalisierung auch der Präventionsgedanke zu verorten – und dieser beginnt zunächst einmal immer in der jeweiligen Kommune bzw. in einem spezifischen Stadtteil selbst. Insofern besteht bei der Internationalisierung auch ein Bedarf an organisationeller Rückkoppelung auf kommunale Belange der Polizei. Stadtteilprävention bei Jugendlichen mit Migrationshintergrund bringt Formen der Akulturation mit sich, bei denen der Polizeibeamte vor Ort in gleicher Weise kognitiv, sprachlich und emotional herausgefordert ist, weil man sich auf Handlungen einlassen muss, die jenseits der einstudierten nationalen Verhaltensmuster liegen. Insofern greift auch hier der Bedarf für eine Polizeiausbildung, in der Werte und Weltanschauungen vermittelt werden, die gar nicht einmal spezifisch europäisch sein müssen.

---

[24] Vgl. in der Übersicht, was an Datensätzen und methodologischen Bewußtsein hier zu vermitteln wäre, u.a. Wolfgang *Wessels*, Verwaltung im EG-Mehrebenensystem – Auf dem Weg zur Megabürokratie? In: Europäische Integration. Hrsg. v. M. Jachtenfuchs u. B. Kohler-Koch. Opladen 1996, S. 165-192. – Gerhard *Brunn*, Die Europäische Einigung von 1945 bis heute. Stuttgart 2002. – Jürgen *Elvert*, Die europäische Integration. Darmstadt 2006. – Knud Erik *Jørgensen u.a.* (Hrsg.), Handbook of European Union Politics. London u.a. 2006.

[25] Vgl. www.cepol.net/KIM/

5 Ein präventives Gewaltmonopol?

Betrachtet man die hier skizzierten Phänomene und Überlegungen in der Summe, so fällt auf, dass sich das Gewaltmonopol des Staates nicht nur in einem Prozess massiver Dekonstruktion befindet, bei dem mehrheitlich nach außen oder oben auf eine supranationale oder internationale Ebene Handlungskompetenzen sukzessive abgegeben bzw. vernetzt werden. Inhaltlich verschieben sich damit zweifellos auch die Organisationsmuster der nationalen Polizeisysteme.[26] Aber mehr noch als diese institutionellen Veränderungen tritt etwas in den Vordergrund, was quasi als politische Leitlinie das Grundkonzept polizeilichen Handelns bereits seit Jahren auf einen neuen Focus hin ausrichtet. Wie so vieles im Bereich der Politik westlicher Verfassungssysteme kommt auch diese neue Sicherheitsphilosophie aus den USA. Die in den 1990er Jahren heftig diskutierte Zero-Tolerance-Politik in den Straßen von New York hat in ihrem Kern mit dem Präventionsgedanken eine Strategie,[27] die (wieder) mehr in die Entstehungsphase moderner Polizeien fällt – nämlich einer rundum versorgenden bzw. obachtgebenden Polizei, die auf den älteren, d.h. weiteren Polizei-Begriff beruht.[28]

Policing,[29] die *Polizierung* (eventuell) aller Lebensbereiche, die kriminalitätsrelevant werden könnten,[30] steht hier im Mittelpunkt der Strategie. Zweifellos ändert sich mit einer solchen Strategie auch das Rollenverständnis der Polizei. Die Debatten um die Sicherung, Bedeutung und den Ausbau von Präventionsformen in den pluralen Gesellschaften westlicher Provenienz dokumentieren dies anschaulich.[31] Zunächst geschieht dies noch mehr auf kommunaler Ebene, doch

---

[26] Vgl. auch Wilhelm *Knelangen*, Die Europäische Union – eine „starke Macht" im Kampf gegen den Terrorismus? In: Globaler Terrorismus und Europa. Stellungnahmen zur Internationalisierung des Terrors. Hrsg. v. P. Nitschke. Wiesbaden 2007.

[27] Vgl. dazu Helmut *Ortner u.a.* (Hrsg.), Die Null-Lösung. New Yorker »Zero-Tolerance«-Politik – das Ende der urbanen Toleranz? Baden-Baden 1998.

[28] Vgl. hier grundlegend Hans *Maier*, Die ältere deutsche Staats- und Verwaltungslehre. 2., neubearb. u. ergänzte Aufl. München 1980. – Peter *Nitschke*, Von der Politeia zur Polizei. Ein Beitrag zur Entwicklungsgeschichte des Polizei-Begriffs und seiner herrschaftspolitischen Dimensionen von der Antike bis ins 19. Jahrhundert. In: Zeitschrift für Historische Forschung 19 (1992) H. 1, S. 1-27.

[29] Vgl. u.a. Eugene *McLaughlin*, Police, Policing and Policework. In: Controlling Crime. Hrsg. v. dems. u. J. Muncie. London u.a. 1996, S. 51-106. – Martin *Winter*, Politikum Polizei. Macht und Funktion der Polizei in der Bundesrepublik Deutschland. Münster 1998.

[30] Vgl. hier Peter *Nitschke*, Die Polizierung aller Lebensbereiche – Sozialdisziplinierung und ihre polizeilichen Implikationen in der Prämoderne. In: Die Deutsche Polizei und ihre Geschichte. Beiträge zu einem distanzierten Verhältnis. Hrsg. v. dems. Hilden 1996, S. 27-45.

[31] Vgl. hier u.a. Sylke *Nissen* (Hrsg.), Kriminalität und Sicherheitspolitik. Analysen aus London, Paris, Berlin und New York. Opladen 2003. – Hermann *Strasser*/Henning *van den Brink*, Auf dem Weg in die Präventionsgesellschaft? In: Aus Politik und Zeitgeschichte (14. November

demonstriert die EU mit Europol und Frontex, wie sehr die Präventionsstrategie auch und gerade im supranationalen Bereich angekommen ist.[32] Letztlich ist damit die generelle Haltung der Exekutive im Rechtsstaat angesprochen: nicht nur bei der Terrorismus-Bekämpfung, sondern auch bei Fragen zur Legitimation von Zwangsmaßnahmen in extremen Verhörsituationen zeigt sich,[33] dass das Gewaltmonopol des Staates gerade im demokratischen System einer enormen Umdeutung in mehr als nur einer Hinsicht ausgesetzt ist. Vermutlich wird man zukünftig den Begriff der Legitimität für das Monopol physischen Zwanges, auf das Weber so explizit abgehoben hatte, nicht mehr ohne weiteres ansetzen können. Auch nicht im demokratischen Rechtsstaat, weil die Konstellation hinsichtlich der handelnden (*polizeilichen*) Akteure alles andere als übersichtlich(er) geworden ist.

2005) H. 46, S. 3-7. – Gisbert *van Elsbergen*, Chance und Risiken kommunaler Kriminalprävention. Eine qualitativ-empirische Analyse. Wiesbaden 2005.

[32] Vgl. hier auch Valsamis *Mitsilegas u.a.* (Hrsg.), The European Union and International Security – Guardian of the People? Basingstoke u.a. 2003. – Uwe *Schmalz*, Europäische Union als internationaler Akteur. In: Handwörterbuch Internationale Politik. Hrsg. v. W. Woyke. 10., durchgeseh. Aufl. Opladen/Farmington Hills 2006, S. 141 ff. – Speziell zu Europol Peter *Nitschke*, Europol. In: Wörterbuch zur Inneren Sicherheit. Hrsg. v. H.-J. Lange. Wiesbaden 2006, S. 70-74. – Zu Frontex vgl. *Marischka* (Anm. 13) sowie *Frontex* (Hrsg.), Annual Accounts for 2006. Warschau (Mai) 2007.

[33] Vgl. hierzu u.a. Jan Philipp *Reemtsma*, Folter im Rechtsstaat? Hamburg 2005. – Peter *Nitschke* (Hrsg.), Rettungsfolter im modernen Rechtsstaat? Eine Verortung. Bochum 2005. – Rainer *Trapp*, Folter oder selbstverschuldete Rettungsbefragung? Paderborn 2006.

Autorenverzeichnis

Rafael Behr, Dr., geb. 1958, arbeitet an der Polizeiakademie Niedersachsen in Nienburg (Weser). Schwerpunkte seiner Arbeit: Organisationskulturtheorie, Methoden der qualitativen Sozialforschung, empirische Polizeiforschung, zuletzt befasst mit dem Projekt „Migranten in Organisationen von Recht und Sicherheit" (MORS). Letzte Veröffentlichung: Polizeikultur. Routinen, Rituale, Reflexionen, Wiesbaden 2006

Udo Behrendes, geb. 1955, Polizeidirektor, Leiter der Polizeiinspektion Mitte des Polizeipräsidiums Köln; seit 1972 Polizeibeamter des Landes Nordrhein-Westfalen, seit Ende der achtziger Jahre Leiter von größeren Polizeiinspektionen in Bonn und Köln, Einsatzleiter bei vielen Demonstrationseinsätzen und Dozent in der polizeilichen Aus- und Fortbildung; Sprecher der „Polizeiseite" des Bonner Forums BürgerInnen und Polizei e.V.

Stefan Goch, Politikwissenschaftler, Dr. soc., wissenschaftlicher Mitarbeiter des Instituts für Stadtgeschichte in Gelsenkirchen, apl. Professor an der Fakultät für Sozialwissenschaft der Ruhr-Universität Bochum; Publikationen zu Arbeiterbewegung und Arbeiterkultur, zum Nationalsozialismus, zur Entwicklung des Ruhrgebiets und Nordrhein-Westfalens, zu politischen Lagern und Milieus, zum Strukturwandel, u.a. Hrsg., Städtische Gesellschaft und Polizei – Beiträge zur Sozialgeschichte der Polizei in Gelsenkirchen, Essen 2005 (Schriftenreihe des Instituts für Stadtgeschichte, Beiträge, Bd. 12)

Klaus-Peter Hufer, geb. 1949 in Groß-Gerau/Hessen. Studium der Politikwissenschaft, Philosophie und Geographie an der Technischen Universität Darmstadt, Abschlüsse: M.A. (1974) und Erstes Staatsexamen für das Lehramt an Gymnasien, 1984 Promotion zum Dr.rer.pol. an der TU Darmstadt mit einer Arbeit zur politischen Erwachsenenbildung, Lehraufträge u.a. an den Universitäten Bochum und Essen, 2001 Habilitation an der Universität Essen, seitdem dort Privatdozent mit der Lehrbefähigung/-berechtigung „Erwachsenenbildung mit dem Schwerpunkt politische Erwachsenenbildung". Zahlreiche Veröffentlichungen zur politischen Bildung, ein Schwerpunkt ist die Bildungsarbeit gegen Rechtsextremismus, u.a. Argumentationstraining gegen Stammtischparolen (Schwalbach/Ts. 2001, 7. Aufl., 2005,), Argumente am Stammtisch – Erfolgreich gegen Parolen, Palaver und Populismus (Schwalbach/Ts. 2006 und Bonn 2006, 2.

Aufl., Bonn 2006). Hauptberuflich tätig als Fachbereichsleiter für Geistes- und Sozialwissenschaften an der Kreis-VHS Viersen/NRW.

Peter Leßmann-Faust, geb. 1955, Dr. phil., wissenschaftlicher Mitarbeiter an den Fakultäten für Geschichte der Universitäten Bielefeld und Bochum, hauptberuflicher pädagogischer Mitarbeiter am Informations- und Bildungszentrum Schloss Gimborn der International Police Association, Vorbereitung und Durchführung von Veranstaltungen der politischen Bildung vor allem für Polizeibedienstete, Veröffentlichungen: Die preußische Schutzpolizei in der Weimarer Republik. Streifendienst und Straßenkampf, Düsseldorf 1989; Gewalt und Gewaltmonopole. Zu Parametern der „Inneren Sicherheit" in der Weimarer Republik, in: Martin Dinges/Fritz Sack (Hg.), Unsichere Großstädte, Konstanz 2000, S. 241-263; „Blood May": The Case of Berlin 1929, in: Richard Bessel/Clive Emsley (Hg.), Patterns of Provocation: Police and Public Disorder, Oxford 2000, S. 11-27.

Gerda Maibach, Diplom-Psychologin, in den 1990er Jahren Lehrbeauftragte für Psychologie an der Abteilung Düsseldorf der Fachhochschule für Öffentliche Verwaltung Nordrhein-Westfalen, arbeitet heute als Leiterin einer Einrichtung zur beruflichen Rehabilitation in Düsseldorf.

Ulrike Neuhoff, geb. 1957, Diplom-Pädagogin, Supervisorin, therapeutische Ausbildung am Fritz-Perls-Institut, Düsseldorf; seit Ende der 80er Jahre umfangreiche Lehrtätigkeit an der Fachhochschule für öffentliche Verwaltung NRW, Projektleitung mit Schwerpunkt Migration, Leitung von Kommunikations- und Konfliktbewältigungstrainings

Peter Nitschke, geb. 1961, Universitätsprofessor für Wissenschaft von der Politik am Institut für Bildungs- u. Sozialwissenschaften (IBS) der Hochschule Vechta. Forschungsschwerpunkte: Politische Theorie und Ideengeschichte, Politikfeld Innere Sicherheit, Europäische Integration und Regionalismus. Dissertation über „Verbrechensbekämpfung und Verwaltung. Die Entstehung der Polizei in der Grafschaft Lippe, 1700-1814" (1990). Habilitation über „Staatsräson kontra Utopie? Von Thomas Müntzer bis zu Friedrich II. von Preußen" (1995). Weitere neuere Publikationen „Politische Philosophie" (2002), zus. mit N. Konegen (Hg.) „Staat bei Hugo Grotius" (2005), (Hg.) „Rettungsfolter im modernen Rechtsstaat? Eine Verortung" (2005). Weitere Informationen unter www.uni-vechta.de/cms/137,451.html

Daniel Schmidt, geb. 1977, Studium der Geschichte, Philosophie und Politikwissenschaft in Münster, 2007 Promotion mit einer Arbeit über die Schutzpolizei im Ruhrgebiet in der Zwischenkriegszeit; Mitarbeiter des Historischen Seminars der Universität Münster und freier Mitarbeiter des Geschichtsortes Villa ten Hompel; Veröffentlichungen zur Polizeigeschichte und zur Geschichte der politischen Gewalt in der Zwischenkriegszeit, zuletzt Die KPD und die Masse. Anspruch und Wirklichkeit der kommunistischen Protest- und Gewaltstrategie im Ruhrgebiet (1930-1932), in: Geschichte im Westen 22 (2007), S. 67-88.

Christoph Spieker, geb. 1956, Studium der Geschichte und Kunstgeschichte an der Westfälischen Wilhelms-Universität Münster; Erstes und Zweites Staatsexamen für die Lehrämter der Sek. I/II; Archivausbildung, seit 1979 regionalhistorische Forschungen zur Zeitgeschichte in Westfalen; 1986 bis 1999 Stadthistoriker und Archivpädagoge in der Kommune Greven/Westf.; seit 1999 wissenschaftlicher Mitarbeiter im Geschichtsort Villa ten Hompel, seit 2004 Leitung des Geschichtsortes. Forschungsschwerpunkte: Zeitgeschichte Westfalens, Polizeigeschichte, Erinnerungskultur

Manfred Stenner, geb. 1954, Geschäftsführer des „Netzwerk Friedenskooperative" in Bonn, eines Dachverbandes der deutschen Friedensbewegung, und Sprecher der „Bürgerseite" des Bonner Forums BürgerInnen und Polizei e.V., seit den achtziger Jahren Organisator von politischen Kampagnen und (Groß-)Demonstrationen., 2007 u. a. Mitglied der Demonstrationsleitung bei den Protesten gegen den G8-Gipfel in Heiligendamm

Michael Sturm, geb. 1972, Studium der Geschichte, Politikwissenschaft und Germanistik (M.A.) an der Universität Göttingen, wissenschaftlicher Mitarbeiter am Historischen Seminar der Universität Leipzig, freier Mitarbeiter am Geschichtsort Villa ten Hompel in Münster, Westfalen, verschiedene Veröffentlichungen zur Polizei- und Protestgeschichte der Bundesrepublik.

Klaus Weinhauer, Dr. phil. habil., Vertretungsprofessor an der Universität Lüneburg, zuvor wiss. Mitarbeiter an der Fakultät für Geschichtswissenschaft, Philosophie und Theologie der Universität Bielefeld. Arbeitsgebiete: Geschichte des 19. und 20. Jahrhunderts (Schwerpunkte: Polizei, Politische Gewalt/Terrorismus, Innere Sicherheit, sozialer Protest, Konsum, Industrielle Beziehungen); Neuere Publikationen: Schutzpolizei in der Bundesrepublik. Zwischen Bürgerkrieg und Innerer Sicherheit: die turbulenten sechziger Jahre, Paderborn etc. 2003; Mitherausgeber von: Terrorismus in der Bundesrepublik. Medien, Staat und Subkulturen in den 1970er Jahren, Frankfurt a.M. /New York 2006.

Erschienene Titel der Reihe „Elemente der Politik"

Petra Dobner

Neue Soziale Frage und Sozialpolitik
2007. 158 S. (Elemente der Politik)
Br. EUR 12,90
ISBN 978-3-531-15241-7

Christiane Frantz / Kerstin Martens

Nichtregierungsorganisationen (NGOs)
2006. 159 S. (Elemente der Politik)
Br. EUR 13,90
ISBN 978-3-531-15191-5

Bernhard Frevel

Demokratie
Entwicklung – Gestaltung –
Problematisierung
2004. 157 S. (Elemente der Politik)
Br. EUR 12,90
ISBN 978-3-8100-3895-1

Max Fuchs

Kulturpolitik
2007. 133 S. (Elemente der Politik)
Br. EUR 12,90
ISBN 978-3-531-15448-0

Hans-Gerd Jaschke

Politischer Extremismus
2006. 147 S. (Elemente der Politik)
Br. EUR 12,90
ISBN 978-3-531-14747-5

Margret Johannsen

Der Nahost-Konflikt
2006. 150 S. (Elemente der Politik)
Br. EUR 14,90
ISBN 978-3-531-15243-1

Thomas Meyer

Sozialismus
2008. ca. 140 S. (Elemente der Politik)
Br. EUR 12,90
ISBN 978-3-531-15445-9

Andreas Kost

Direkte Demokratie
2008. ca. 130 S. (Elemente der Politik)
Br. ca. EUR 12,90
ISBN 978-3-531-15190-8

Erhältlich im Buchhandel oder beim Verlag.
Änderungen vorbehalten. Stand: Januar 2008.

www.vs-verlag.de

VS VERLAG FÜR SOZIALWISSENSCHAFTEN

Abraham-Lincoln-Straße 46
65189 Wiesbaden
Tel. 0611.7878-722
Fax 0611.7878-400